Warten auf die Sintflut

Gneisenaustraße 2 · 10961 Berlin
www.transit-verlag.de

Umschlaggestaltung und Layout: Gudrun Fröba
ISBN 3-88747-196-2

Mathew D. Rose

WARTEN AUF DIE SINTFLUT

Über Cliquenwirtschaft,
Selbstbedienung und die
wuchernden Schulden der
Öffentlichen Hand – unter
besonderer Berücksichtigung
unserer Hauptstadt

: TRANSIT

Inhalt

For my son Trevor Keane Edward

The German Disease

Prolog

Betrachtet man die politische Lage Berlins und der Bundesrepublik Deutschland aus der Distanz, entdeckt man eine Demokratie in der Krise. Auslöser sind Inkompetenz und Korruption innerhalb der politischen Klasse. Dieses Phänomen scheint alle Demokratien zyklisch zu befallen. Doch in einer neueren Demokratie, wie die der Bundesrepublik, fehlt es an den elementaren Institutionen und Traditionen einer Demokratie, die als Gegengewicht in solchen Krisen fungieren. Der demokratische Humus, in dem solche notwendigen parteiunabhängigen und autonomen Institutionen ihre Wurzeln schlagen können, ist in der Bundesrepublik sehr dünn.

Das klassische Instrument demokratischer Kontrolle, das Parlament, führt in Deutschland ein Schattendasein. Die Abgeordneten verkörpern eher parteisoldatische als demokratische Tugenden; gefragt sind Anpassung oder Unterordnung gegenüber der jeweiligen Fraktionsführung und nicht souveräne Kompetenz oder verantwortliches Agieren gegenüber den Wählern. Das Parlament (im Bund oder in den Ländern) verliert so sein eigenes politisches Gewicht und gleicht eher einem Wartesaal karrierehungriger Parteiangestellter als einem Forum seriöser kritischer Debatten.

Die Bundesrepublik als Parteiendemokratie ist so ausgelegt, daß die Macht der Parteien auch viele außerparlamentarische Institutionen bestimmt – vor allem durch finanzielle Abhängigkeit. Auch der deutsche Korporatismus, der ursprünglich die verschiedenen sozialen Strömungen, Interessen und Meinungen zu einem Dialog zusammenführte und dadurch soziale Stabilität garantieren sollte, stabilisiert heute eher den Machterhalt nur oberflächlich konkurrierender Cliquen.

Es gibt viele demokratische Institutionen in Deutschland, die man als solche kaum noch ernst nehmen kann. Die von den Parteien kontrollierten öffentlich-rechtlichen Rundfunkanstalten zum Beispiel untersuchen politische Geschehnisse immer weniger, sondern transformieren sie in Partei-Liturgien. Die privaten Medien schmücken dasselbe Szenario mit Pseudo-Skandalen und -Machtkämpfen, die mittlerweile zu einem stupiden Ritual erstarrt sind. Wieviel ist Meinungsfreiheit wert, wenn es nur eine öffentliche Meinung gibt – die der politischen Cliquen?

Dasselbe gilt für die angeblich intellektuellen Bastionen wie die Universitäten und wissenschaftliche Institute. Viele schielen auf den großen Geldgeber, die Regierung, die als Gegenleistung prinzipielle Zustimmung und eine Philosophie der Unantastbarkeit der Machtverhältnisse erwartet.

Die politische Klasse in Deutschland muß sich zwar mit zwei Gesellschaftselementen arrangieren, der Wirtschaft und den Wählern. Wo sie sich aber ihres Macht-Monopols immer bewußter wird, wird ihre Gegenleistung zunehmend geringer. Die Parteien in der Bundesrepublik kämpfen nicht mehr um Ideologien oder Lösungskonzepte, sondern darum, wer aus den öffentlichen Kassen verteilen darf.

Bei der gegenwärtigen Krise der Bundesrepublik geht es dabei vor allem um einen neuen Verteilungsschlüssel. Deutschland kann sich vielleicht einen großzügigen Sozialstaat leisten. Es kann sich möglicherweise auch eine ineffiziente oder korrumpierte politische Klasse leisten. Eines ist aber sicher: Beides zusammen kann sich die Bundesrepublik keinesfalls leisten. Die politischen Cliquen haben längst ihre Entscheidung getroffen. Hartz IV ist nur ein erster Schritt.

Als »Opfer« kann man die Deutschen jedoch kaum bezeichnen. Als die DDR vor 15 Jahren auseinanderfiel, unterstellten die West-Deutschen deren Bevölkerung, daß sie Demokratie mit Wohlstand verwechselten. Man hätte die Lage in der »alten« Bundesrepublik kaum besser beschreiben können. Die Partei, die diesen Anspruch erfüllte, bekam hier wie dort die meisten Stimmen. Heute versprechen alle Parteien Wohlstand und Sicherheit, jedoch keine denkt daran, dieses Versprechen einzulösen.

Seit über zwei Jahrzehnten weiß man in der Bundesrepublik, daß großer Reformbedarf besteht. Die Deutschen wählten jedoch die Partei, die diese Reform nicht umsetzen wollte. So entstand die Ära Kohl. Danach folgte die rot-grüne Bundesregierung mit dem

Motto »Wir machen weiter, aber sozialer und umweltbewußter«. Ist unter Rot-Grün wirklich etwas sozialer oder umweltbewußter geworden?

In der Bundesrepublik findet eine Umverteilung des gesellschaftlichen Reichtums in einem bisher unbekannten Ausmaß statt. Der Sozial-Pakt ist gekündigt worden. Ein Bündnis der politischen Klasse mit der Wirtschaftselite steckt das Feld neu ab.

In der gegenwärtigen Krise haben die Deutschen kaum eigene demokratische Traditionen, auf die sie zurückgreifen können. Die Menschen in den neuen Bundesländern haben nur ihre »Montags-Demo«, in den alten Bundesländern haben sie gar nichts. Viele dort schielen auf die Gewerkschaften, doch die sind längst so angepaßt, unfähig oder korrumpiert wie ihre Kollegen in der Politik. Mit Recht sind die Deutschen über die Unfähigkeit ihrer demokratischen Instutionen perplex, sie bleiben jedoch hilflos.

Nirgendwo ist dieser Prozeß so sichtbar wie in Berlin. Die Ursache der ausweglosen finanziellen Lage der Stadt ist eigentlich bekannt: Die Politik der Stadt ist vom inzwischen schon sprichwörtlichen Berliner Filz geprägt. Egal wo man finanzielle Mißstände aufgreift, man entdeckt eine enge Verwicklung von Politik, Wirtschaft, Justiz, Gewerkschaften und Medien. Der Berliner Filz ist eine Beutegemeinschaft, die mit legalen und illegalen Mitteln die Demokratie mißbraucht, um ihre materielle und politische Macht zu sichern. Diese Personen sind kaum zu übersehen. Ein Namensvergleich bei führenden Politikern, führenden Wirtschaftsfiguren, Aufsichtsräten der Landesunternehmen, Vorständen von Kunst- und Sportvereinen, wichtigen Clubs, Balls und Galas bringt sie ans Licht. Da waren sie und sind heute immer noch zu finden. Die Namen wechseln, die Seilschaften formieren sich neu, es ändert sich nichts.

Dazu muß man aber auch feststellen: Viele Berliner haben diese politische Klasse immer wieder ins Amt gewählt. Sie haben die Mißstände hingenommen und die Berliner Medien selten skeptisch hinterfragt. Und auch sie hatten in der West-Berliner Zeit ihre kleinen Vorteile. Nun befinden sie sich in einer ausweglosen Schuldenfalle. Es bleibt ihnen nur übrig, die Augen davor noch mehr zu verschließen – und zu hoffen, daß der Bund die Rechnung bezahlt und alles wieder gut sein wird. Über eine eigene Verantwortung, über die wirklichen Ursachen der Krise, denken wenige nach.

Dieses Nachdenken wird einem allerdings auch nicht einfach gemacht. Man wird tagtäglich von der Politik desinformiert, was die tatsächliche Lage der Stadt anbelangt. Wie sollen die Berliner mitentscheiden, wenn an einem Tag angeblich alles bestens läuft und am nächsten die Bankgesellschaft Berlin vor der Pleite steht und das Land zehn oder zwanzig Milliarden Euro dafür aufbringen muß? Es scheint nur noch eine Todsünde unter deutschen Politikern zu geben: die Wahrheit zu sagen.

Stattdessen greift die Berliner Politik auf die alte Subventionslösung zurück und klagt gegen die Bundesregierung. Die Begründung dieser Klage ist »eine extreme Haushaltsnotlage«, wonach das Land angeblich nicht in der Lage sei, sich aus eigener Kraft von seinen Schulden zu befreien. Nun, der gesunde Menschenverstand wird denken: Berlin hat sich in diesen Schlamassel hineinbegeben, nun soll die Stadt sich selber wieder herausziehen. Doch in der Bundesrepublik ist man »sozial«. Jedes Bundesland hat nach der Rechtslage Anspruch auf Sanierungshilfen (Bremen und Saarland haben solche Bundesunterstützung schon erhalten), wenn es unverschuldet in eine extreme Hauhaltsnotlage geraten ist.

Unverschuldet? Berlin? Wer sich mit der Berliner Politik nur ein wenig auskennt, wird darüber nur staunen. Zwischen 1991 bis 2001 – zehn Jahre CDU/SPD-Herrschaft in Berlin – stieg die Verschuldung der Stadt von zehn Milliarden Euro auf 42 Milliarden. Nicht, daß die rot-grüne Interims-Regierung oder die gegenwärtige rot-rote Regierung das Ruder groß herumgerissen hätte …

Nun sollen bis Ende 2005 fast sechzig Milliarden Euro Schulden angehäuft werden. Doch diese Schulden sind nur ein Teil der Geschichte. Berlin hat auch »Verbindlichkeiten«. Schulden sind die Gelder, die das Land geliehen hat, sei es bei Banken oder durch Anleihen und ähnliches, um seine Rechnungen zu bezahlen. Verbindlichkeiten sind Verpflichtungen, Rechnungen für zukünftige Ausgaben, die noch zu bezahlen sind.

Diese Verbindlichkeiten entstehen zum Teil aus Verpflichtungen der Sozialen Wohnungsbauförderung, die bis in die West-Berliner

Urzeiten zurückgehen. Dann gibt es weitere Elemente, die zu Berlins Schattenhaushalt gehören, zum Beispiel die Anstalten des öffentlichen Rechts oder die städtischen Entwicklungsgebiete und, nicht zu vergessen, die Bankgesellschaft Berlin.

In diesem Buch geht es um die genannte Grauzone zwischen Politik und Wirtschaft, um Bereiche, in denen mit Steuergeldern gewirtschaftet oder in denen private Unternehmungen durch staatliche Mittel abgesichert sind – eine Grauzone, in die schwer Einblick zu bekommen ist, in die man auch nicht Einblick bekommen soll und die doch die entscheidende Ursache ist für die immensen Schulden, unter denen das Land Berlin (ebenso wie andere Bundesländer und die ganze Bundesrepublik) leidet, ohne einen Weg zu wissen, wie man sich davon befreien kann.

Die bisherige »Lösung« ist jedenfalls unakzeptabel: Die Schulden an die nächsten Generationen weiterzugeben. Darauf läuft es hinaus. Schon jetzt bekommen die Jugendlichen und Kinder Berlins die Rechnung präsentiert: die Qualität der Bildung wird bewußt heruntergefahren, Kitas zugemacht oder teurer, Schulbücher sind kostenpflichtig, Ausbildungsplätze vernichtet, ein Besuch in Zoo, Museum oder Schwimmbad wird zum Luxus. Außerdem sollen sie für die Verantwortungslosigkeit und die Raffgier aus einer Zeit, als sie noch gar nicht geboren waren, zahlen. So endet das Zeitalter der deutschen Spaßgesellschaft.

Schulden fallen nicht vom Himmel

Die Entstehung der Berliner Finanzkrise

Diesen Tag werden die Berliner nie vergessen. Als sie morgens aus dem Bett stiegen und die Schlafzimmervorhänge zurückzogen, sahen sie sich mit einem ungewöhnlichen Anblick konfrontiert. Ihre Stadt lag unter einer über einen Meter hohen weißen Decke. Straßen und Schienenwege waren unpassierbar. Eine sensationelle meteorologische Abweichung: es war Ende Juni und die Außentemperatur lag bei 17 Grad – über Null. Als man die schneeartige weiße Masse aber genauer erkundete, wurde festgestellt, daß sie aus bedrucktem Papier bestand. Es war der Tag, an dem die Schulden vom Himmel fielen.

Nun wurde in die Hände gespuckt. Berlins Straßenreinigung BSR schob Überstunden, das Technische Hilfswerk war auch dabei – dafür durften sie ununterbrochen ihre Blaulichter flackern lassen. Sogar die »Jungs« von der Bundeswehr kamen Berlin mit Hubschraubereinsatzstaffeln zur Hilfe. Nicht zu vergessen der selbstlose Einsatz der Berliner selber, die nicht nur alle Aufräumhelfer mit Berliner Weiße, Schusterjungs und Gänseschmalz (die ausländischen Mitbürger und Mitbürgerinnen mit selbstgemachten Spezialitäten) versorgten, sondern in spontaner Eigeninitiative die Schuldscheine aufsammelten und bürgerpflichtbewußt bei der Senatsverwaltung für Finanzen abgaben.

Und dann erst die Beamten und der öffentliche Dienst! Welch eine Leistung! Um die Papierflut zu bewältigen, erklärten sie sich bereit, ihre tariflich vorgeschriebenen Stunden tatsächlich durchzuarbeiten: Weg mit den fünf Kaffeepausen am Tag, weg mit der anderthalbstündigen Mittagspause samt des »Ich muß kurz was einkaufen«; sogar freitags wurde noch nach elf Uhr morgens geprüft, verteilt und abgezeichnet. Dafür gab es – versteht sich – einen zusätzlichen zehnwöchigen Jahresurlaub, ausgehandelt vom immer hellwachen Beamtenbund und der ÖTV.

Und schließlich das Tafelsilber. Das mußte poliert werden, um es für die Ablösung der Schuldscheine attraktiv zu machen. Da wurde frisch auf die freie Marktwirtschaft gesetzt und diese Aufgabe an ein Privatunternehmen vergeben, selbstverständlich ohne eine zwar vorgeschriebene, aber eigentlich überflüssige Ausschreibung. Daß die Firma, die unbürokratisch schnell den Auftrag erhielt, einen Geschäftsführer aus der SPD-Abgeordnetenhausfraktion und eine Reihe von Stillen Gesellschaftern aus den SPD- und CDU-Parteizentralen aufweisen konnte, blieb nicht ganz unbekannt. Aber es war ein unbestritten preiswertes Angebot. Gut, der Vertrag war nicht ganz so wasserdicht, und am Ende kamen noch unvorhergesehene Kostensteigerungen von etwa zweihundert Prozent dazu. Egal, man hatte nach Plan das Tafelsilber verkauft und leider – nicht nach Plan – kaum etwas dafür bekommen. Aber in Berlin feiert man Planerfüllungen wie sie fallen.

Berlins Politiker – auch die Opposition – waren der Überzeugung, daß nur Politiker komplizierte Themen wie staatliche Verschuldung verstehen können. »Wir werden das Problem lösen!«, versprachen sie und verlangten den Berlinern lediglich blindes Vertrauen ab. Das haben die Berliner auch gerne getan – hingebungsvoll, geradezu selbstlos. Schon rufen viele: »Danke Herr Wowereit. Danke, Herr Sarrazin. Danke, Herr Wolf. Und Danke an die restlichen Senatoren, deren Namen wir auch nie behalten werden.«

Wenn man die Interpretation der jüngsten Geschichte der politischen Klasse Berlins überläßt, könnte dies – so ungefähr jedenfalls – die offizielle Version der Berliner Schuldenkrise sein. Es gibt jedoch auch ebenso mutige wie scharfsinnige Politiker, die die wirklichen Verursacher von Berlins Finanzkrise ausgemacht haben und sich nicht scheuen, »Roß und Reiter« zu nennen: Die Einwohner Berlins waren es. Sie haben über ihre Verhältnisse gelebt!

Ich wohne schon mehr als zwanzig Jahre in dieser Stadt, habe zwar keine deutsche Staatsbürgerschaft, zähle jedoch in der Statistik als Einwohner. Seitdem ich in Berlin ansässig bin, habe ich keinen Kredit aufgenommen; als Ausländer und Selbstständiger bekomme ich nicht einmal einen Dispo-Kredit. Ich habe weder Anspruch auf Arbeitslosengeld noch Sozialhilfe. Da ich weder Finanzanlagen noch Wohneigentum besitze, kam ich bei meiner Steuererklärung nie in den Genuß besonderer Abschreibungen. Ich habe nie in einer sozialgeförderten Wohnung gelebt. Ich kaufe brav meine teure Monatskarte für den öffentlichen Nahverkehr und wundere mich bei den ständigen Ausfällen und Verspätungen von Bussen, U- und S-Bahnen, wohin wohl die Subventionen fliessen. Im Service sind sie zweifelsohne nicht angekommen. Wie viele andere Bewohner dieser Stadt frage ich mich: Wo habe ich über meine Verhältnisse gelebt?

Trotzdem, es stimmt: das Land Berlin ist überschuldet. Besser gesagt, hoffnungslos überschuldet. Ende des Jahres 2004 wird der Schuldenstand auf rund 57 Milliarden Euro klettern. Bei der Höhe bezahlt Berlin fast 2,4 Milliarden Euro Zins pro Jahr. Das sind 2,4 Milliarden Euro, die Berlin heute für Bildung, Gesundheit, Kultur und Soziales gut gebrauchen könnte. Trotz der Versicherung der Regierung, daß sie die Lage unter Kontrolle habe, nimmt die Verschuldung nicht ab. Im Gegenteil. Im Jahr 2007 soll sie fast 67 Milliarden Euro erreichen – wenn nichts schief geht! Bei allen Zweifeln, die ihnen gegenüber angebracht sind, auf eines kann man sich aber bei Berlins Politikern immer verlassen: alles Mögliche geht schief – und alles Unmögliche ebenso.

Berlins Schulden betreffen nicht nur Berlin. Gäbe es nicht Berlins Finanzkrise, hätte die Neuverschuldung der Bundesrepublik im Jahr 2003 die Dreiprozentgrenze des Bruttoinlandsprodukts unterschritten und damit die EU-Kriterien erfüllt. So weitreichend sind jetzt schon die Auswirkungen.

»Woher kommen denn nun die Schulden?« möchten Sie wissen. Um diese Frage zu beantworten, gehen wir erst einmal weit weg vom politischen Rummel, weg von der medialen, meist staatstreuen Schaumschlägerei, weg vom (gelegentlichen und berechtigten) Volkszorn zur Königin-Luise-Straße 5 im vornehmen Berlin-Dahlem. Dort, beim renommierten »Deutschen Institut für Wirtschaftsforschung« (besser bekannt als DIW), regiert – immer noch eher der analytische Verstand und vor allem die Nüchternheit der Zahlen. Das Institut befindet sich in einem unauffälligen Haus zwischen mehreren Fakultätsgebäuden der Freien Universität.

Das DIW ist das größte Wirtschaftsforschungsinstitut Deutschlands und beschäftigt 110 Wissenschaftler in den Bereichen Wirtschaft und Finanzen. Zunächst wollen wir jedoch nur einen aufsuchen: Dr. Dieter Vesper. Vesper arbeitet in der Abteilung Staat und ist für die Analyse der öffentlichen Finanzen zuständig – nicht nur für die Berlins, sondern auch für die des Bundes. Er hat außerdem viele Regierungen der ehemaligen realsozialistischen Länder beim Übergang in die Marktwirtschaft finanzpolitisch beraten. Der promovierte Wirtschaftswissenschaftler ist schon über dreißig Jahre beim DIW. Vesper, geborener Hesse, wirkt ruhig und sachlich im Gespräch. Bestimmte deutliche Adjektive, die er im Zusammenhang mit bekannten Berliner Politikern verwendet, möchte er nicht zitiert haben. Das DIW wird nämlich zur Hälfte gemeinsam von der Bundesregierung und der Berliner Landesregierung finanziert. Die andere Hälfte erwirtschaftet das Institut selbst.

Vesper hat zwei Sätze geschrieben, die für uns von besonderem Interesse sind: »Der Berliner Landeshaushalt steht unter einem extremen Anpassungsdruck. Einerseits sind enorme Finanzmittel erforderlich … andererseits besteht die Gefahr, daß große Löcher im Haushalt schon bald jeden finanzpolitischen Handlungsspielraum zunichte machen: Ein Defizit von 5,5 Milliarden … ist in diesem Jahr durchaus realistisch, und die finanziellen Probleme dürften auf mittlere Sicht eher größer werden.«

»Gut«, denken Sie, »das hätte er früher schreiben können!« Doch genau das hat Vesper getan. Das Zitat stammt aus einem Wochenbericht des DIW vom 14. März 1991.

Als Vesper den Artikel schrieb, war die Welt noch in Ordnung. Es ist kaum zu glauben, aber im Jahr 1990, dem Jahr der Wiedervereinigung, hatte West-Berlin Schulden von nur 9,335 Milliarden Euro. Das waren rund viertausend Euro je Einwohner, und diese Zahl lag sogar unter dem Bundesdurchschnitt! In den anderen Stadtstaaten (Hamburg: 5750 und Bremen 10.000 Euro) waren diese Schulden wesentlich höher. West-Berlins Zahlen waren sogar noch besser, als sie auf den ersten Blick erscheinen, denn rund vierzig Prozent – ein übermäßig hoher Anteil – stammten aus Schulden beim Bund und waren mit niedrigen Zinsen und langen Laufzeiten ausgestattet. Heute ist es nur ein Prozent!

Jetzt könnten natürlich viele West-Berliner auf die Idee kommen, daß das Schuldenfiasko der Stadt vielleicht aus Ost-Berlin stamme. Weit gefehlt. Als die ehemalige Hauptstadt der DDR mit West-Berlin vereint wurde, war sie praktisch schuldenfrei. Im Zusammenhang mit der 750-Jahresfeier der Stadt Berlin hatte die DDR-Regierung ihren Teil der Stadt mit einem Schuldenerlaß beschenkt. Zweifelsohne war die Infrastruktur von Ost-Berlin völlig marode, und für die Modernisierung mußten enorme Mittel aufgewendet werden; zum Teil flossen dafür Gelder von der Bundesregierung und der EU. Schlimmer noch, Berlin hat Teile dieser Infrastrukturhilfen vom Bund gar nicht erst den gesetzlichen Verwendungsvorgaben entsprechend eingesetzt, sondern zweckwidrig für das Stopfen von Haushaltslücken genützt.

Wie haben Berlins Politiker das also geschafft? Heute – nur 14 Jahre später – beträgt der Schuldenstand Berlins nämlich 57 Milliarden Euro, das Sechsfache von damals! Vielleicht liegt es am Euro, wenn die Zahl relativ harmlos wirkt. Wir reden von Schulden von weit über einhundert Milliarden Mark – ganze Güterzüge voller Geldscheine! Noch drastischer ausgedrückt: Wenn die Schulden so weiter steigen und die Berliner Wirtschaft so weiter abbaut, übersteigen die Schulden das Bruttoinlandsprodukt der Stadt spätestens im Jahr 2008.

Die Erklärung für dieses unglaubliche Phänomen? West-Berlins politische Klasse mußte jahrzehntelang keine finanzpolitische Verantwortung tragen, im zentralistisch vom Politbüro dirigierten Ost-Berlin ohnehin nicht. Jahrzehntelang hat die Bundesregierung West-Berlins Rechnungen zum größten Teil als »Bundeshilfe« bezahlt. Rund 125 Milliarden Euro Zuschüsse waren es zwischen 1952 und 1994. Im Jahr 1990, dem Jahr der Wiedervereinigung, stammten immerhin sechzig Prozent des West-Berliner Landeshaushalts vom Bund: Fünfzig Prozent oder 6,5 Milliarden Euro als Bundeszuschuß und weitere zehn Prozent (1,3 Milliarden Euro) aus verschiedenen Zuweisungen des Bundes.

Nicht nur der West-Berliner Landeshaushalt lebte vom Bund, auch die Wirtschaft wurde durch die »Berlinförderung« hoch subventioniert. Zu deren Maßnahmen gehörten die Ermäßigung der Einkommens- und Körperschaftsteuer, Minderung der Umsatzsteuer, hohe Investitionszulagen, Abschreibungsvergünstigungen, günstige Darlehen und die Berlin-Zulage, wobei Arbeitnehmer acht Prozent – und zwar steuerfrei – zusätzlich auf ihren Lohn erhielten; hinzu kamen dann noch 49,50 Mark monatlich je Kind.

Im Jahr 1990 machten diese Subventionen rund 4,6 Milliarden Euro aus. Alles zusammen wurden allein im Jahr 1990 11,1 Milliarden Euro Subventionen und Bundeszuschüsse nach West-Berlin gepumpt.

Diese Bundeszuschüsse hat nur West-Berlin bekommen – kein anderes Bundesland. Als von der Mauer eingeschlossene »Frontstadt« war es wirtschaftlich nicht überlebensfähig. Westdeutsche Industrien, Banken und Dienstleistungen hatten die Stadt als politisch und ökonomisch zu riskant verlassen. Die Bundesregierung war in Bonn. Die Stadt war zum Symbol geworden, ihre Wirtschaft funktionierte ebenso eher symbolisch. Denn die hatte mehr mit der Ökonomie der DDR gemeinsam als mit einer Marktwirtschaft. Und die Staatsfinanzen? »Man brauchte sich vor 1990 mit der Finanzpolitik Berlins nicht auseinanderzusetzen, weil es sie praktisch nicht gab«, faßt Dieter Vesper rückblickend die Lage zusammen.

In seinem Artikel im Jahr 1991 mit dem Titel »Finanzpolitische Perspektive Berlins« warnt Vesper vor drohenden Defiziten im Landeshaushalt des wiedervereinigten Berlins. In beiden Teilen der Stadt habe die öffentliche Hand überdurchschnittlich hohe Personalausgaben bei unterdurchschnittlichen Einkünften. Eine rasche Steigerung der Einnahmen beurteilte Vesper skeptisch und erwartete eher deren Reduzierung durch anstehende Kürzungen der Bundessubventionen für West-Berlin. Er wies daraufhin, daß »im Westteil der Stadt eingespart werden müsse, damit im Ostteil der Stadt dringende Aufgaben finanziert werden könnten.« Vesper warnte explizit vor Defiziten, »Sie steigen sehr rasch und engen den Handlungsspielraum ein.« Vesper hatte in seinem Bericht einen Begriff verwendet, den Berlins Politiker noch nicht kannten: »Sparen«. Leider hat damals keiner im Wörterbuch nachgesehen.

Als Vespers Artikel 1991 erschien, wurde er einfach ignoriert. »Ich glaube, zu der Zeit nahm niemand in der Berliner Politik Landesfinanzen als Problem überhaupt wahr«, vermutet der Wirtschaftswissenschaftler. Ein Understatement – die Politik dachte überhaupt nicht daran, sich mit diesem Thema auseinanderzusetzen. Sie hatte 1991 nämlich ganz andere Probleme. Sie mußte entscheiden, ob Berlin der politische, wirtschaftliche, kulturelle und sportliche Mittelpunkt der Bundesrepublik, Europas oder gar der Welt werden sollte. Gigantomanie war damals Alltag an der Spree. Hätte Albert Speer Anfang der Neunziger noch gelebt, hätte er sich in Berlin wie zu Hause in seinem Atelier gefühlt.

Es wurde nicht nur der neue Sitz der Bundesregierung geplant, sondern gleichzeitig ein neuer Großflughafen, Sportstätten für die Olympischen Spiele, der Umbau der Bahnstrecken durch die ganze Stadt samt neuem Zentralbahnhof, neue U-Bahn-Linien, Hunderttausende neuer Wohnungen, die Sanierung des Plattenbaubestandes in Ost-Berlin, die Errichtung von neuen Stadtvierteln, neun Millionen Quadratmeter hochmoderne Büroflächen, ein Internationales Handelszentrum, der Umzug der Zentralverwaltungen der deutschen Wirtschaft in die neue Hauptstadt, der Bau von Dutzenden von Einkaufszentren, um nur ein paar Beispiele zu nennen. Die Stadt sollte von dreieinhalb Millionen in 1991 auf fünf Millionen in 2010 explodieren. Es wurde mit mindestens 700 Tausend neuen Arbeitsplätzen gerechnet.

Ein Mann in der Stadt war zu der Zeit jedoch nicht geblendet von der Fata Morgana eines El Dorado, die damals über Berlin schimmerte. Er betrachtete die Lage aus dem Blickwinkel seiner prosaischen Zahlen. Im Frühling 1992 beauftragte Berlins Senatsverwaltung für Finanzen den Wissenschaftler Dieter Vesper mit einem Gutachten über die »Finanziellen Konsequenzen eines gemeinsamen Bundeslandes Berlin-Brandenburg«. Berlin war offensichtlich zu klein für die Politiker der Berliner SPD und CDU geworden. Nachdem Ost-Berlin dazugekommen war, sollte Brandenburg folgen. Es ging bei diesem Auftrag um eine sachliche Einschätzung der Auswirkungen dieser Länderfusion auf die öffentlichen Finanzen. Schon im September 1992 schloß Vesper das Gutachten ab und stellte es der Finanzverwaltung zur Verfügung. »Mit der Verwaltung war das unproblematisch, aber das Ergebnis paßte der Politik wohl nicht«, erinnert sich Vesper.

Schon der erste Satz von Vespers Gutachten war ernüchternd und unmißverständlich: »Durch die deutsche Vereinigung vom 3. Oktober 1990 wurde Berlin auch in der Finanzpolitik vor die größte Herausforderung seit seiner Nachkriegsgeschichte gestellt.« Seit seinem ersten Bericht in 1991 hatte sich die finanzielle Lage

Berlins radikal verschlechtert. Im Zusammenhang mit der Wiedervereinigung und der Entscheidung, die Bundesregierung nach Berlin zu verlegen, entschloß sich der Bund, die Bundeshilfe für Berlin abzubauen und sie zum 31. Dezember 1994 vollends zu streichen. Dafür sollte die neue Hauptstadt, wie jedes andere Bundesland, Gelder über den bundesstaatlichen Finanzausgleich erhalten. Das hieß, daß Berlin ab 1995 nicht mehr die Hälfte seines Haushalts durch Bundesgelder finanziert bekam, sondern als Mitglied des Länder-Finanzausgleichs nur rund zwanzig Prozent erhielt. Doch schon 1992 ist für Vesper die Problematik eindeutig: »Aufgrund der besonderen Situation Berlins ist auch der Landeshaushalt unter extremen Anpassungsdruck geraten. Mit der Vereinigung haben sich die finanzwirtschaftlichen Rahmenbedingungen schlagartig verschlechtert.«

Vesper, wie so viele andere, ist der Meinung, daß diese schnelle Reduzierung der Bundessubventionierung eine der wesentlichen Ursachen für Berlins gegenwärtige Krise ist. Wieso gab es nach den Verhandlungen zwischen Bundes- und Berliner Regierung dann diese Übergangsfrist von nur vier Jahren? Im Laufe meiner Recherche habe ich dafür eine Reihe von zum Teil erstaunlichen Erklärungen erhalten. Wahrscheinlich kreisen alle zusammen die Wahrheit einigermaßen ein: Kohl mochte Diepgen persönlich nicht; Kohl vergab Diepgen nie, daß er und seine Parteifreunde sich während des Antes-Skandals bei der Annahme von illegalen Parteispenden ertappen ließen; die westliche Bundesrepublik hatte es satt, den Berliner Größenwahn weiter zu subventionieren und wollte einen schnellen Ausstieg aus der Finanzhilfe; in der Bundesregierung war man der Meinung, wenn man die Berliner Politiker nicht dazu zwinge, würden sie sich nie mit ihren Finanzen auseinandersetzen; und: Berlins politische Klasse war der Überzeugung, daß sie als führende Weltmetropole die Bundesgelder bald nicht mehr bräuchten und die Bundesregierung in der zukünftigen Zentrale Berlin ohnehin in erster Linie die Aufgabe habe, Berliner Interessen wahrzunehmen.

Ich fragte Dieter Vesper, ob es die Berliner Finanzkrise nicht gegeben hätte, wenn die Bundessubventionen über eine längere Zeitschiene abgebaut worden wären. Seine Antwort spricht Bände:

»Sie wäre gekommen, bloß später.« Also das Desaster kam, wie es angesichts der Berliner Politik kommen mußte.

Schon 1991 war eine explosionsartige Zunahme der öffentlichen Neuverschuldung zu erkennen. Im Jahr 1989 waren es fünfhundert Millionen Euro, 1990 dann achthundert Millionen, im Folgejahr immerhin schon 1,75 Milliarden Euro, 1992 klettert die Summe auf 2,2 Milliarden – ein Zuwachs von über vierhundert Prozent in nur drei Jahren.

Die Legitimation dieser Schuldenexplosion finden wir in den finanzpolitischen Leitlinien des Senats aus dem Jahr 1991: »Für eine Übergangsphase von ein bis zwei Jahren muß indessen eine finanzpolitisch nicht vertretbare Verschuldung wegen der besonderen Situation der Stadt hingenommen werden.« Besondere Situation? In den Jahren 1991 und 1992 flossen insgesamt 16,5 Milliarden Euro vom Bund in den Landeshaushalt. Von wegen besondere Situation! Berlin befand sich 1991 immer noch in den goldenen Zeiten der Subventionen!

In seinem Gutachten berechnete Vesper, was die Berliner Regierung hätte längst machen müssen. Er übernahm die phantastischen Wachstumszahlen der Berliner Regierung und setzte sie sachlich in finanzielle Projektionen für den Berliner Haushalt um. Im besten Fall rechnete Vesper mit rund sechzig Milliarden Euro neuen Schulden in den zehn Jahren von 1991 bis 2000, in dem weniger optimalen Fall läge das Defizit bei 82 Milliarden Euro.

»Ob ein finanzielles Gleichgewicht erreicht werden kann, hängt vor allem davon ab, in welchem Umfang Einsparungen vorgenommen werden können. Als Hypothek wirkt das hohe Ausgabenniveau, das der West-Berliner Haushalt im Laufe der Zeit erreicht hat«, erklärte Vesper in seinem Bericht. Diese Ausgaben waren »je Kopf der Bevölkerung um ein Drittel bzw. ein Viertel höher als in den anderen Stadtstaaten.« Bei den Steuern sah es ebenso düster aus: Berlin lag bezüglich der Steuerkraft je Einwohner weit hinter Hamburg und Bremen. Auch hier war Vesper eindeutig: Die Chancen Berlins, zusätzliche Steuereinnahmen zu erzielen, seien gering, der Landeshaushalt könne auf Pump nicht lange so weitermachen. Es blieb nur das Sparen, und das vor allem im Bereich des aufgeblähten öffentlichen Dienstes. Wenn die Berliner Regierung nicht sofort damit anfinge, schreibt Vesper, ist »schon bald jeder finanzpolitische Spielraum zur Gestaltung der Zukunft zunichte gemacht« worden. Das schrieb er schon 1992!

Für Berlins Politiker, von welchen Parteien auch immer, deren Karriere auf dem klassisch-römischen Prinzip »Brot und Spiele« basierte, war der Weg des Sparens einfach unvorstellbar. Die Reaktion von Berlins damaligem Finanzsenator, Elmar Pieroth (CDU), war typisch: Er ließ Vespers Gutachten in die Schubladen packen und dort ein Jahr liegen. Erst Ende 1993 durfte es veröffentlicht werden. Vespers einzige Erklärung: »Die damalige Landesregierung befürchtete wohl, daß der Bericht Unruhe verursachen würde.«

Zunächst nämlich waren die Berliner CDU und SPD vollauf damit beschäftigt, die Lage zu beschönigen. Am 3. Dezember 1993 gab der CDU-Finanzsenator Elmar Pieroth eine Pressemitteilung heraus mit der schönen Überschrift »Haushalt 1994 – Konsequent sparen für den Aufbau Berlins«. Pieroth lobte seine Regierung für den Haushalt 1994 als »die sparsamste Landesregierung«. Diese sparsamste Landesregierung würde, laut Bericht, übrigens für das Jahr 1994 eine Rekord-Neuverschuldung von 3,7 Milliarden Euro aufnehmen – »einmalig«. In der Tat waren es nur 2,4 Milliarden, aber dafür mußte die sparsamste Landesregierung der Bundesrepublik unter ihrem sparsamsten Finanzsenator Pieroth im folgenden Jahr 1995 5,5 Milliarden Euro neue Kredite zur Finanzierung des Landeshaushalts aufnehmen. In einer Legislaturperiode von fünf Jahren hatte Berlin seine Schulden auf fast 24 Milliarden Euro in eine extreme Höhe gejagt.

Berlin hätte tatsächlich innerhalb kurzer Zeit handeln müssen, aber diese Chance hat die Große Koalition nicht genutzt. Die Entscheidung seitens der Bundesregierung war längst gefallen, Bundeshilfe und Berlinförderung bis Anfang 1995 völlig abzubauen. In den Jahren 1991 (8,5 Milliarden Euro) und 1992 (acht Milliarden Euro) strömten noch reichlich Bundesmittel über die Bundeshilfe und den Fonds »Deutsche Einheit«. 1993 waren es nur 6,25 Milliarden Euro und 1994 knapp 3,5 Milliarden. Am 1. Januar 1995 ging eine Ära zu Ende. Die massive Subventionierung des Bundes war vorbei. Der westliche Teil der Bundesrepublik konnte aufatmen. Viele Berliner, vor allem Politiker, glauben bis heute, daß diese Subventionen, deren Ursache eine längst verschwundene geopolitische Situation war, wiederherzustellen sind. Sie hoffen mit der gegenwärtigen Klage des Landes gegen den Bund vor dem Bundesverfassungsgericht wegen einer extremen Haushaltsnotlage – deswegen soll die Bundesregierung Berlin 35 Milliarden Euro zunächst schenken –, zu den guten alten Zeiten zurückkehren zu können.

Richtig reagiert hat Berlins politische Klasse damals nicht. In den Jahren 1991 bis 1994 waren die Ausgaben fast zweimal so schnell gestiegen (24,4 Prozent) als die Einnahmen (14,8 Prozent). Besorgniserregend war die Tatsache, daß in den Jahren 1993 und 1994 die Einnahmen sogar sanken, während die Ausgaben weiterhin stiegen. Handlungsbedarf war also dringend vorhanden.

Allen von der Landesregierung in Auftrag gegebenen teuren Gutachten und Prognosen zum Trotz stellte sich Berlins Wachstumsboom einfach nicht ein. Die Steigerung von Berlins Bruttoinlandsprodukt wurde schwächer. 1994 war der Wirtschaftsboom vorbei, 1996 begann das Bruttoinlandsprodukt zu fallen. Statt Bevölkerungswachstum reduzierte sich die Zahl der Einwohner der Stadt, weil viele gut verdienende Berliner ins brandenburgische Umland zogen – wo sie auch ihre Steuer bezahlen. Die industriellen Betriebe in Ost-Berlin brachen zusammen, und viele Unternehmen in West-Berlin machten wegen der Streichung der Berlinförderung zu oder siedelten sich im brandenburgischen Speckgürtel an, was mit EU-Subventionen auch noch großzügig unterstützt wurde.

Vor diesem Hintergrund erschien Ende 1995 ein weiterer Artikel von Dieter Vesper im DIW-Wochenbericht mit dem Titel »Riesige Fehlbeträge im Berliner Landeshaushalt – Bisherige Sparbemühungen reichen nicht aus.«

»Wir konnten uns vorstellen, daß die Berliner Politik von diesem Bericht nicht begeistert sein würde«, erinnert sich Vesper. Deswegen hielt das DIW den Bericht bis nach den Wahlen am 22. Oktober 1995 zurück. Der Spruch »Das erste Opfer eines Krieges ist die Wahrheit« scheint auch für deutsche Wahlkämpfe zu gelten.

Vespers Hauptaussage in diesem Bericht klingt vertraut: »Hauptaufgabe der Finanzpolitik in der neuen Legislaturperiode wird die Konsolidierung des Landeshaushaltes sein müssen.« Und das vor allem im Personalbereich. Vesper stellte fest, daß bei der staatlichen Bürokratie, wo drastischer Kürzungsbedarf bestand, stattdessen 3300 neue Stellen geschaffen worden waren. Das Wahlvolk mußte offensichtlich gefüttert werden. Vesper führt auch das Berliner Abgeordnetenhaus an, wo die Zahl der Abgeordneten nach der neuesten Wahl immer noch zu hoch war.

Dafür wurde in infrastrukturellen Bereichen wie Bildung, Wissenschaft und Kultur, die Berlin für Investoren attraktiv machen, gekürzt. Jegliche Sparbemühung im Personalbereich wurde zunichte gemacht. Um weitere Stimmung für den Wahlkampf 1995 zu mobilisieren, hatte die Große Koalition dafür gesorgt, daß die Gehälter des Öffentlichen Dienstes im Ost-Teil der Stadt an den West-Tarif über die folgenden zwei Jahre angeglichen wurden.

Diese Entscheidung wird öfters gar nicht als Stimmenfängerei gewürdigt, sondern als längst überfälliger Akt der sozialen Gerechtigkeit. Mag sein. Wenn die Gewerkschaften davon so überzeugt waren, dann hätte man die bisherigen Personalausgaben des Landes in einen Topf packen und für alle gleichmäßig aufteilen können, ohne neue Kosten für das Land zu verursachen. Das hätte natürlich eine mäßige Lohnreduzierung im öffentlichen Sektor des Westteils Berlins bedeutet. Es gibt allerdings eine bestimmte Ironie dabei. Wegen dieser großzügigen Anpassung wurde das Land Berlin 1995 aus der Tarifgemeinschaft der öffentlichen Arbeitgeber rausgeschmissen. 2003 erfuhr es das gleiche Schicksal, weil Berlin sich zu der Sparmaßnahme entschlossen hatte, den Landesdienst untertariflich zu bezahlen.

Vespers Vorhersage für 1995 und 1996 glich eher einem Horrorszenario: Die Schulden des Landes würden um ein Drittel steigen – was weit über der Vorhersage des damaligen CDU-Finanzsenators lag (Vesper irrte übrigens: die Landesschulden stiegen tatsächlich um zwei Drittel). Mit dem Verkauf des Tafelsilbers, warnte Vesper, hätte man kurzfristig einmalige Einkünfte, jedoch würde das langfristige Einnahmepotential des Landes damit geschwächt. Zuletzt mahnte er vor dem zunehmenden Verzehr des Steueraufkommens durch die rapide steigenden Zinskosten aufgrund der gewaltig wachsenden Schulden. Der Wissenschaftler machte auch eine Reihe von Vorschlägen zu Handlungsmöglichkeiten der Regierung. »Der Zweck des Berichts war, auf die katastrophale Fehlentwicklung hinzuweisen: die Landesfinanzen liefen völlig aus dem Ruder«, erklärt Vesper heute.

Die Politik ließ nicht lange auf sich warten. Vor allem war es die CDU, die Vespers Bericht als »abenteuerlich und unseriös« bezeichnete. Sie rief sogar zur Strafaktion auf, nämlich die Zuwendungen an das DIW völlig zu streichen. So ist das Demokratieverständnis von Berlins politischer Klasse: Wer nicht mitmacht, darf auch nicht an den Trog. Eine Woche nach dem Erscheinen seines Artikels wurde der siebzigste Geburtstag des DIW gefeiert. Dem Institut war die Lust zum Feiern aber vergangen. »Wir hatten uns damals nie vorstellen können, daß die Politik so massiv mit finanziellen Mitteln versuchen würde, uns mundtot zu machen«, so Vesper heute.

Taktisch unbedarft und ganz wehrlos war das DIW jedoch auch nicht, man drohte, ausgerechnet nach Bonn umzuziehen. Schließlich kürzte das Land Berlin die Gelder an das DIW um 500 Tausende Euro, was selbstverständlich das Institut doppelt traf, da die an Landesmittel gekoppelten Bundesgelder um die gleiche Summe reduziert wurden. Die Botschaft war zweifelsohne angekommen. Nur ein einziger Politiker hatte sich Vespers Rat, drastisch zu sparen, zu Herzen genommen. CDU-Fraktions-Boß Klaus Rüdiger Landowsky forderte Millionen-Einsparungen bei »linksalternativen« Projekten.

Nicht weniger interessant als Vespers Bericht war ein Buch, das im Oktober 1994 erschien, mit dem Titel »Berlin und seine Finanzen«. Der Autor heißt Hans Willi Weinzen. Weinzen, ein promovierter Politologe, hat, soweit meine Nachforschungen, eine bewegte Zeit als Mitglied der SPD und in der Politik miterlebt. Er ist Angestellter des Landes Berlin und laut der biographischen Angaben in seinen Büchern war er – trotz Parteizugehörigkeit – viele Jahre Finanzreferent in der Senatskanzlei des ehemaligen CDU-Bürgermeisters Eberhard Diepgen. Unter der damaligen SPD-Finanzsenatorin Annette Fugmann-Heesing wechselte er 1997 in die Finanzverwaltung. Danach war er unter CDU-Finanzsenator Peter Kurth »ein Weilchen im Personalüberhang des Landes Berlin« oder eindeutiger ausgedrückt: kaltgestellt – Prediger der Sparsamkeit erfahren bis heute in der Berliner CDU keine große Gegenliebe, und in bester Berliner Tradition wurde das Problem »gelöst«. Erst nach dem frühzeitigen Abgang Kurths wurde Weinzen sofort reaktiviert. Weinzen war außerdem Dozent an der Fachhochschule für Verwaltungs- und Rechtspflege des Landes Berlin (heute lehrt er an der Freien Universität Berlin).

Weinzen hat eine ganze Reihe Bücher zur Berliner Finanzkrise geschrieben, wenn man die stark überarbeiteten Auflagen von »Berlin und seine Finanzen« dazu zählt. Als Beschäftigter des Öffentlichen Dienstes darf er natürlich keine Amtsgeheimnisse verraten. Deswegen sind alle seine Zahlen und Fakten akribisch mit öffentlich zugänglichen Quellen belegt. Auf der anderen Seite nimmt er – leider zu selten – kein Blatt vor den Mund. Schon 1993 veröffentlichte er im SPD-Parteiblatt »Berliner Stimme« einen Artikel mit der Überschrift: »Berlin – ohne finanzielle Zukunft? Polemische Thesen für eine notwendige Diskussion«. Die zentrale These heißt: »Über zwei Jahre nach der Wiedervereinigung hat Berlin immer noch kein finanzpolitisches Konzept, das auf die Veränderungen der letzten Jahre hinreichend reagiert, geschweige denn eins, das auf die nächsten Jahre vorbereitet. Die große Koalition hat hier bislang nur ein großes Versäumnis anzubieten …«. Damit begab sich Weinzen für einige Jahre in die politische Diaspora, da seine Position innerhalb der Berliner SPD stigmatisiert wurde.

In seinen Büchern stellt Weinzen in seiner trockenen, zahlenträchtigen Art die Finanzproblematik Berlins vor – vor allem das Versagen der Regierung, eine Regierung, die er von innen nur zu gut kennt.

Weinzen gab sich jedoch mit der Rolle des Besserwissers nicht zufrieden. In »Berlin und seine Finanzen« widmet er einen großen Teil des Buches konkreten Maßnahmen, mit denen die sich anbahnende Krise in den Griff zu bekommen wäre. Vorschläge, die bis in die kleinsten Parteipfründe hineingreifen, wie die direkte Einstellung der Lottomittel in den Landeshaushalt, statt sie von den regierenden Parteien nach Eigeninteresse verteilen zu lassen. Er bekam daraufhin vom damaligen SPD-Wirtschaftsenator und ehemaligen Finanzsenator (ressortverantwortlich für die Gründung der Bankgesellschaft Berlin), Norbert Meisner, promovierter Theologe, die Replik: »Man vermißt manchmal das Gefühl für die ökonomischen Wechselwirkungen von fiskalischen Entscheidungen.« Seltsam, denn wie kein anderer hatte Weinzen die Finanzen und die Wirtschaft bis ins kleinste Detail unter die Lupe genommen und Handlungsvorschläge formuliert. Etwas, was die SPD bis heute – neun Jahre später – nicht geschafft hat. Meisner, zu dessen Amtszeit dem Land Berlin immenser finanzieller Schaden entstand, lebt heute als Frühpensionär von einer großzügigen Altersversorgung.

Bei dem damaligen aktuellen Doppelhaushalt 1995/1996 wies Weinzen schon dezent auf einen Betrug hin: Um die drohenden Defizite einigermaßen in den Griff zu bekommen, hat der damalige Finanzsenator Pieroth einfach Phantasie-Steuereinnahmen berechnen lassen. Statistiken können allerdings nicht so trügen wie Senatoren. Das Defizit 1995 stieg auf die damals schier unvorstellbare Summe von 5,4 Milliarden Euro! Damit war der Doppelhaushalt hinfällig. Pieroth auch. Nach einer Legislaturperiode unter der Großen Koalition waren Berlins Finanzen zwar schon marode, doch noch nicht vollständig ruiniert. Dafür brauchten SPD und CDU eine weitere Legislaturperiode.

Bei den Wahlen im Oktober 1995 hatte die SPD mit 23,6 Prozent der Wählerstimmen ihr bei weitem schlechtestes Ergebnis in Berlin. Die Partei hatte kaum Profil, galt als inkompetent und korrupt. Schon seit 1993 gab es Stimmen in der SPD – da war Hans Willi Weinzens eine der kräftigsten –, die eine an die Realität abgestimmte Finanz- und Wirtschaftspolitik forderten. Nach dem Wahlfiasko wurde aus dieser Minderheits- eine Mehrheitsposition, zumindest an der Oberfläche. Die SPD sollte sich als die Partei, die Berlins Finanzkrise in den Griff bekommt, profilieren. Die Berliner CDU war nur allzu froh, dieses Ressort loszuwerden. Sie kannte ihre Wählerschaft und wußte, daß im Bewußtsein der Berliner Subventionen zu den unveräußerlichen Menschenrechten gehörten. Schenken macht Freunde, heißt es – Sparen jedoch nicht.

Die Berliner SPD hatte aber ein Problem. Sie besaß niemanden mit Finanzkompetenzen und mußte sich also an die Bundes-SPD wenden. Da kam die nächste Schwierigkeit. Die Bundespartei hatte damals – ebensowenig wie heute – jemanden mit Finanzkompetenzen. Nichtsdestotrotz und unerschrocken holte die Berliner SPD Annette Fugmann-Heesing, ehemalige hessische Finanzministerin, die wegen eines Filzskandals in ihrem Ministerium 1994 zurückgetreten war.

Weinzen erschien das Regime Fugmann-Heesings wie eine Goldene Zeit der Haushaltskonsolidierung. Hier zeigt sich Weinzen auffällig unkritisch. Vielleicht, weil Fugmann-Heesing überhaupt Sparmaßnahmen unternommen hat, vielleicht weil sie, wie er, aus der SPD war, vielleicht, weil er bei ihr endlich Anerkennung für seine umstrittene Finanzpolitik erhielt. Vielleicht haben sie sich auch einfach nur verstanden. Die Zahlen erzählen jedoch eine andere Geschichte als von Weinzen: Zwischen 1995 und 1999 sanken die Ausgaben Berlins um lächerliche rund 3,5 Prozent. Viel zu wenig und viel zu spät. Denn pro Kopf gerechnet waren Berlins Ausgaben vierzig Prozent höher als im Durchschnitt der Bundesländer und 13 Prozent höher als in Hamburg. Der Schuldenberg wuchs unter Fugmann-Heesing von rund 24 Milliarden Euro auf fast 35 Milliarden. Wenn man die 8,5 Milliarden Euro, die das Land durch die Veräußerung seines Vermögens einnahm, wieder dazu addiert, gibt es wenig, woran man sich erfreuen kann. Viele wertvolle Unternehmen wie »Gasag«, BEWAG und Berliner Wasserbetriebe mit ihren für das Land wichtigen Einnahmen wurden ganz oder zum Teil veräußert. Mit In-Sich-Geschäften wurde Landesvermögen überteuert an andere Landesbeteiligungen verkauft. Um diesen Kaufpreis an die Stadt zu bezahlen, nahmen diese wiederum Kredite auf, die irgendwann auf das Land zurückfallen. Die städtischen Wohnungsbaugesellschaften, die einander erwerben mußten, nahmen deswegen Neukredite in Höhe von 1,3 Milliarden Mark auf. Fugmann-Heesing hat noch andere Katastrophen vorprogrammiert, wie die Bankgesellschaft Berlin, die zunächst Hunderte von willkommenen Millionen in Fugmann-Heesings Staatskasse spülte – am Ende aber das Land wahrscheinlich zwanzig Milliarden Euro kosten wird. Diese Maßnahmen gehören inzwischen zur wahren Hypothek der Stadt.

Die CDU-Strategie, sich aus der Finanzverantwortung zu verabschieden, ging auf. Bei den nächsten Wahlen im Jahre 1999 schnitt die SPD noch schlechter ab und erhielt nur 22,4 Prozent der Stimmen. Die Große Koalition in ihrer dritten Legislaturperiode gab ihr Konsolidierungsprogramm auf, die SPD ihr Ressort Finanzen, und Hans Willi Weinzen gab die SPD auf. Im Dezember 1999 trat er aus der Partei aus. Diese Entscheidung und der daraus folgende fehlende Schutz einer Partei spielte sicherlich eine Rolle bei seiner Verbannung in den Dienstüberhang. Doch nach dem Zusammenbruch der Bankgesellschaft Berlin und des Landeshaushalts im Jahr 2001 waren erneut Kompetenzen gefragt, und Weinzen kehrte in den aktiven Dienst zurück.

Weinzens neuestes Werk »Berlin und seine Schulden« erschien im Jahr 2002. Darin dokumentiert er, wie die Berliner Politik ihre katastrophale Finanzpolitik über die Jahre umgesetzt hat. Er zeigt auf, mit wie viel Mut, Phantasie und Energie sich die Schuldenmacher jahrelang über Gesetze hinwegsetzten oder diese veränderten, ausdehnten oder neu interpretierten, um ihre katastrophalen Entscheidungen zu legitimieren und zu kaschieren. Den gleichen Elan hätte man eher bei der Lösung der Schuldenkrise brauchen können. Nebenbei wird deutlich, daß die Verfassungen und Haushaltsordnungen in ganz Deutschland, nicht nur in Berlin, über die letzten Jahre und Jahrzehnte immer schuldenfreundlicher wurden. Der Gesetzgeber macht es immer leichter, auf Pump zu leben. Allenfalls der Rechnungshof und das Verfassungsgericht versuchen, der Verantwortungslosigkeit wieder Grenzen zu setzen.

Bei Weinzen ist hervorzuheben, daß er die »Verbindlichkeiten« des Landes thematisiert. Berlin hat nämlich nicht nur Schulden, sondern auch Verbindlichkeiten. Das sind Ausgaben, die planmäßig anfallen, jedoch nicht als Schulden mitgerechnet werden wie zum Beispiel die anfallenden Zinsen für die bisher aufgelaufenen Schulden. Zu diesen Verbindlichkeiten zählen unter anderem auch jährliche Milliardenzahlungen für Berlins Wohnungsbauförderung und die Versorgungsausgaben für pensionierte Beamte bzw. nach deren Tod für ihre Ehepartner. Diese wachsenden Verbindlichkeiten erreichen langsam die Höhe der gesamten Steuereinnahmen des Landes Berlin!

Hans Willi Weinzen verdanken wir nebenbei das beste Gleichnis für die Finanzkrise Berlins. Man muß sich, schreibt er, eine Familie vorstellen, die sich dank eines großzügigen Wohngeldes eine große, teure Wohnung lange Jahre leisten konnte. Eines Tages wird das Wohngeld gestrichen. Statt in eine kleinere Wohnung zu ziehen, nimmt die Familie Kredite auf, um ihre Miete weiterbezahlen zu können. Als der Kredit ausgeschöpft ist, werden die Möbel verkauft. Nachdem die Möbel gänzlich weg sind und die Familie in der Zwischenzeit auf dem Boden sitzt, ißt und schläft, müssen sie doch die Wohnung für eine kleinere verlassen, jetzt aber überschuldet und ohne Möbel.

Fugmann-Heesing hatte immerhin gründliche Arbeit geleistet. Der Berliner Haushalt war nicht mehr zu retten. Bei der Weiter-So-Finanzpolitik der dritten Großen Koalition war es eigentlich egal, wer Finanzsenator wurde, was die Wahl von Peter Kurth (CDU) wahrscheinlich erklärt. Im Jahr 1998 hatte Klaus Landowsky die Strategie der CDU festgelegt. Solange Berlin ein Defizit habe, »muß der Bund uns kräftig weiter unter die Arme greifen. Wenn erst Hunderte Arbeitslose auf den Treppen des Reichstags sitzen, dann wird die Republik sehen, daß die Probleme in Berlin ganz besonderer Art sind.« Landowsky kannte sich offensichtlich mit den Verhältnissen im Bundestag nicht so genau aus. Die Abgeordneten benutzen nicht den Haupteingang mit den Treppen, sondern den Hintereingang.

Die Berliner Große Koalition alimentierte ihre Klientel weiter mit Steuermilliarden. Das Jahr 2000 verlief noch einigermaßen glimpflich mit einer Neuverschuldung von »nur« rund 2,4 Milliarden Euro. Im Jahr darauf ging aber Fugmann-Heesings erste Mine hoch: die Bankgesellschaft Berlin (sie war in den früheren kritischen Jahren Aufsichtsratsmitglied der Bankgesellschaft und der Landesbank Berlin). Die Bank, die plötzlich vor der Insolvenz stand, hatte einen Finanzbedarf von rund zwei Milliarden Euro. Insgesamt gab es also 2001 einen noch massiveren Anstieg der Neuverschuldung mit über fünf Milliarden Euro. Das Debakel der Bankgesellschaft wurde aber in der Öffentlichkeit allein der CDU und insbesondere Klaus Landowsky in die Schuhe geschoben. Dadurch gewann die SPD die Wahlen im Jahr 2001 – keineswegs weil sie so viel mehr Wählerstimmen erhielt, sondern weil die CDU massive Verluste erlitt.

Aber auch ohne die CDU war die SPD nicht in der Lage, Herr der Schulden zu werden. 2002 stieg die Neuverschuldung erneut um über fünf Milliarden Euro, auch 2003 um rund fünf Milliarden und durchbrach damit insgesamt die fünfzig Milliarden-Grenze. Die Neuverschuldung des kleinen Landes Berlin übertrifft Jahr für Jahr die vom bevölkerungsstärksten Bundesland Nordrhein-Westfalen. Die sozialdemokratische Vorgehensweise heißt zwar »Sparen bis es quietscht«, doch ein Konzept ist nicht erkennbar. Die PDS – sozial versteht sich – nickt anscheinend alles ab.

Trotz der vielen Schlagzeilen des gegenwärtigen SPD-Finanzsenators Thilo Sarrazin über erfolgreiche Sparmaßnahmen und der Versicherungen von PDS-Politikern, das Schlimmste sei vorbei, sehen Gegenwart und Zukunft der Stadt nicht besonders vielversprechend aus. Im Jahr 2004 sollen neue Schulden von rund 5,3 Milliarden Euro angehäuft werden.

Berlins Finanzkrise hat die wirtschaftlichen Schwierigkeiten der Stadt potenziert. Dieses Zusammenwirken von Staatsfinanzen und Wirtschaft kann man sogar als die Kehrseite einer Medaille bezeichnen. Hierfür sprechen auch harte Zahlen, die uns wieder im Deutschen Institut für Wirtschaftsforschung präsentiert werden. Dieses Mal suchen wir Karl Brenke auf. Er ist Referent der Abteilung Konjunktur mit Schwerpunkt Ostdeutschland und Berlin. Brenke gilt für die Berliner Wirtschaft als Pendant zu seinem Finanzkollegen Vesper und als Konjunktur-Experte für die Stadt. Er ist ein anderer Typ als Vesper, weitaus leidenschaftlicher spricht er über die Ursachen und Auswirkungen der Fehlentscheidungen seitens der Berliner Politik. Er hat schnell Zahlen zur Hand, um seine Einschätzungen zu belegen.

Auf meine erste, recht allgemeine Frage zum Zusammenhang von Berlins Finanzen und der Wirtschaft reagiert er barsch: »Die Berliner Politik hatte zur Wende die enormen wirtschaftlichen Strukturprobleme völlig aus den Augen verloren und sah die Zukunft nur noch in rosaroten Farben«. Im Jahr 1994, als es mit der Wirtschaft kaum voranging, erinnert sich der Wissenschaftler, hatte der damalige Bürgermeister Eberhard Diepgen erklärt, daß Berlin-Brandenburg »zu einem der dynamischsten Wachstumsmärkte in Deutschland und Europa« würde. Im besten Fall entstünden

700 Tausend neue Arbeitsplätze, im schlechtesten Fall 400 Tausend. Heute hat Berlin 120 Tausend weniger Arbeitsplätze.

Da sind wir schnell bei anderen Zahlen. Berlin ist die einzige deutsche Großstadt, in der die Beschäftigung in den letzten 14 Jahren drastisch zurückgegangen ist – allein um 1,7 Prozent in 2003. Das erklärt den Sprung der Arbeitslosenquote knapp unter zwanzig Prozent. Auch Berlins Wirtschaft befindet sich in einer schweren Krise: In sieben der letzten acht Jahre schrumpfte die Berliner Wirtschaft insgesamt um rund acht Prozent. Schlimmer noch: Das Bruttoinlandsprodukt Berlins findet sich heute auf einem niedrigeren Niveau als 1991 – also nach 13 Jahren keine positive Entwicklung. Kein Wunder, daß in dieser Hinsicht Berlin unter den Bundesländern als Schlußlicht dasteht. Berlin zählt, von der wirtschaftlichen Warte betrachtet, nicht mehr zu den alten Bundesländern, sondern driftet ins Mittelfeld der neuen ab.

Zur Zeit der Wiedervereinigung hatte die West-Berliner Wirtschaft kaum mit einem freien Markt zu tun. Knapp ein Drittel der Erwerbstätigen war im staatlichen Sektor im weiteren Sinne (inklusive BVG und BSR) beschäftigt. Das verarbeitende Gewerbe war gering (zwanzig Prozent) und bestand zum großen Teil aus hochsubventionierten, kapitalintensiven und wertschöpfungsarmen Produktionen wie Nahrungsmittel (Schokolade und Kaffee), Tabakwaren, EDV-Geräte sowie Papier- und Pappwaren. Ausnahme war die chemische Industrie. Der große Dienstleistungssektor war im Wesentlichen auf den innerstädtischen Markt orientiert.

Auch Ost-Berlin war vom staatlichen Sektor beherrscht. Im Jahr 1988 war der Anteil an der Gesamtwirtschaft noch zehn Prozentpunkte höher als in West-Berlin. Die Industrie in der ehemaligen Hauptstadt der DDR war allerdings weitaus ausgeprägter vorhanden als im West-Teil.

Nach der Wiedervereinigung brach die Industrie in beiden Hälften der Stadt zusammen. »Mit dem abrupten Abbau der Subventionen, den Bodenwertsteigerungen im Stadtgebiet und dem wachsenden Angebot an subventionierten Gewerbeflächen in Brandenburg stieg die Zahl der Industrieunternehmen, die West-Berlin verließen«, erklärt Brenke. Mit dem Zusammenbruch des Realsozialismus verloren die Ost-Berliner Fabriken ihre Kundschaft. Damit war auch der Traum der Berliner Politik von einem »Hongkong des Westens« gestorben – einer Handels- und Dienstleistungsdrehscheibe zwischen Ost und West. Jedes westliche Unternehmen konnte nun selber unmittelbar in den Ostblock-Ländern tätig werden. »Berlin, West wie Ost, hatte nach dieser Entwicklung kaum noch eine industrielle Basis, keinen ausgeprägten Dienstleistungssektor mit einem überregionalen Standbein und war mit einem großen Staatssektor belastet«, so Brenke.

Anfang der neunziger Jahre, meint der Wissenschaftler, stand man an einem Scheideweg. Berlin hätte diesen Staatssektor und die öffentliche Verwaltung – sowohl die Bezirks- als auch die Senatsverwaltungen – konsequent reformieren, ja modernisieren müssen. Dazu gehörte ein radikaler Abbau des Personals und der Bürokratie. »Stattdessen wurde in überdimensionalisierten, überflüssigen Bauprojekten investiert, und heute fehlt das Geld für nötige Infrastrukturinvestitionen«, ergänzt Brenke, »wie in Universitäten, Forschung, Schulen, Straßen und öffentlichen Gebäuden, wobei auch hier Reformen vonnöten waren.« Heute hat Berlin in vielen Verwaltungsbereichen immer noch doppelt so hohe Personalbestände wie Bremen und Hamburg, doch in den zukunftswichtigen Feldern wie Bildung und Wissenschaft drohen die Personalbestände unter den Durchschnitt der anderen Stadtstaaten zu sinken.

Stattdessen wuchs die Verwaltung, und Milliarden flossen in aberwitzige Projekte wie die des Sozialen Wohnungsbaus und der Entwicklungsgebiete. »Berlin hatte innerhalb von zwölf Jahren doppelt soviel Schulden angehäuft als die DDR in vierzig Jahren«, beschwert sich Brenke, »und viel zu spät fing die Politik an, sich mit solchen grundsätzlichen Fragen auseinanderzusetzen!«

Unter Berlins konzeptionsloser Sparpolitik leidet die Wirtschaft der Stadt. Brenke verweist auf eine Reihe von Sparmaßnahmen des Senats wie Einschränkungen bei den Investitionsausgaben und Stellenstreichungen. Die neueste Maßnahme des Senats, eine kräftige Arbeitszeitverkürzung ohne Lohnausgleich im öffentlichen Dienst, bringt zwar ein Sparvolumen von knapp einer halben Milliarde Euro, doch, so Brenke: »Das wird für kräftig dämpfende Multiplikatoreffekte bei der regionalen Nachfrage nach Gütern und Dienstleistungen und für weitere Steuermindereinnahmen sorgen.«

Eine erstaunliche Entwicklung, da in seinen früheren wissenschaftlichen Schriften Berlins gegenwärtiger Finanzsenator, Thilo Sarrazin, nachwies, daß eine strenge Sparpolitik nicht zwangsläufig zu erheblichen Einbrüchen in der Binnennachfrage führen muß.

Die Lage der Berliner Wirtschaft brachte die Berliner Industrie- und Handelskammer auf den Punkt, als sie, gemessen an der Wirtschaftskraft, die Hauptstadt der »Zweiten Liga« zuordnete, vergleichbar mit Bielefeld, Münster und Nürnberg. Bloß: Berlin hat 3,4 Millionen Einwohner, Nürnberg 493 Tausend, Bielefeld 325 Tausend und Münster 269 Tausend.

Jeder Tag bringt neue ernüchternde Meldungen. Die Umsätze im Einzelhandel und im Gastgewerbe sinken stetig. Im ersten Halbjahr 2004 lagen sie um drei Prozent beim Gastgewerbe und um knapp zwei Prozent beim Einzelhandel unter Vorjahresniveau. Noch schlechter ist es um das im wesentlichen auf den Berliner Markt ausgerichtete Handwerk bestellt, nach Angaben des Statistischen Landesamtes war hier 2003 ein Rückgang bei den Umsätzen von acht Prozent und bei den Beschäftigten gar von elf Prozent zu verzeichnen. Auch ohne Zahlen ist dieses Phänomen sichtbar. Das Stadtbild ist geprägt von leerstehenden Läden, Büros und Gewerbeflächen. Berlin wirkt wie ein überdimensioniertes, neuartiges Werk von Christo: Unternehmen und Läden werden mit »Zu vermieten«-Schildern verhüllt.

Im März 2002 – dieses Mal nach der Koalitionsbildung – schrieb ein Team von sieben Wissenschaftlern des DIW (darunter auch Brenke und Vesper) einen Artikel mit dem Titel »Bausteine für die Zukunft Berlins«. Der Artikel ist ein Versuch, Prioritäten zu setzen, um mit Berlins begrenzten Finanzen sinnvoll die Wirtschaft voranzutreiben. Während sie die Konsolidierungspolitik der Regierung unterstützen, mahnen sie an anderer Stelle: »In für die Zukunft entscheidenden Bereichen wie Bildung, Wissenschaft und Kultur darf jedoch nicht weiter gekürzt werden.« Diese Forderung ist nicht das Ergebnis bildungsbürgerlicher Kulturorientierung, sondern rein wirtschaftlich zu betrachten. Kurzfristig sind diese Bereiche wesentlich für Berlins starken Tourismussektor. Mittelfristig bieten sie die Entwicklung von neuen Dienstleistungsbereichen, die bisher nicht erschlossen sind.

Solch fundierter Rat scheint die gegenwärtige Regierung, ebenso wie ihre Vorgänger, kaum zu interessieren. Nachdem das Land überschuldet wurde und das Tafelsilber verkauft, steht nur noch ein Mittel zur Verfügung: die Substanz. Und auch die soll nun in Anspruch genommen werden.

»Die Berliner Regierung hofft, von den positiven wirtschaftlichen Tendenzen in den alten Bundesländern zu profitieren, jedoch mit der gegenwärtigen Finanzpolitik werden diese Impulse nicht durchschlagen«, prophezeit Brenke. Wenn das Berliner Bruttoinlandsprodukt für 2004 nicht erneut sinkt, könne man schon froh sein. »Daß ein Konjunktureinbruch auch ein geschmälertes Steueraufkommen verursacht, scheint die Regierung eher wenig zu stören«, vermutet Brenke. Zwischen den Jahren 2000 und 2002 sanken die Steuereinnahmen des Landeshaushalt Berlins um zwölf Prozent. Das hat zwar auch mit der Steuerreform zu tun, jedoch vor allem mit Berlins selbstverursachter Konjunkturschwäche.

Doch das kann Berlins Politikern relativ gleichgültig sein. Dank des Länderfinanzausgleichs und der Fehlbetrags-Ergänzungszuweisungen vom Bund gibt es innerhalb der Bundesländer eine Umverteilung, wodurch steuerschwache Länder über mindestens 99,5 Prozent der durchschnittlichen Finanzkraft aller Bundesländer verfügen. Dem Senat kann es insofern herzlich egal sein, was mit der Wirtschaft seiner Stadt passiert. Je weniger Steuern das Land von seinen Bürgern kassiert, desto mehr fließt vom Bund. Der Finanzexperte Vesper weist auf die perverse Situation hin, daß der Länderfinanzausgleich keinen Anreiz für Empfängerländer beinhaltet, ihre Wirtschaft zu stärken: »Entwickeln sich die Steuer- und Wirtschaftskraft in Berlin in Zukunft überdurchschnittlich, so bedeutet dies nicht im gleichen Maße eine Verbesserung der finanziellen Situation des Landes, denn in diesem Falle reduzieren sich die Ansprüche Berlins an den Länderfinanzausgleich wie auch an die Ergänzungszuweisungen des Bundes.« Die Berliner Regierung und sein Finanzsenator benehmen sich wie der Sozialhilfeempfänger, der meint, es lohne sich nicht, für die paar zusätzlichen Euros arbeiten zu gehen. Gegenüber »Berlin-Thilo« wirkt »Florida-Rolf« beinahe harmlos. Leider hatte auch der Bund in den letzten Jahren wegen der Rezession weniger Steueraufkommen und deswegen weniger zu verteilen. Berlins Politiker sind jedoch zuversichtlich, daß die alten Bundesländer das wieder hinkriegen.

»Wenn die anderen Bundesländer und der Bund den gleichen Kurs wie Berlin verfolgten, wäre die Wirtschaft der Bundesrepublik mittelfristig ruiniert«, kritisiert Brenke. In einer Rede an der Technischen Universität Anfang 2003 erklärte Berlins gegenwärtiger Finanzsenator Thilo Sarrazin, Berlin habe kein Einnahmeproblem, sondern ein Ausgabeproblem. Die Pro-Kopf-Einnahmen seien nämlich aufgrund von Bundes- und sonstigen Hilfen dreißig Prozent höher als im Bundesdurchschnitt. Würde Berlin seine Steuereinnahmen steigern, gingen die Hilfen zurück.

Was vor allem zählt beim Länderfinanzausgleich, ist die Zahl der Einwohner. Je Einwohner erhält die Stadt rund dreitausend Euro. Deswegen hatte Berlins Regierung im Jahr 2002 angefangen, Studenten mit einem »Begrüßungsgeld« von 110 Euro zu beglücken, wenn sie sich mit erstem Wohnsitz in Berlin anmelden.

Berlins gegenwärtige Politik, vor allem die Gebühren für öffentliche Leistungen zu erhöhen und gleichzeitig Investitionen in der Infrastruktur und Leistungen zu reduzieren, ist sehr kurzfristig gedacht. Solche Maßnahmen haben nicht nur negative Auswirkungen auf die Wirtschaft und das Steueraufkommen, sondern vertreiben die Menschen aus der Stadt. »Gerade für hochentwickelte Volkswirtschaften wie Deutschland ist das Humankapital ein wichtiger, wenn nicht der wichtigste Wachstumsfaktor«, erklärt der DIW-Wissenschaftler Vesper. Doch die SPD-PDS-Regierung scheint nur die intellektuelle Fähigkeit des kurzfristigen Denkens zu kultivieren und verpfändet damit die Zukunft Berlins. Mehr und mehr Berliner suchen anderswo Arbeits- und Ausbildungsplätze. Und durch den geplanten Abbau von Studienplätzen verlassen die eben noch »begrüßten« Studenten wieder die Stadt. Laut Mikrozensus aus dem Jahr 2003 sind nur noch knapp 42 Prozent der Bevölkerung Berlins erwerbstätig. Jeder der arbeitet, muß bereits jetzt die sozialen Kosten für mehr als eine weitere Person mittragen.

Berlins Schuldenkrise ist keinesfalls eine Naturkatastrophe. Sie ist hausgemacht, vor allem von Berlins politischer Klasse, die die Schulden verursachte und dabei gut gelebt hat. Jahrzehntelang hat sie die Stadt in einen Subventionsrausch gesteigert. Von der Realität wollten die Berliner nichts erfahren, wobei die Politik mit einer jahrelangen Strategie der Desinformation den Berlinern nie die Gelegenheit gab, ihre tatsächliche Lage zu beurteilen. Nun sind die Konsequenzen da.

Schulden fallen keinesfalls vom Himmel wie Schnee. Sie schmelzen leider auch keinesfalls wie Schnee in der Sonne.

Nichts begriffen

Soziale Wohnungsbauförderung

»Sie haben nichts begriffen.« Diesen Spruch höre ich gelegentlich, allerdings hauptsächlich von Leuten, die über selbstverständlich ganz legale Wege Steuergelder in Millionenhöhe verschoben haben (gerne auch in ihre eigenen Taschen), und mich darüber aufklären wollen, daß sie die wahren Opfer dieser Gesellschaft sind.

Doch der Architekt Jürgen Thielemann, der zu diesem Typus von Berlinern nicht zählt, hatte in diesem Fall Recht. Ich hatte über einen Skandal – nennen wir es Skandälchen – berichtet, hinter dem sich, so Thielemann, in Wirklichkeit ein Milliarden-Betrug bei Berlins Wohnungsbauförderung verbirgt. Das hatte ich in der Tat damals nicht erkannt und also auch »nichts begriffen«.

Thielemann ist ein leidenschaftlicher Mensch. Er liebt die Form und das Material. Sein Büro in Berlin-Kreuzberg, das die Harmonie unterschiedlichster Formen und Materialien vorlebt, ist außerdem ein Ausstellungsort für Künstler. Thielemann ist besonders leidenschaftlich, wenn es um Gerechtigkeit geht. Wenn er über diesen einen Fall spricht, regt er sich trotz des Abstands einiger Jahre immer noch so auf, als ob es gerade passiert wäre.

Mein Bericht befaßte sich damals mit den legendären »Promi-Fonds« der Landesbank Berlin. Beteiligt an dem Fonds aus dem Jahr 1993 war ausschließlich ein ausgewählter Kreis von nur vierzig Anlegern, bestehend aus Freunden und Bekannten der Landesbank-Manager. Der Mindestanteil an den Fonds betrug damals 100 Tausend Mark. Viele der handverlesenen Anleger zeichneten aber deutlich mehr. Die Rendite war klein, die Steuerbegünstigung aber massiv: höher als der Kaufpreis des Fondsanteils. Die Investition wurde also zu hundert Prozent – manchmal sogar mehr – vom Steuerzahler honoriert. Der Fonds lief jedoch nicht wie geplant und drohte zum Verlustgeschäft zu werden. Ein solches Risiko gehört qua Definition zu solchen Immobilienfonds. Deswegen wird man auch mit einer hohen Steuerbegünstigung belohnt. Doch in diesem Fall hatte die Bank ihren bestens situierten Anlegern das

Risiko abgenommen und die Anteile zu 75 Prozent des jeweiligen Nominalwertes zurückgekauft. Ob die Steuerbegünstigungen zurückgezahlt werden müssen, ist noch nicht entschieden.

Thielemann ist ein intimer Kenner der Bauten dieses Immobilienfonds. Er hat mehrere Gutachten darüber verfaßt. Mit seiner Meinung hält er nicht hinterm Berg: »Der Bau besteht von oben bis unten aus Betrug.« Thielemann ist besonders verbittert, weil dieser »Immobilienbetrug« von der öffentlichen Hand gefördert und finanziert wird. Schlimmer noch, obwohl Thielemanns Aufklärungsarbeit allen Kontrollinstanzen – darunter der Berliner Staatsanwaltschaft und der Bundesanstalt für Finanzdienstleistungsaufsicht (BAFin) – bekannt sind, fließen Steuergelder in Millionenhöhe weiter in die Bauten – und das noch jahrelang. Heute führt die Berliner Staatsanwaltschaft den Prozeß gegen drei ehemalige Manager der Landesbank, jedoch wegen Lappalien, die nichts mit diesem Betrug an dem Steuerzahler zu tun haben.

Das 43-Millionen-Mark-Bauvorhaben liegt direkt am Rande Berlins im südlichen Bezirk Buckow. Der unauffällige Komplex besteht aus einer Ladenzeile, 121 öffentlich geförderten Wohnungen in mehreren Baukörpern, einer Tiefgarage mit 38 Stellplätzen sowie 36 ebenerdigen Stellplätzen. Der Fonds war ursprünglich ein Projekt der »Gehag« (Gemeinnützige Heimstätten-Aktiengesellschaft), die mehrheitlich im Besitz des Landes Berlin ist. Als dieser Komplex in Buckow geplant und gebaut wurde, waren Heinz-Viktor Simon, Rechtsanwalt und damals prominenter CDU-Politiker im Abgeordnetenhaus, und der in der Zwischenzeit verstorbene Hans Görler, SPD-Parteisoldat und beurlaubter Staatssekretär der Bauverwaltung, Geschäftsführer der »Gehag«. Görler ließ sich von seinem Amt beurlauben, um das große Geld in der sogenannten freien Marktwirtschaft – wozu in Berlin auch die öffentlichen Wohnungsbaugesellschaften zählen – zu suchen. Überall, wo es um die Vernichtung von Steuer-Millionen ging, war Hans Görler dabei: beim Sozialen Wohnungsbau, bei den Entwicklungsgebieten und bei den Immobilienfonds der Bankgesellschaft.

Wie so oft im Berliner Filz hatte das Bauvorhaben in Buckow eine familiäre Note. Mit der Bauleitung hatte der Bauherr »Gehag« die »WIR Wohnungsbaugesellschaft in Berlin mbH« beauftragt.

Die WIR ist eine weitere Berliner städtische Wohnungsbaugesellschaft, der der damalige »Gehag«-Geschäftsführer Heinz-Viktor Simon zu der Zeit als Aufsichtsratsvorsitzender zu Diensten war. Für diese Leistung erhielt die WIR rund 800 Tausend Mark. Laut Thielemann war eine Gegenleistung kaum zu erkennen: »Reine Geldverschieberei«, meint er. Die fehlende Planungs- und Bauleitung brachte ein weiterer Sachverständiger, der dieselbe Fonds-Immobilie untersuchte, in seinem Bericht so zum Ausdruck: Man habe »Planung durch Zufall« ersetzt.

Ebenso merkwürdig war die Höhe der Architektenhonorare: Obwohl aus der öffentlichen Förderung dafür rund fünf Millionen Mark bewilligt wurden, sind vier Millionen tatsächlich abgerechnet worden. Ausgegeben waren am Schluß nur 3,5 Millionen. Bei einem Bau dieser Größe, rechnete Thielemann für sein Gutachten, wären laut der Gebührenordnung für Architekten HOAI nur 2,5 bis 2,8 Millionen Mark zulässig. An den Architekten ist eine solche Summe nicht bezahlt worden. Für den Architekten, der die Ausführungsplanung verantwortete, Hartmut Steigelmann, ist die Summe von vier Millionen völlig unerklärlich: »An uns kann das nicht gelegen haben.«

Die Firma Philipp Holzmann wurde mit dem Bau beauftragt, obwohl sie nicht das billigste Angebot abgegeben hatte. So ist Berlin – nicht der preiswerteste Anbieter bekommt die öffentlichen Aufträge, sondern der »richtige«. Bezeichnend ist auch die Tatsache, daß Holzmann, nachdem sie die Ausschreibung mit einem Angebot von 25,8 Millionen Mark gewonnen hatten, eine Woche später ein Fax hinterherschickten und den Preis nach oben auf rund 27 Millionen korrigierten. Von diesen Baukosten wurden wiederum rund fünf Millionen für die Außenanlagen veranschlagt. Wer sich das Objekt anschaut, wird angesichts der kümmerlichen Grünanlage lange rätseln, wofür dieses Geld verbaut wurde.

Öffentlicher Baualltag in Berlin. Bei den so merkwürdig entstandenen hohen Baukosten ist es keine Überraschung, daß die »Gehag« Schwierigkeiten hatte, den Fonds zu vertreiben. Ende 1993 übernahm die Landesbank Berlin das Projekt. Die Berliner Staatsanwaltschaft erfuhr während ihrer Ermittlung von einem Zeugen, daß Simon den Landesbankvorsitzenden Hubertus Moser, damals auch »Gehag«-Aufsichtsratsmitglied, und Immobilienvorstand Jochen Zeelen »unter Druck gesetzt« hatte, damit die Landesbank ihm das fehlgeschlagene Projekt abnimmt.

In einer ersten Beurteilung des Fonds im September 1993 wies ein Mitarbeiter der Landesbank »auf die schlechterdings nicht vertretbaren Baukosten« hin und hielt den Fonds deshalb für »nicht vermarktungsfähig«. In der Stellungnahme wird darauf aufmerksam gemacht, daß der Berliner Immobilienmarkt sich mittlerweile normalisiert habe und sich den üblichen Wettbewerbsbedingungen in Gesamtdeutschland angepaßt hätte. Laut Fondsprospekt sollten sich die Baukosten der »Gehag« auf 4850 Mark pro Quadratmeter (ohne Tiefgarage) belaufen. »Dieser Baukostensatz ist aus heutiger Sicht nicht mehr nachvollziehbar. In Westdeutschland werden derzeit Maßnahmen im sozialen Wohnungsbau mit Werten zwischen 2000 bis 2300 Mark pro Quadratmeter vergeben.« Der Umstand, daß die Baukosten deutlich überhöht waren, war außerdem Gegenstand mehrerer Gespräche in der Landesbank.

Aus einem Verhandlungsprotokoll zwischen Managern der Landesbank und dem Bauträger aus der Entstehungsphase des Fonds wird ein LBB-Manager zitiert: »Wer meint, daß diese Baukosten angemessen sind, ist entweder naiv oder kriminell.« Eine Zeugenaussage lautet »... die Berliner Förderpraxis sei ein ›Selbstbedienungsladen‹ gewesen« und später heißt es in dieser Zeugenaussage bezüglich der Immobilie in Buckow: »Die förderungsbedingte Höhe der Baukosten lag, wie schon bei der ursprünglichen Konzeption, fast doppelt so hoch wie die der im privat-finanzierenden Wohnungsbau üblichen Baukosten.« Ein anderer Zeuge erzählte, daß die Kosten im Zweiten Förderweg stets »mit Gewalt hineingerechnet« worden seien, was allen maßgeblichen Personen auch bekannt gewesen sei.

Diese Erkenntnisse animierten die Landesbank offensichtlich auch dazu, sich an dem Kuchen zu bedienen. Die »Gehag« hatte mit einer Landesbanktochter einen »Projektbetreuungsvertrag« für knapp 230 Tausend Mark abgeschlossen. Diese Summe wurde auch gezahlt – obwohl nach Recherche der Staatsanwaltschaft keine Gegenleistung erfolgte.

Ende 1994 fertiggestellt, erhielt der Bau eine Soziale Wohnungsbauförderung in Höhe von rund 34 Millionen Mark, wovon nach Aussagen der Anleger rund 33 Millionen nicht rückzahlbare Zuschüsse sind. Solche Förderungen liefen im Auftrag des Landes Berlin über die landeseigene »Investitionsbank Berlin« (IBB), die Teil der Landesbank Berlin ist (sie soll im Laufe des Jahres 2004 rückwirkend zum 1. Januar ausgegliedert werden).

Mit der Sozialen Wohnungsbauförderung hörte die Unterstützung der IBB für die Immobilie in Buckow aber nicht auf. Sie finanzierte, nach Beschluß des Vorstandes der Landesbank, den Bau außerdem mit einem günstigen Baudarlehen in Höhe von rund 37 Millionen Mark. Dabei konnte die IBB (und damit auch die LBB) weiter kassieren. 3,7 Millionen Mark bekam sie für das Damnum (vorausgezahlte Zinsen) und als Bearbeitungsgebühr. Dieses Darlehen wurde nicht wie vorgeschrieben nach Baufortschritt ausgezahlt, sondern sofort. Alle Mittelverwendungskontrollen sind so entfallen – Kontrolle ist gut, Vertrauen ist besser!

Das Ganze hatte System. Obwohl das Immobilienprojekt, wie Bank-Mitarbeiter festgestellt hatten, überteuerter ökonomischer Wahnsinn war, eignete es sich ideal dafür, riesige Steuervorteile zu generieren. Wie einer der Beteiligten bei der Entstehung des Fonds Jahre später zusammenfaßte, sei damals im Vorstand der Landesbank die Idee geboren worden, mit der Einbringung des Objekts in einen Fonds »besonders wichtigen Kunden ›ein Weihnachtsgeschenk‹ machen zu wollen.«

Es war Weihnachten 1993, und die Landesbank hatte nichts Besseres zu tun, als sich am Steueraufkommen des eigenen Landes zu bedienen, und das über Subventionen in zweistelliger Millionenhöhe, die der Steuerzahler über die nächsten achtzehn Jahre finanzieren durfte.

Es kam, wie es kommen mußte. Die Fondsimmobilie verwandelte sich in ein Desaster. Sie war so schlecht gebaut und die Mieten so überteuert, daß die Mieter gleich wieder auszogen oder beträchtliche Mietminderungen durchsetzen konnten. Die avisierte Rendite der Fondsanleger materialisierte sich nicht – es sah im Gegenteil eher so aus, als ob die Anleger Geld nachschießen müßten. In ihrer Empörung ergriffen die Fondsanleger im Jahr 1998 die

Initiative und drohten der Landesbank, auf Rückkauf ihrer Anteile wegen der überhöhten Kosten zu klagen.

Die Fondszeichner hatten den Verdacht, daß der schlechte Ertrag ihrer Immobilie in den überteuerten Baukosten begründet sei. Ein Anleger, Karl Kauermann (heute Chef der Berliner Volksbank), hatte beispielsweise erfahren, daß bei einer vergleichbaren Immobilie die Baukosten einen Quadratmeterpreis von nur dreitausend Mark auswiesen, statt über fünftausend beim eigenen Projekt.

Um diese Frage zu klären, ließen die Anleger ein Baumängel- und Baukostengutachten erstellen. Der Autor dieses Gutachtens hieß Jürgen Thielemann.

Zunächst verglich Thielemann die Immobilie in Buckow mit ähnlichen Objekten in anderen Orten der Bundesrepublik wie Potsdam und Ludwigshafen. Bei dieser Gegenüberstellung stellte Thielemann Erstaunliches fest: die Baukosten des Fonds-Objekts (Gebäude plus Tiefgarage 5396 DM pro Quadratmeter) waren zwischen 250 und dreihundert Prozent teurer. Statt einem angegebenen Wert von rund 43 Millionen Mark wären nach Thielemanns Vergleich eher 22 Millionen Mark angebracht gewesen, ungefähr die Hälfte also.

Damit noch nicht genug. Dank des Pfuschs beim Berliner Bauvorhaben fielen weitere rund fünf Millionen Mark für Mängelbeseitigungen an. Ein Beispiel: bei der IBB waren Holzfenster nach DIN-Norm beantragt (und mitfinanziert). Thielemann fand aber stattdessen minderwertige Kunststoffenster vor, die den DIN-Vorgaben keinesfalls entsprachen. Nach allen Abzügen hatte das Bauvorhaben in Buckow einen tatsächlichen Wert von nur rund 16,8 Millionen Mark – nicht einmal die Hälfte der angegebenen Baukosten. Ein Ergebnis, das kurze Zeit später von einem Verkehrswertgutachten einer Bank bestätigt wurde. Thielemann kam zu einem eindeutigen Schluß: Das Projekt bestand, seiner Meinung nach, »von oben bis unten aus Betrug«.

Offensichtlich gingen die ehemaligen Anleger genau dieser Frage nach. Ihr Ergebnis: Die »Gehag« hatte »bei der mehrfachen Erörterung der Thematik lediglich auf die Angemessenheit hingewiesen, ohne den Sachverhalt zur Zufriedenheit darzulegen.« Kein Wunder, meint die Berliner Staatsanwaltschaft. Die »Gehag«, als geschäftsführende Gesellschafterin der Fonds zur ordnungsgemäßen Bauabnahme des Gebäudes verpflichtet, war »jedoch gleichzeitig Ursprungskonzipient, Bauherr und Verkäufer des Objektes« und hatte »infolge des Interessenkonfliktes das Bauwerk ohne Mängelrügen … abgenommen.«

Die Anleger gingen einer weiteren Frage nach: Warum war der IBB, die die Umsetzung der öffentlichen Förderung kontrollieren sollte, nichts aufgefallen – nicht einmal, daß ihre eigenen Standardrichtlinien nicht eingehalten wurden? Das Ergebnis: »Die von der IBB zu bestätigende Schlußabrechnung für die Wohnanlage liegt noch nicht vor. Die IBB wurde mehrmals erinnert.« Die Anleger brauchten die Antworten der beiden nicht abzuwarten, allein die Fragestellung scheint für einen günstigen Vergleich gereicht zu haben. In einem Kompromiß bekamen die Anleger 75 Prozent ihres Geldes zurück und behielten zunächst ihre Steuervorteile. Ein nettes Geschäft. Danach hatten die wohlsituierten Anleger offensichtlich keinen Bedarf mehr an einer Aufklärung, auch wenn es um veruntreute Steuermillionen ging.

Alle waren zufrieden – bis auf Jürgen Thielemann: Die Immobilie in Buckow wurde von der damals kommunalen Wohnungsbaugesellschaft »Gehag« für 43 Millionen Mark (größtenteils öffentliche Förderung) gebaut, hatte jedoch einen realen Wert von nur rund siebzehn Millionen. Wo waren die restlichen 26 Millionen Mark Baugelder geblieben, und warum ging die IBB nicht gegen die überteuerten Baukosten vor?

Jürgen Thielemann konnte sich das nur so erklären: »Die IBB hat offensichtlich den Bau gar nicht abgenommen. Bestenfalls in einem teuren Restaurant.« So abwegig sei die Vermutung nicht. In der Schlußabrechnung des Projekts aus dem Jahr 1997 befindet sich unter Bewirtungskosten: »Schlußabnahme 25.11.94 – 243,50 DM« und »Schlußabnahme 30.11.94 – 262,50 DM«. Die IBB beteuert, es hätte 16 Besichtigungstermine zur Baustandskontrolle gegeben. Die Innenrevision der Bankgesellschaft Berlin und die Bankenaufsicht bezweifelten allerdings genau wie Thielemann diese Behauptungen, was die Abnahme angeht.

Doch der Kreis der Wissenden bei diesem Millionenbetrug ist nicht so klein, wie man vielleicht denkt. Die Berliner Staatsanwaltschaft, die Bankenaufsicht und die Innenrevision der Bankgesellschaft haben alle diesen Fall gründlich untersucht.

Die Bundesanstalt für Finanzdienstleistungsaufsicht (BAFin) kam zu dem Schluß, daß nach der Wiedervereinigung und Normalisierung der Baupreise in Berlin folgendes geschah bzw. nicht geschah: »Die Fondsrichtlinien der IBB wurden jedoch den geänderten Verhältnissen nicht, jedenfalls nicht zeitnah angepaßt ... Die Bauwirtschaft hat sich den Umstand, daß nach wie vor die hohen Kosten der Vergangenheit gefördert wurden, zunutze gemacht, und im Falle öffentlicher Förderung höhere Kosten in Ansatz gebracht.« Das BAFin hatte auch Belege für die Überteuerung der Immobilie in Buckow. Für seine Sonderprüfung ließ es ein Wertgutachten erstellen. Der Autor heißt wiederum Jürgen Thielemann. Zum Inhalt darf der Berliner Architekt sich nicht äußern, doch man darf vermuten, daß er keinen Millimeter von seinem ersten Gutachten abgewichen ist.

Bei der Aufklärung kamen allerdings weitere Unregelmäßigkeiten ans Licht, wodurch Jürgen Thielemanns Vermutungen bestätigt wurden. Die Endabnahme des Baus durch die IBB fand erst im Jahr 2001 – sechs Jahre nach Fertigstellung des Baus –, nachdem der Skandal aufgeflogen war, statt. Zu Konsequenzen aus dem Fall befragt, meint die IBB, es »liegen keine Informationen vor, die eine Kürzung der Förderung rechtfertigen.«

In ihrem Nicht-Reagieren scheinen sich alle Beteiligten einig zu sein. Wie die Staatsanwaltschaft schwieg auch das BAFin. Es soll im März 2002 die Entlassung eines Vorstandsmitgliedes der Landesbank Berlin, welches außerdem Aufsichtsratsvorsitzender der IBB war, im Zusammenhang mit der Fonds-Affäre veranlaßt haben. Doch Bemühungen um eine Aufklärung der Vergabepraxis der IBB mit Milliarden-Schaden für Berlins Steuerzahler wurden nicht unternommen, auch wenn dies verheerende Auswirkungen bei der Bilanz der Bankgesellschaft Berlin haben wird – oder gerade deswegen.

Doch die Berliner Staatsanwaltschaft ist nicht ganz untätig. Während Berlins Steuerzahler die überteuerte Wohnungsbauförderung für die Immobilie in Buckow weiter bezahlt, verfolgen die Staatsanwälte drei Bankmanager im Zusammenhang mit der Rückabwicklung des Fonds, auch wenn der Schaden für die öffentliche Hand durch den Bau in Buckow weitaus höher ist als der Schaden durch den Fonds. Die Ironie: laut Zeugen-Aussage waren zwei der angeklagten Bankmanager an der Entstehung des Fonds angeblich unbeteiligt und wußten gar nichts von den überhöhten Baukosten. »Auch sie haben nichts begriffen«, meint Jürgen Thielemann. Vielleicht will die Berliner Staatsanwaltschaft auch nichts begreifen.

Wenn man anfängt, Thielemanns Diskrepanz zwischen Förderung und realen Baukosten in dem Buckower Fall auf die gesamte Wohnungsbauförderung hochzurechnen, kommt man auf erstaunliche Summen. In den Jahren 1991 bis 1997, der zweiten Blütezeit der öffentlichen Förderung von Wohnungsneubau in Berlin, wurden über zehn Milliarden Euro für die Wohnungsbauförderung vergeben. Sollte, wie in Buckow, nur die Hälfte der Bausumme verbaut worden sein, wären fast fünf Milliarden Euro einfach verschwunden. Dafür erhalten solche Bauprojekte über die nächsten Jahre weitere Milliarden an Mietsubventionen im Rahmen der Wohnungsbauförderung – für Werte, die nie für ihren Zweck – die Herstellung von Wohnraum – verwendet wurden.

Berlins Soziale Wohnungsbauförderung gilt als eines der größten finanziellen Fiaskos in der Geschichte der Bundesrepublik. Andere bezeichnen es als die größte Umverteilungsaktion – von unten nach oben. Um diesen Prozeß zu verstehen, muß man fünfzig Jahre zurückgehen: Nach dem Krieg und den verheerenden Zerstörungen vor allem in den Innenstadtbezirken herrschte in Berlin akute Wohnungsnot. Die darauf folgende Wohnungsbauwelle wurde außerdem von einem politischen Element verstärkt: zwischen Ost- und West-Berlin herrschte ein Wettkampf der Systeme, der sich auch auf dem Feld der Wohnungsbaumaßnahmen spiegelte. Daraus entstand der West-Berliner Soziale Wohnungsbau. Erklärtes Ziel war die Schaffung von Wohnraum für die »breiten Schichten des Volkes«. Mit dem ab 1952 aufgelegten Wiederaufbauprogramm lief die Wohnungsbauproduktion in großem Stil an.

Die Grundidee des West-Berliner Sozialen Wohnungsbaus war es, Wohnungen auf eine Miethöhe herunterzusubventionieren, daß auch Haushalte mit unterem und mittlerem Einkommen solche Wohnungen anmieten könnten. Um Investitionen in diesem Bereich anzukurbeln, wurde eine Wohnungsbauförderung eingeführt: günstige Darlehen mit subventionierten Zinsen und Tilgungen. Durch seine Subventionen sicherte sich das Land das Belegungsrecht der Wohnungen, konnte also die Mieter durch die von ihm ausgestellten Wohnberechtigungsscheine auswählen. Der Soziale Wohnungsbau in West-Berlin war damals nicht besonders gewinnbringend und wurde wegen fehlenden Privatkapitals hauptsächlich von den städtischen Wohnungsbaugesellschaften umgesetzt.

In den Jahren 1952 bis 1969 entstanden dadurch rund 275 Tausend mit öffentlichen Mitteln geförderte Wohnungen in West-Berlin. Die Zahl der privaten oder freifinanzierten Wohnungen dagegen nahm sich mit rund 25 Tausend Wohnungen – überwiegend im Einfamilienhausbau – im gleichen Zeitraum recht bescheiden aus.

Die Baubranche West-Berlins, die zum größten Teil vom sozialen Wohnungsbau lebte, war als einziger Wirtschaftszweig, der in der »Frontstadt« florierte, lebenswichtig. Der Wohnungsbau kurbelt natürlich auch andere Wirtschaftszweige an, wie die Baustoffindustrie, das Transportwesen, die gesamte Kette der Baugewerke und ihrer Vorlieferprodukte sowie den Ausbau der Infrastruktur von Straßen und öffentlichen Gebäuden. Die arbeitsintensive Fertigung im Wohnungsbau sorgte so auch für massenhafte Beschäftigung der West-Berliner. Die Finanzierung dieser Programme war über Zuweisungen aus dem Bonner Bundeshaushalt zunächst sichergestellt. Aus der West-Berliner Wirtschaftskraft selbst wären sie nicht einmal ansatzweise zu finanzieren gewesen.

Die Finanzierungskosten stiegen in den sechziger Jahren aber überproportional. Dies war einerseits bedingt durch die stetige Anhebung der Wohnungsstandards sowie durch mehr Wohnfläche je Wohneinheit. Andererseits erwies sich das immer stärker werdende Kosten- und Preiskartell der Baufirmen im geschlossenen Markt als besonders preistreibend – eine Berliner Spezialität. Die Kosten des Sozialen Wohnungsbaus West-Berlins überstiegen die Finanzkraft der Stadt trotz großzügiger Bundeshilfe. Fieberhaft wurde eine finanzielle Lösung für dieses wirtschaftlich schon damals deformierte Soziale Wohnungsbauprogramm gesucht – und gefunden.

Im Jahr 1969 wurde das Wohnungsbau-Subventionssystem völlig umgestellt. Dieser Änderungsprozeß wurde beschleunigt durch die zunehmende Stärke der wirtschaftsnahen Oppositionsparteien CDU und FDP. Im Jahr 1975 verlor die SPD die absolute Mehrheit (sie wurde zweitstärkste Partei hinter der CDU) und mußte mit der FDP koalieren. Es entstand dadurch ein zunehmender Druck, den Sozialen Wohnungsbau für den privaten Sektor leichter zugänglich zu machen.

Statt eines günstigen Darlehens vom Staat, das sofort von der öffentlichen Hand ausgezahlt werden mußte, bekam der Bauherr von nun an ein »Aufwendungsdarlehen« über 15 Jahre. Das funktionierte so: Der Bauherr ließ sein Wohnhaus über einen Bankkredit finanzieren. Wenn das Haus stand, berechnete er die »Kostenmiete« auf Basis der tatsächlich entstandenen Kosten plus einer zugelassenen Rendite. Das Land schrieb aber eine niedrigere Miete, die sogenannte »Mietermiete« vor, um die Wohnungen für Personen mit niedrigen oder mittleren Einkommen bezahlbar zu machen. Die »Mietermiete« deckte die Kostenmiete natürlich längst nicht ab. Diesen Preisunterschied glich das Land zunächst aus. Vorgesehen war jedoch eine kleine jährliche Mieterhöhung, wodurch die Mieter- und die Kostenmiete sich nach 15 Jahren angleichen sollten. Dieses neue Fördersystem eröffnete eine völlig neue Dimension. Sie ermöglichte dank des gesetzlich verankerten Steuervorteils riesige Steuerabschreibungen, die einer städtischen Wohnungsbaugesellschaft wenig nutzten, für Privatanleger aber sehr attraktiv waren.

Allerdings gingen die genannten Prognosen in diesem Modell nicht auf. Nach 15 Jahren war die Mieter- und Kostenmiete noch lange nicht auf gleicher Höhe, und ohne weitere staatliche Subvention drohte dem Investor die Pleite. Das Förderprogramm wurde also in Form einer »Anschlußförderung« über weitere 15 Jahre fortgesetzt und damit für die öffentliche Hand immens verteuert. Langsam dämmerte es, daß dieses ganze Fördersystem sich zu einem kostentreibenden Monstrum entwickelte, das man nicht in den Griff bekam.

Diese Aufwendungsdarlehen, mit denen die Differenz zwischen Mieter- und Kostenmiete von der öffentlichen Hand ausgeglichen wurde, blieben zins- und tilgungsfrei – dank der weiteren 15 Jahre der Anschlußförderung sogar dreißig Jahre lang (bis der Bankkredit abbezahlt war), wonach dann das Aufwendungsdarlehen ans Land zurückgezahlt werden sollte. Während der Hochzinsperioden war das eine teure Angelegenheit für den Steuerzahler, der die Zinsen dreißig Jahre lang erst einmal bezahlen mußte.

Selbst dieses neue Fördersystem ging, trotz staatlicher Großzügigkeit, nicht auf. Es brachte nicht nur hohe Steuerverluste für das Land, sondern wegen der doppelten Darlehens-Berechnung von Bank und Land standen die Bauherren nach kurzer Zeit vor der Überschuldung. Berlins Politiker entschieden sich, den Investoren noch mehr entgegenzukommen.

Dementsprechend wurde 1977 aus dem Aufwendungsdarlehen eine »Aufwendungshilfe«, wobei die staatliche Subvention nun aus zwei Dritteln Zuschuß und nur einem Drittel Darlehen bestand. In der Zwischenzeit war auch die dreißigjährige Förderzeit zur Selbstverständlichkeit geworden, auch wenn Förderverträge für nur 15 Jahre festgeschrieben waren. Von einer Anschlußförderung war in den Verträgen zwar keine Rede, doch sie folgte automatisch.

Was die private Investition in Berlins Sozialer Wohnungsbauförderung attraktiv machte, war nicht nur die großzügige Subventionierung, sondern ein spezieller Nebeneffekt, der in keinem anderen Bundesland existierte: eine unglaubliche Steuerabschreibung. Die war so ausgelegt, daß ein gut verdienender Anleger der Spitzensteuerklasse – öfter auch bekannt als »Zahnwalt«– seinen Einsatz spätestens nach fünf Jahren in voller Höhe über Steuervergünstigungen vom Finanzamt zurückerhielt. Hier gab es Eigentum zum Nulltarif mit jährlicher Rendite. Hier war Schlaraffenland ganz nah, zwar ausschließlich für Wohlhabende, aber wunderbarerweise alles auf Kosten des Steuerzahlers. Und das alles auch noch mit einer staatlichen Garantie. Mit diesem neuen Fördersystem und der dazugehörenden Steuerabschreibung sprang der Anteil der privaten Bauträger von rund 41 Prozent im Jahr 1979 auf das Doppelte fünf Jahre später. Das einzige Risiko dabei wären Mietausfälle gewesen, die blieben jedoch bei der West-Berliner Wohnungsknappheit reine Theorie.

Das Aufwendungsdarlehen und die Aufwendungshilfe hatten verheerende Auswirkungen auf den Landeshaushalt. Sie verursachten zunächst eine geringere Belastung für die öffentliche Hand, da die Auszahlung über 15 Jahre gestreckt war, zogen jedoch später höhere Belastungen durch die lange Laufzeit nach sich. Mit anderen Worten: die finanziellen Konsequenzen wurden auf die Zukunft verlagert. Auf die gesamte Laufzeit gesehen erforderte das Aufwendungshilfe-System das Doppelte an Subvention als bei den früher vom Land finanzierten Baudarlehen. Die Ausgaben für die Soziale Wohnungsbauförderung wurden dabei jedoch nicht im Landeshaushalt als Schulden in voller Höhe aufgeführt, sondern nur ratenweise in Form der im aktuellen Haushaltsjahr anfallenden Verbindlichkeiten. Milliardenschulden auf bereits eingegangene Verpflichtungen blieben also unsichtbar – für die Kosten von zwei Häusern entstand jetzt nur ein Haus.

Das System der Sozialen Wohnungsbauförderung wurde endgültig zum Finanzungeheuer. Dieses wurde noch potenziert durch die rapide Steigerung der Baukosten in West-Berlin. Anfangs wurde ein Großteil der Sozialen Wohnungsbauförderung von Berlins landeseigenen, aufgeblähten Wohnungsbaugesellschaften, die immense Kosten produzierten, umgesetzt. Die privaten Bauträger, die nun vermehrt auf den Plan traten, konnten nicht nur die Steuerbegünstigungen abschöpfen, sondern entdeckten, daß sie ein Vermögen verdienen konnten, wenn sie offiziell auf dem gleichen, viel zu hohem Preis- und Förderungsniveau wie die städtischen Wohnungsbaugesellschaften bauten, jedoch wesentlich effizienter, d.h. in Wirklichkeit billiger arbeiteten.

Auch damit noch nicht genug. 1981, nachdem die CDU/FDP-Regierung an die Macht kam, ging es darum, ihr Wahlversprechen – 50 Tausend neue Wohnungen in einer Legislaturperiode von vier Jahren – zu erfüllen. Doch die Bauträger, die meisten Mitglieder und/oder Förderer der CDU, nutzten die Gunst der Stunde. Statt zu bauen, hielten sie sich abwartend zurück, ein abgesprochenes Verhalten, das als »Investorenstreik von 1981« bekannt wurde. Erst als die neue Regierung die Oberkostengrenze für Soziale Wohnungsbauten nochmal um 15 Prozent angegehoben hatte, ging die Bautätigkeit weiter. Die Baukosten für Sozialwohnungen in Berlin explodierten und lagen rund einhundert Prozent über denen in Hamburg oder Nordrhein-Westfalen. »Wer an einem kleinen Block nicht zwei Millionen macht, hat sich wirklich doof angestellt«, hieß es in der Baubranche. So verblüffend es klingt, man konnte damals innerhalb Berlins ein Einfamilienhaus billiger herstellen als eine sozial geförderte Wohnung. Je teurer der Bau, desto höher die Investition, desto höher die Kostenmiete, desto höher der Förderung und desto höher die Steuerabschreibung. Sparsamkeit war in diesem System fehl am Platze.

Nirgendwo in der Bundesrepublik wurde so teuer gebaut, so billig gewohnt, so hoch subventioniert und so wenig nach dem Sinne dieser Politik gefragt wie in West-Berlin. Auch die Gewerkschaften und die Bevölkerung waren begeistert. Hier wurden Arbeitsplätze geschaffen und soziale Politik vorgelebt. Wer das alles bezahlen sollte, fragten sich nur wenige.

Zu diesen wenigen gehörte Johannes Ludwig. Schon 1981 – also vor über zwanzig Jahren – wies der damalige wirtschaftswissenschaftliche Assistent an Berlins Technischer Universität in mehreren Publikationen auf die Schuldengefahr des Sozialen Wohnungsbaus hin: »Das System, insbesondere die Finanzierung des Neubauvolumens, wird in Kürze unbezahlbar werden. Kritiker haben auf das Ticken dieser Zeitbombe schon seit Jahren immer wieder aufmerksam gemacht. Die Politiker scheinen das regelmäßig überhört zu haben. Offensichtlich auch eine Folge unseres parlamentarischen Systems, in dem Politiker den Entscheidungen bzw. den Konsequenzen von Entscheidungen, die sich erst nach mehreren Wahlzyklen auswirken, keine sonderliche Bedeutung beimessen.«

Zwanzig Jahre später finde ich Johannes Ludwig in Hamburg, wo er als Professor für Medienökonomie und Management an der Hochschule für Angewandte Wissenschaften lehrt. Obwohl die Ereignisse schon fast ein Vierteljahrhundert zurückliegen, glänzen seine Augen, als er von diesen bewegten Zeiten erzählt.

Angefangen hatte es für ihn, als er 1979 noch Volkswirtschaftslehre an der Technischen Universität studierte: »Zusammen mit anderen Kommilitonen brachten wir ein Buch zur West-Berliner Ökonomie mit dem Titel ›Wirtschaftspolitik in Berlin – Vom Notopfer zur Milliardensubvention‹ heraus. Das Buch beschrieb die Mißstände der Berliner Subventions-Wirtschaft. Ich schrieb über die Zigaretten- und Kaffeeindustrie.«

Er lächelt kurz: »Ich fand heraus, daß beide Industrien bis über die Ohren subventioniert wurden. Die Zuschüsse wurden nach Umsatz – inklusive Steuer – berechnet. Bei den hohen Tabak- und Kaffeesteuern reichten diese staatlichen Subventionen aus, um fast die gesamten Kosten dieser Betriebe zu finanzieren. Außerdem wurden alle drei Jahre neue Maschinen gekauft (die alten – eigentlich fast neu – wurden danach in den Schwesterfabriken in der Bundesrepublik eingesetzt), um die Investitionszulage erneut zu kassieren, und dank der fortschreitenden Rationalisierung brauchten die Fabriken immer weniger Personal. Es war der helle Wahnsinn! Mit Marktwirtschaft hatte das überhaupt nichts zu tun. Mit Arbeitsplatzbeschaffung auch nichts.«

Der Professor erinnert sich, daß er für dieses Ergebnis nicht lange recherchieren mußte, sondern daß er einfach die öffentlich zugänglichen Zahlen zusammengezählt und dann gerechnet hatte. »Ich wurde in der Westberliner Verwaltung ›Rechen-Ludwig‹ getauft.«

Rechen-Ludwig wurde 1981 gebeten, an einem Gutachten zur West-Berliner Sozialen Wohnungsbauförderung mitzuarbeiten. «Dagegen war die Förderung für die Zigaretten- und Kaffeeindustrie harmlos«, erklärt Ludwig lachend. Es war aber bald klar, daß das Gutachten, das im Auftrag der Internationalen Bauausstellung (IBA) in Berlin und des Bundesbauministeriums in Bonn erstellt wurde, »verschönbessert« werden sollte. So überlegte sich Ludwig, seine Erkenntnisse selber an den Mann zu bringen. Das tat er, zusammen mit seiner Frau Cordula – anonym. Im Land der Dichter und Denker entschieden sie sich, der Öffentlichkeit diese komplizierte Materie in Form eines Comics nahezubringen: »Das Abschreibungs-Dschungelbuch«. Das für alle Menschen zugängliche Buch erschien 1982, mitten in der Hoch-Zeit der Hausbesetzungen in West-Berlin, und schlug ein wie eine Bombe. Es analysierte im Detail – jedoch sehr unterhaltsam – die Abschöpfung von Subventionsgeldern bei der Sozialen Wohnungsbauförderung und kam zu dem Schluß, daß geförderte Wohnungen das Doppelte kosteten als die von der Stadt selbst gebauten Wohneinheiten.

Das Buch – sehr umstritten – wurde allerdings nur begrenzt ernst genommen. Denn seit 1981 waren CDU und FDP unter Bürgermeister Richard von Weizsäcker (CDU) an der Macht, und sie hatten mehr als je Interesse an einer engen Zusammenarbeit mit den privaten Bauträgern – Berlins berüchtigter »Baumafia«.

1990 brachte Ludwig ein Sachbuch über das Zusammenspiel von Politik, Baulöwen und einigen Rechtsanwaltskanzleien bei der Sozialen Wohnungsbauförderung heraus. Es trug den ironisch gemeinten Titel »Anleitung zum Betrug«.

»Ein Subventionssystem«, erinnert sich Ludwig, »das denjenigen belohnt, der am teuersten produziert, begann sich selbst nach oben zu schaukeln.« Wo 1972 die Kostenmiete bei zwölf Mark pro Quadratmeter lag, waren es knapp zehn Jahre später zirka dreißig Mark – eine Steigerung von 150 Prozent.

»Das Schlimmste war«, meint Ludwig heute, «daß diese ungeheuren Schulden, die das Soziale Wohnungsbauprogramm ab 1972 verursachte, nicht als Schulden im Landeshaushalt sichtbar wurden, sondern als ›indirekte‹ Schuldverpflichtungen (sogenannte Verpflichtungsermächtigungen) galten. Das gab es in keinem anderen Bundesland. Das war statistischer Betrug und machte jeden finanziellen Vergleich mit anderen Bundesländern unmöglich«.

Schon 1983 hatte Ludwig in einem Diskussionspapier vor den Konsequenzen dieses Schulden-Versteckspiels gewarnt: »Beim Nicht-Handeln unserer Politiker würden sich die Konsequenzen einer Nicht-Umstellung wiederum erst sehr viel später, d.h. nach mehreren Wahlperioden vollends bemerkbar machen.«

Die Konsequenzen sagte er schon damals voraus: »Die dadurch bedingte verschlechterte Kassenlage des Berliner Haushalts wird im Zweifel zu Lasten zusätzlicher Opfer auf der Einnahmen- als auch der Ausgabenseite gehen. Gebührenerhöhungen und weitere Stellenkürzungen im öffentlichen Bereich sowie Einschränkungen auf der Leistungsseite werden die Folgen sein. Insbesondere beim Angebot langfristig wirksamer öffentlicher Investitionsausgaben wie Bildung, Gesundheit, Soziales wird man sparen. Treffen werden diese Zusatzlasten vor allem die unteren und mittleren Einkommensschichten, die aufgrund ihrer vergleichsweise nichtprivilegierten Situation ganz besonders auf die Bereitstellung öffentlicher Vorsorgemaßnahmen angewiesen sind.«

Doch die Kosten – und versteckten Schulden – des Sozialen Wohnungsbau stiegen weiter. Verantwortlich für die Kontrolle solcher Kosten war dieselbe Institution, die auch für die Vergabe der Subvention zuständig war, die im Besitz der öffentlichen Hand befindliche »Wohnungsbau-Kreditanstalt Berlin«. Dort hat man jedoch die Böcke zu Gärtnern gemacht. Drei Namen prägten das Institut in den wichtigsten Jahren: Dr. Walfried Peters und die zwei »Kläuse«, zwei junge, aufstrebende Politiker: Klaus Riebschläger (SPD) und Klaus Landowsky (CDU).

Peters, der von 1958 bis 1988 Vorsitzender der Wohnungsbaukreditanstalt war, hatte die wichtigste Qualifikation für diese Aufgabe: ein SPD-Parteibuch. Nach seiner Promotion fing er bei der Anstalt an und war schnell deren Chef. Berliner bezeichneten die Wohnungsbaukreditanstalt (WBK) auch als WPK, Kürzel für »Walfried Peters Kreditanstalt« Er bekam in den siebziger Jahren seine zwei jungen Mitvorständler dazu.

Riebschläger, der rote Klaus, strammes SPD-Mitglied (er trat schon mit 21 Jahren der Partei bei), war promovierter Jurist. Nach seinem Studienabschluß wurde er 1968 Assessor bei der Wohnungsbau-Kreditanstalt. Anfang 1971, nach nur drei Jahren, war er schon Vorstandsmitglied, und blieb dies zunächst bis Ende 1972. Da nämlich wurde er Berliner Senator für Bau- und Wohnungswesen, von welcher Position aus er Berlins wachsende Soziale Wohnungsbauförderung als Verwaltungsratsmitglied (eine Art Aufsichtsrat) weiter begleiten konnte. Nach den Wahlen von 1975 übernahm er das Finanzressort im Berliner Senat. Mit dem Skandal um den West-Berliner Bauunternehmer Dietrich Garski, der im Jahre 1981 das Weite suchte und eine Bürgschaft des Landes Berlin für seine Kredite in Höhe von 116 Millionen Mark hinterließ, trat Riebschläger von seinem Senatsposten zurück.

In West-Berlin war schon längst das Gesetz der Schwerkraft aufgehoben worden. Wenn man fiel, fiel man nicht nach unten, sondern nach oben. Schlimmstenfalls seitwärts, d.h. man blieb auf seinem Niveau. So auch Klaus Riebschläger. Er wurde Fraktionsvorsitzender der SPD im Abgeordnetenhaus und kehrte im Januar 1981 auf seinen hochdotierten Posten als Vorstandsmitglied der Wohnungsbau-Kreditanstalt zurück. Ihm wurde politische Instinktlosigkeit vorgeworfen, aber das galt im damaligen West-Berlin nicht unbedingt als Manko. Und es war offenbar auch nicht von Wichtigkeit für die Wähler. Riebschläger blieb im Vorstand der Wohnungsbaukreditanstalt bis 1990.

Landowsky, der schwarze Klaus, wurde nach seinem juristischen Staatsexamen im Jahr 1973 Vorstandsassistent bei der Berliner Pfandbrief-Bank. Wie Riebschläger stieg er auf, bis auch er 1978 im Vorstand der Bank saß.

Die Berliner Pfandbriefbank war einfach gestrickt. Sie war auf der einen Seite die Kapitalsammelstelle, indem sie steuerbegünstigte Pfandbriefe ausgab und dafür das entsprechende Kapital (entsprechend dem Berlin-Förderungsgesetz) einnahm. Diese Gelder hat sie daraufhin zur Finanzierung von Wohnungsneubau und -sanierung verliehen. Sie war das Schwesterinstitut der Wohnungsbaukreditanstalt. Wer eine Förderung hatte, bekam öfters die Finanzierung von der Pfandbriefbank.

Doch es gab ein seltsames Konstrukt – ein typisches West-Berliner Konstrukt. Die Wohnungsbaukreditanstalt und Pfandbriefbank, die die gleiche Klientel bedienten, hätten als Kontrollinstanzen füreinander fungieren können. Doch man hatte sich anders entschieden: Ein Vorstandsmitglied aus der einen Institution saß im Vorstand der anderen. Landowsky, Vorstandssprecher der Berliner Pfandbriefbank, war ab August 1978 ebenfalls im Vorstand der Wohnungsbau-Kreditanstalt, wo er zehn Jahre blieb, während Peters, Chef der Wohnungsbaukreditanstalt, 16 Jahre auch zum Vorstandspersonal der Pfandbriefbank zählte.

Die Wohnungsbaukreditanstalt, wo ab 1981 nun Riebschläger und Landowsky am Ruder waren, war die Quelle, aus der die staatlichen Subventionen im Sozialen Wohnungsbau flossen – und es ging jährlich um Milliarden. Laut einem Insider war die Wohnungsbau-Kreditanstalt »wie ein Tresor voll Geld, für den aber nur wenige die Kombination kannten.« Die goldene Ära der Berliner Baumafia brach an.

Wie eng dieser Kreis war, kann man schon an Zahlen ablesen. Im Jahr 1985 erhielten die privaten Bauträger rund 2,8 Milliarden Mark aus staatlichen Wohnungsbauprogrammen. Von den 2624 bewilligten Wohneinheiten gingen allein 53 Prozent an fünf Baugesellschaften. So lief das Dreiecks-Geschäft zwischen Baulöwen, Wohnungsbaukreditanstalt und Pfandbriefbank immer schön weiter. Hier Klaus, dort Klaus, im Senat Klaus, im Abgeordnetenhaus Klaus, bei der Wohnungsbauförderung Klaus, beim Kreditantrag auch wieder Klaus. Es war ein kuscheliger Kreis, bei dem alle Beteiligten Geld verdienen konnten.

Diese Tatsache wurde im Schicksalsjahr 1985 öffentlich sichtbar aufgrund des fälschlicherweise sogenannten »Antes-Skandals« – er hätte passender »Sozialer-Wohnungsbau-Skandal« oder »Der größte Betriebsunfall in der Geschichte der Berliner Staatsanwaltschaft« genannt werden sollen.

Dieser Skandal, egal wie man ihn nun nennen möchte, hatte zwei Höhepunkte: die Entdeckung eines Kalenders des Baulöwen Kurt Franke, worin die Übergabe von nicht angemeldeten Spenden – also bar auf die Hand – an führende Berliner Politiker (wie etwa 130 Tausend Mark an Riebschläger und 75 Tausend Mark an Eberhard Diepgen) festgehalten wurde. Von den 500 Tausend Mark, die die CDU in diesem Jahr von diesem einen Baulöwen erhielt, konnte die Partei die Hälfte nicht wiederfinden.

Die zweite Offenbarung waren Jahres-Geschenklisten zweier der privilegierten Firmen mit Zugang zu Wohnungsbaukreditanstalt-Geldern. Darauf standen die Namen von 132 Mitarbeitern der Wohnungsbaukreditanstalt, deren Vorstand und viele Politiker – meistens im Verwaltungsrat (das Kontrollorgan) des Instituts. Die Berliner erfuhren, daß die Angestellten der Anstalt ihre Arbeitsstätte wegen der vielen Geschenke der Baumafia liebevoll als »Haus der kleinen Aufmerksamkeiten« bezeichneten. Das ganze war ein echter Tiefpunkt in der West-Berliner Politik. Nicht nur, daß diese Affären ans Licht kamen; ein paar wildgewordene Staatsanwälte und Polizisten fingen auch noch an, sie aufklären zu wollen. Es dauerte einige Zeit, bis die Spitze der Justiz das ganze wieder unter Kontrolle bekam und beenden konnte.

Die Berliner CDU und SPD haben aus dieser Erfahrung gelernt: nie wieder fähige und unabhängige Staatsanwälte an wichtige Stellen setzen – eine Strategie, die sich fast zwanzig Jahre später bei dem Skandal um die Bankgesellschaft bewähren sollte.

Als Folge des Antes-Skandals gab es außerdem einen Untersuchungsausschuß des Abgeordnetenhauses mit dem Auftrag, Vorgänge um die Vergabe öffentlicher Mittel der Wohnungsbauförderung zu durchleuchten. Im Mittelpunkt standen dabei bekanntgewordene Geldzuwendungen von privaten Bauträgern an Beamte oder Angestellte der Verwaltung, Spenden an Parteien und Politiker, die für die Durchführung der Wohnungsbauprogramme zuständig waren, sowie um das Zusammenspiel und die Einflußnahme privater Investoren auf politische Entscheidungsträger bei wohnungspolitischen Förderentscheidungen.

Zu den Mitgliedern des Untersuchungsausschusses zählte Sergei Goryanoff, damals Abgeordneter für die Alternative Liste (heute Bündnis 90/Die Grünen) im Berliner Parlament. Der in Paris geborene Stadtplaner und Ökonom kam 1968 nach Berlin. Nach turbulenten Jahren an der Technischen Universität und in den Stadtteil- und Mieter-Initiativen trat er 1980 der frisch gegründeten Berliner Alternativen Liste für Demokratie und Umweltschutz bei. Von 1982 bis 1984 Bezirksverordneter für seine Partei in Kreuzberg und deren baupolitischer Sprecher, kam er 1987 über das damals noch geltende Rotationsprinzip ins Berliner Abgeordnetenhaus.

Zum Zeitpunkt der Installierung des Untersuchungsausschusses war Goryanoff noch nicht dessen Mitglied. Er trat also in einer Phase in die Arbeit ein, in der der Verlauf der Untersuchung durch die verschiedenen politischen Interessen der beteiligten Parteien schon längst vorgezeichnet war. »Es war schnell klar, hier handelte es sich um eine überwiegende Interessengleichheit von der SPD als Oppositionspartei und der CDU/FDP-Koalition als Regierungspartei«, meint Goryanoff heute.

Für die CDU/FDP-Koalition sowie die SPD ging es um die Banalisierung und das Kleinreden der verschiedenen Vorfälle. Beide Parteien waren sowohl personell wie auch politisch strukturell Träger des spezifischen Berliner Immobilien- und finanzwirtschaftlichen Komplexes, der sich über ein System der direkten (Subvention) und indirekten Förderung (steuerliche Abschreibung) seit Ende der sechziger Jahre aufgebaut hatte. »Die Systemspezifik bestand darin, mit riesigen Subventionsprogrammen wohnungs- und städtebaupolitische Entscheidungen zu steuern und zu lenken unter gleichzeitiger Bedienung privater Renditeinteressen. Dieser Komplex aus Verwaltung, Förderbank, Wohnungsbaugesellschaften, privaten Bauträgern und Finanzvermittlern sowie Finanzinstituten war gleichzeitig Versorgungs- und Einkommenssicherung, mit dem das eigene politische Personal über Posten, Gelder und Einfluß versorgt wurde!«, erinnert sich Goryanoff. Es konnte also schon von daher keine dieser Parteien ein Interesse daran haben, eine notwendige Aufklärung, sprich: Ursachenforschung zu befördern.

Interessant war, wie die Untersuchung auf eine sich immer mehr ausdehnende oberflächliche Ebene geführt wurde. So wurde, meint Goryanoff, beispielsweise ernsthaft in stundenlangen Befragungen versucht zu ermitteln, welche persönlichen Kontakte bei Reisen bis in den Nahen Osten von wem und durch wen bei bestimmten Beteiligten oder Zeugen zustandegekommen sind. Oder ob es bei einem Steinpilzessen im bayerischen Ruhpolding zu Beeinflussungsversuchen des Baubetreuers Bertram auf den »zufällig« anwesenden damaligen Innensenator Lummer gekommen war. »Natürlich war dies wie bei dem Hornberger Schießen. Wären die Pilze giftig gewesen, hätte man sich wenigstens solche Sitzungen sparen können«, so Goryanoff.

Eine solch ausufernde Vorgehensweise führte dann logischerweise zu einem Überblicksverlust und zu Ermüdungserscheinungen bei allen Beteiligten. Die Presse vermittelte dieses Spiel der oberflächlichen Skandalisierung auf ihre Weise. »Nirgends war zu erkennen, wie die Untersuchung in die politisch-ökonomische Tiefe der strukturellen Ursachen für den nur an der Oberfläche erscheinenden Korruptionsskandal zu führen war«, kritisiert der ehemalige Parlamentarier.

Für Goryanoff deckte der Untersuchungsausschuß trotzdem ein wichtiges Element auf: »Bei der Vergabe von Wohnungsbauförderungsgeldern existierte eigentlich keine Kontrolle. In den Antragsverfahren gab es keine konkreten Kostenprüfungen. Man operierte mit Schätzwerten, die letztendlich wiederum von den Bauträgern mit ihren Kostenangaben in den Antragsstellungen bestimmt wurden.« Er erklärt: »Dieses System ermöglichte den Bauträgern, die zudem kartellmäßig dabei vorgingen, Kostenangaben bei der Antragstellung zu fixieren, ohne eine Nachweispflicht über die tatsächlich verbauten Kosten zu führen«. So floß ein Teil der gestiegenen Kosten auf private Einkommenskonten. »Daran beteiligten sich in Berlin fast alle ›Baujobber‹, und viele haben damals ihr Vermögen auf diese Art und Weise risikolos akkumulieren können, gleichzeitig war reichlich Liquidität für das Schmieren von Genehmigungsverfahren und Einflußnahme auf planungsrechtliche Entscheidungen in der Berliner Politik vorhanden«.

Im Untersuchungsausschuß wurde es immer dann interessant, wenn Personen, die an der Nahtstelle des öffentlichen Geldflusses in private Hände das Sagen oder die Kompetenz hatten, als Zeugen geladen waren, entsinnt sich Goryanoff. »Da wurde der damalige Vorsitzende der Wohnungsbaukreditanstalt, Dr. Peters, zu einer Sitzung geladen, in der es um die Verfahrensweise bei der Antragstellung und Genehmigung bei mit öffentlichen Mitteln geförderten Bauvorhaben ging. Auf meine Frage an Peters, wie denn eine Kosten- und Bauläuferkontrolle nach Bauabnahme bei geförderten Vorhaben von der Wohnungsbaukreditanstalt bewerkstelligt wird und welche Erkenntnisse hierüber vorlägen, antwortete er sichtlich empört: ›Das ist nicht unsere Aufgabe. Wir sind eine Bank und reichen Fördermittel zur Finanzierung von Bauvorhaben weiter. Wir können keine Kontrolle über diese Bauvorhaben ausüben. Dies ist im übrigen höchst unpraktisch und nur mit hohem Verwaltungsaufwand durchführbar. Für solche Fragen ist die Senatsbauverwaltung zuständig.‹ Meine Bemerkung, genau dieses System der fehlenden Kontrolle müsse in den Zusammenhang mit Spenden- und Korruptionsvorgängen gestellt werden, wurde abgebügelt mit der Begründung, dies ginge weit über den Untersuchungsauftrag des Untersuchungsausschusses hinaus und sei daher nicht zulässig.«

Goryanoff sieht das System hinter der Sozialen Wohnungsbauförderung als Modell für die späteren Immobilienfonds der Bankgesellschaft Berlin: »Natürlich sind aus heutiger Sicht die damaligen Vorgänge die Voraussetzung für die politisch-ökonomische Wirkungsweise des Systems von der Bankgesellschaft. Das von diesem Geldinstitut aufgezogene System der geschlossenen Immobilienfonds basiert seiner politischen Struktur nach auf dem West-Berliner Subventionssystem der siebziger und achtziger Jahre. Für die Berliner Bankgesellschaft bedurfte es bestimmter politischer Strukturen und institutioneller Voraussetzungen, um ein finanzielles Schneeballsystem zu konstruieren, welches ohne wirtschaftliche Fundamentierung einen hohen Kapitalfluß suggerierte – und dann folgerichtig zusammenbrechen mußte.«

Trotz des »Antes-Skandals« setzte sich in West-Berlin die Soziale Wohnungsbauförderung fort – als ob nichts gewesen wäre. Erst mit dem Mauerfall kam Bewegung in die Sache. Riebschläger verließ schon 1990 die Wohnungsbaukreditanstalt, um wie viele andere SPD-Politiker in die »freie Marktwirtschaft« zu gehen. Im Hauptstadt-Boom waren nun viel höhere Gehälter und Honorare als Berater, Repräsentanten und Immobilienentwickler zu erzielen als im staatlichen Sektor. Die Wohnungsbaukreditanstalt wurde 1993 in »Investitions Bank Berlin« (IBB) umbenannt und unter dem Dach der neuen Landesbank Berlin – die dann Teil der Bankgesellschaft wurde – geparkt.

Peters und Landowsky verließen die Wohnungsbaukreditanstalt schon 1988. Peters ging in Pension. Landowsky blieb Vorstandsvorsitzender bei der Pfandbriefbank. Mit dem Mauerfall brachen auch dort die Förderaufgaben weg. Landowsky definierte 1992 sein Geldinstitut in Berliner Hypothekenbank Aktiengesellschaft um. Unter deren größten Kreditkunden fand man immer noch die vertrauten Namen der guten, alten West-Berliner Baumafia.

Wie Landowsky werden sie alle an der ihnen völlig unbekannten Marktwirtschaft scheitern. Ihre ungesicherten Kredite spielen eine wesentliche Rolle beim Niedergang der Bankgesellschaft und werden letztendlich auf den Steuerzahler übertragen.

Der neue Steuermann der Wohnungsbaupolitik in Berlin wurde nun ein ehemaliger Kindererzieher: Wolfgang Nagel. Seitdem er 1971 der SPD beigetreten war, machte er eine stetige Karriere, bis er es 1989 zum Bausenator bringt.

Nach der Wiedervereinigung und der daraus entwickelten optimistischen Prognose, daß Berlins Bevölkerung auf über fünf Millionen steigen würde, legte der CDU/SPD-Senat ein neues Wohnungsbauprogramm auf, das von 1991 bis 1996 den Bau von 80 Tausend Wohnungen vorsah. Die Hälfte davon sollte im Rahmen des Sozialen Wohnungsbaus gefördert werden, die meisten im sogenannten ersten Förderweg mit einem durchschnittlichen Zuschuß von 345 Tausend Euro je Wohnung über die Gesamtlaufzeit. Ein kleinerer Anteil war dem zweiten Förderweg vorbehalten.

Das Ziel des zweiten Förderwegs war die Schaffung von hochwertigerem Wohnraum für Personen mit höherem Einkommen. Die Einkommensgrenze lag rund einhundert Prozent höher als beim ersten Förderweg. Die Förderzeiten für den zweiten Förderweg waren zwischen 14 und 25 Jahren, wobei eine Anschlußförderung nicht vorgesehen war. Um die Förderung und den Bau zu beschleunigen, sollte beim zweiten Förderweg der Bauherr seine Kostenberechnung im voraus einreichen, worauf die IBB den Antrag gleich prüfte und genehmigte. Das Ungewöhnliche lag darin, daß, sollten die der Bewilligung zugrundegelegten Kosten unterschritten werden, keine Kürzung der Fördermittel erfolgte. Nach Bauabschluß sollte die IBB die Baumaßnahme kontrollieren, um festzustellen, ob die Baumaßnahmen und -standards tatsächlich eingehalten wurden. Sollte – wie Jürgen Thielemann später feststellen würde.

Doch die Nachfrage für Wohnungen im ersten Förderweg war geringer als erwartet, und im Jahr 1995 wurden dreimal so viele Wohnungen im zweiten Förderweg hochgezogen. Somit begann die zweite Blütezeit der Sozialen Wohnungsbauförderung in Berlin. Von 1991 bis 1997 wurden rund 70 Tausend Wohnungen mit rund zehn Milliarden Euro gefördert – Wohnungen, die die Stadt gar nicht brauchte. Heute stehen rund 150 Tausend Wohnungen in der Stadt leer, zu denen etliche der von 1987 bis 1997 geförderten Sozialwohnungen zählen.

Die neue Förderung hatte eines mit der alten gemeinsam: sie produzierte massive Schulden, die außerhalb des Landeshaushalts in die Zukunft verschoben wurden. Heute steht das Land vor Verbindlichkeiten von rund 16 Milliarden Euro für den »sozialen« Wohnungsbauwahnsinn – also 16 Milliarden Euro, die im offiziell bekannten Defizit gar nicht sichtbar sind. Gegenwärtig kostet die Subventionierung der Sozialwohnungen das Land Berlin jährlich über eine Milliarde Euro – und das noch für viele Jahre. Erst als die dramatische Schuldenkrise Berlins unübersehbar wurde, wagten sich einige endlich auch an diese versteckten Verbindlichkeiten heran.

Oliver Schruoffeneger, Abgeordneter der Grünen im Berliner Parlament, war einer der ersten. Er genießt unter Journalisten einen schlechten Ruf: »Schruoffeneger, das ist der Intelligente, der immer solche langen Antworten gibt«, heißt es unter Kollegen. Schruoffeneger, im Gegensatz zu den meisten Mitgliedern seiner Zunft, weiß, daß die Zusammenhänge kompliziert sind und gibt dies dementsprechend weiter. Der Diplom-Politologe war von 1994 bis zu seiner Wahl als Abgeordneter im Jahr 2001 wissenschaftlicher Mitarbeiter für Fragen des Landeshaushalts bei der Grünen-Fraktion im Berliner Parlament und konnte so aus erster Hand den Niedergang der Berliner Finanzen Tag für Tag verfolgen. Er arbeitete damals unter Michaele Schreyer, die später in der Europäischen Kommission tätig war. Wegen seiner Fachkenntnisse wird er von Freund und Feind respektiert.

Schon Anfang des Jahres 2002 rechnete Schruoffeneger aus, daß die Soziale Wohnungsbauförderung aus dem ersten Förderweg zwischen 1987 und 1997 unter SPD-Bausenator Nagel bald eine Anschlußförderung benötigen würde. Dabei fiel ihm auf, daß diese Anschlußförderung – also die zweite 15-jährige Förderungsphase – nicht zwingend vorgeschrieben war, auch wenn viele Beteiligte ganz selbstverständlich davon ausgingen. »Alle Verträge waren auf eine Förderung von 15 Jahren ausgelegt«, erklärt Schruoffeneger. »Es stellte sich zwar in allen Fällen heraus, daß die Erwartung, kostendeckende Mieten zu erzielen, nicht erfüllt war. Daraus kann meiner Ansicht nach aber kein Rechtsanspruch auf eine weitere Förderung hergeleitet werden.« Schruoffeneger hatte schlicht das getan, was andere Politiker seit Jahren offensichtlich vernachlässigt hatten, nämlich die eigenen Gesetze bzw. Verträge gelesen, und dabei festgestellt, daß die Anschlußförderung keinesfalls vorgeschrieben war.

Der Grüne rechnete durch, was passieren würde, wenn Berlin einfach keine weiteren Anschlußförderungen genehmigte. Es geht um insgesamt rund 27.500 Wohnungen (4500 davon bei den städtischen Wohnungsbaugesellschaften) und damit um eine Ersparnis von rund 2,7 Milliarden Euro.

Für die meisten Immobilien würde die Streichung der Anschlußförderung die Insolvenz bedeuten. »Bei den sozial geförderten Wohnungsbauobjekten aus dieser Zeit sind die Schulden höher als der

Verkehrswert, teilweise mehr als doppelt so hoch«, erklärt Schruoffeneger. Bei vielen Immobilien waren wegen des hohen Leerstands seit Jahren die vorgesehenen Mietanpassungen nicht durchzusetzen. Die Mieter bezahlen heute zwischen vier und fünf Euro pro Quadratmeter. Ohne Subvention wären es zwanzig. Wer soll solche Mieten bezahlen? Auch wenn das Land diese Wohnungen weitere 15 Jahre bezuschussen würde, sei die Insolvenz nur hinausgezögert, meint Schruoffeneger.

Dafür arbeitete er eine Lösung aus. Die Bank-Kredite für die geförderten Wohnungen waren zu achtzig Prozent vom Land verbürgt. »Bei den Immobilien, bei denen eine Insolvenz droht, hätte das Land Berlin also die im Bürgschaftsfall einzusetzenden Mittel nehmen können, um das Objekt zu erwerben«, argumentiert er. Der Besitzer hätte keine Klagemöglichkeit gehabt, da er keine Vermögensverluste erlitten hätte. Das Land Berlin hätte kein zusätzliches Geld ausgeben müssen, da die Mittel auch bei einer Insolvenz auf jeden Fall fällig geworden wären. »Das Land hätte aber erhebliche Bestände entschuldeter Wohnungen erhalten, die in die städtischen Wohnungsbaugesellschaften hätten eingebracht werden können, was sie finanziell gestärkt hätte«, führt Schruoffeneger fort. »Später könnten die Wohnungsbaugesellschaften den Erlös an das Land weiterleiten.« Damit hätte das Land letztendlich sein eingesetztes Bürgschaftskapital zurückbekommen. Und: »Alle Beteiligten hätten bei diesem Modell gewonnen.«

Nach Schruoffeneger könnte das Land diese Bürgschaftsmittel verwenden, um die jeweilige Immobilie zu erwerben und gleichzeitig den Konkurs mit negativen Konsequenzen für die Anleger zu vermeiden. »Wir wollten einen rechtsicheren Ausstieg aus der Anschlußförderung und haben daher vorgeschlagen, die Bürgschaften für das Bankdarlehen, die das Land Berlin bei einer Insolvenz des Gebäudes oder eines Fonds einsetzen müßte, bereitzustellen, um diese Immobilien für das Land aufzukaufen.«

Schruoffenegers Vorschlag fand offene Ohren bei Berlins gegenwärtigem Finanzsenator Thilo Sarrazin. Er wählte jedoch die von ihm geliebte Brachialmethode: er strich die Anschlußförderung, bot den Fondsanlegern jedoch im Gegensatz zum Modell des Grünen-Abgeordneten keine Auffangmöglichkeit an.

Für viele dieser Anleger würde ein solcher Ausstieg nach Sarrazins Szenario schwer zu verkraften sein. Viele würden ihre ursprünglichen Einsatz verlieren. Wenn man aber bedenkt, daß sie dank Steuerabschreibung ihre Investition geschenkt bekamen, ist das hinnehmbar. Risiko gehört zum Geschäft. Für die Anleger, deren Fonds in Form einer Gesellschaft bürgerlichen Rechts aufgelegt ist, kann die Lage jedoch existentiell bedrohlich werden. In diesem Fall haften nämlich die Anleger mit ihrem gesamten Privat-Vermögen. Im Insolvenzfall drohen Nachzahlungen, die den ursprünglichen Einsatz um mehr als das Doppelte übersteigen können.

Inzwischen prozessieren Investoren in einer Reihe von Musterverfahren gegen das Land Berlin, um die Anschlußförderung zu erzwingen. Der Fall wird sicherlich bis zum Bundesverwaltungsgericht ausgefochten. Das Ganze ist nicht ohne Ironie. Bei dem langwierigen, sicherlich sehr teuren Weg, den die Investoren jetzt einschlagen, verdient einer – einer der Hauptverantwortlichen – mit Sicherheit: niemand anderer als Klaus Riebschläger, seit einigen Jahren wieder praktizierender Rechtsanwalt, vertritt die Investoren.

Es ist höchst interessant, in einem Thesenpapier Sarrazins vom 20. Januar 2003 zur Sozialen Wohnungsbauförderung, einen Monat, bevor er sich weigerte, die Anschlußförderung zu gewähren, zu lesen: »Die spezifische Berliner Förderpraxis und der mangelhafte Wettbewerb produzierten im Sozialen Wohnungsbau Berlins weit überhöhte Entstehungskosten und Fördervolumina, die den Steuerzahler belasteten, ohne daß sie den Sozialmietern oder den Arbeitnehmern am Bau zugute kamen.« Die Soziale Wohnungsbauförderung war zweifelsohne ein fiskalpolitischer Irrsinn. Sarrazin verliert jedoch dabei kein Wort über die Rolle von Berlins politischer Klasse, insbesondere in der SPD. Die von ihm nicht genannten Profiteure des sozial geförderten Baubooms war eine Melange aus Politik, Banken und Bauunternehmen. Berlins Baulöwen waren eine wichtige Quelle für Spenden – legal und illegal.

Die jetzt so lästigen Anleger waren von der Politik zu ihrer Investitionsentscheidung mit obszönen Steuervorteilen regelrecht verführt worden. Auch ungewöhnliche Sicherheiten wurden ihnen angeboten bzw. vorgegaukelt. Im Februar 1994 schrieb zum Beispiel der damalige SPD-Bausenator Wolfgang Nagel in einem Brief an die Vorsitzende des Landesverbands Freier Wohnungsbauunternehmen Berlin/Brandenburg eindeutig, daß »eine Anschlußförderung sichergestellt« sei. Sein Brief endet mit der Aufforderung, »Ihre Mitglieder entsprechend zu informieren«.

Nagel war dabei nicht alleine. Die städtische Wohnungsbaugesellschaft WIR, die auch Fonds mit sozialen geförderten Wohnungsbau auflegte, versprach den Anlegern im Verkaufsprospekt von »WIR-Fonds 5«: »Nach Ablauf der ersten Förderungszeiträume von 15 Jahren ist eine Anschlußförderung gesichert.«

Zum erwähnten Thesenpapier Sarrazins gehörte außerdem folgende Passage: »Auch Imageschaden für das Land Berlin per Saldo ist nicht zu befürchten. Der Ärger und Zorn bei einzelnen Anlegern ist abzuwägen gegen den Imagegewinn, den das Land insgesamt hat, wenn es seine Tatkraft bei der Beseitigung überkommener und überteuerter Strukturen, die keinen sozialen Nutzen mehr haben, wohl aber unerträgliche Mehrausgaben mit sich bringen, unter Beweis stellt.« Mag sein. Gleichzeitig setzt sich Sarrazin dem Vorwurf aus, daß Berlin sich in seiner Finanznot wie eine südamerikanische Bananenrepublik verhält. Einen Imagegewinn brächte eher die Verfolgung der Verantwortlichen wegen Untreue. Das würde jedoch die gesamte damalige politische Führung der Stadt betreffen.

Der Wahnsinn der Sozialen Wohnungsbauförderung in Berlin ist aber trotz der zitierten (Teil-)Einsichten Thilo Sarrazins noch lange nicht zu Ende. Richard Stein, Claudia Krams, Wolfgang Maack haben das aus erster Hand erfahren: Die drei hatten eine gute Idee: Mitten in Kreuzberg ein »Szenekaufhaus« im Markthallenstil zu eröffnen. Sie finden die idealen Räumlichkeiten (die sogar zu haben sind) und fast fünfzig weitere Existenzgründer, die dieses Markthallenkonzept hätten lebendig werden lassen. Wie alle braven Deutschen glauben sie, die für den Bezirk und die Stadt »wichtigen« Menschen von ihrer Idee überzeugen zu müssen. Beispielsweise die Bürgermeisterin von Kreuzberg-Friedrichshain (PDS) und den zuständigen Baustadtrat (Grüne). Diese und andere Politiker, auch auf Landesebene, sagen ihre Unterstützung für das Projekt am Kottbusser Tor zu – doch, wie die meisten Politiker-Versprechen, wird diese Zusage nie eingelöst.

Die drei Jung-Unternehmer erhalten eine Option zur Anmietung der vorgesehenen Mietfläche vom Vermieter, schließen Vorverträge mit den Standbetreibern ab, organisieren Eigenkapital und einen Kredit, so daß ein Investitionsvolumen aller Beteiligten von rund einer Million Euro zusammengetragen wird. Das Konzept »KaufhausKreuzberg« überzeugt. Der Projektantrag wird mit dem Sonderpreis für Existenzgründer ausgezeichnet. Um die letzten Zweifler zu überzeugen, eröffnen sie im selben Gebäudekomplex ein Lokal, »Möbel-Olfe«, das sich als erfolgreiche Szenekneipe etabliert. Eigentlich sind das die Art unternehmungsfreudiger Menschen, die Berlin heute braucht.

Doch als es um den konkreten Mietvertrag geht, taucht ein Berliner Wirtschaftsrechtsanwalt namens Peter Rolf Ackermann auf. Ackermann entpuppt sich als der eigentliche Entscheidungsträger bei der Immobilie. »Der Vermieter schien kein dringendes Interesse zu haben, einen Vertrag abzuschließen. Wir hatten den Eindruck, daß da ein ganz anderes Spiel ablief – was sich später bestätigte«, erinnert sich Richard Stein, einer der drei »Gründer«. Die Mietverhandlungen kommen ins Stocken, der Vertrag nicht zustande, das Projekt stirbt. Hinter diesem Berliner Mißerfolg steckt, wie so oft, die typische West-Berliner-Wirtschaftsphilosophie.

Es geht um das »Neue Kreuzberger Zentrum«, bekannt als NKZ, ein Gebäude-Ensemble im Herzen von Kreuzberg. Das NKZ ist eine Mischung von Wohn- und Gewerbeeinheiten an dem wichtigen Verkehrsknotenpunkt Kottbusser Tor, fertiggestellt Ende 1974, und im Betonstil der Zeit mehr als häßlich. Kern des Gebäudekomplexes ist ein zwölfgeschossiges Hochhaus mit 295 geförderten Sozialwohnungen. Erdgeschoß und die Galerie darüber sind als Gewerberaum ausgewiesen, inklusive eines angeschlossenen Parkhauses. Diese Aufteilung von Wohn- und Gewerbeeinheiten, garantierte den Fondsanlegern, welche die Eigentümer der Immobilie sind, einen optimalen Steuervorteil. Im Vordergrund stand dabei nicht die Wohnqualität oder eine gewinnorientierte und funktionierende Ökonomie des Gebäudes, sondern es handelte sich, wie so oft bei sozial gefördertem Wohnungsbau, um ein Modell, dessen maßgebliches Ziel die Steuerabschreibung darstellte. Die Fondsanleger hatten nach nur wenigen Jahren ihren finanziellen Einsatz über Steuerabschreibungen wieder raus. Eigentum zum Nulltarif. Die Immobilie wird übrigens den Steuerzahler, wenn es so weitergeht, noch vierzig Jahre belasten.

Schon bei der Planung und zum Baubeginn des NKZ gab es heftigen Protest, nicht nur von den Be- und Anwohnern, sondern auch von den damals aufmüpfigen Jusos gegen die »Profitgeier am Kottbusser Tor«. Auch Walter Momper, später Regierender Bürgermeister und heute selber im Bausektor unternehmerisch tätig, demonstrierte mit. Doch gegen alle Proteste (und Protestlieder: »Ton, Steine, Scherben« komponierten eigens ein Lied gegen das NKZ) und wider alle Vernunft wurde das NKZ hochgezogen. Die geplanten Baukosten von rund achtzig Millionen Mark stiegen auf 95 Millionen bei Fertigstellung, was selbstverständlich von der damaligen WBK anerkannt wurde. 26 Millionen Mark Wohnungsbauförderung flossen. Das restliche Kapital stammte zu einem Drittel von den Anlegern, zu zwei Drittel über Hypotheken von Banken.

Doch alles lief nicht nach Plan. Wegen Kapitaldienstrückständen kündigt eine der kreditgewährenden Banken im November 1978 ihr Darlehen. Ende November 1978 wird die Eröffnung des Konkursverfahrens beschlossen, und die Banken beantragen die Zwangsversteigerung. Ein Notgeschäftsführer wird eingesetzt, der Anteilsinhaber und Rechtsanwalt Peter Rolf Ackermann, der sich hier zum ersten Mal profilieren kann und sich später liebend gern in den Medien als Retter des NKZ porträtieren ließ. Es folgte ein Sanierungskonzept des Fonds. »Das vorgelegte Sanierungskonzept ist mit erheblichen Risiken verbunden«, schrieb damals ein Sachbearbeiter der WBK, was »die abschließende positive Beurteilung des Sanierungserfolges in der vorgeschlagenen Weise nicht möglich machen würde«. Doch auf mysteriöse Weise wurde die Entscheidung des Sachbearbeiters übergangen. Den Grund dafür konnte der Landesrechnungshof selbst Jahre später nicht feststellen. In ihrem Bericht zu dem Fall schreiben die obersten Prüfer: »Was letztlich ausschlaggebend war, von der ursprünglichen Einschätzung abzuweichen, war aus den Akten der WBK nicht zu ermitteln«. Wer sich mit Landesrechnungshofberichten und ihrer überaus zurückhaltenden Schreibart ein wenig auskennt, weiß, was das zu bedeuten hat.

Das Ergebnis dieser Sanierung war, laut Rechnungshof, eine »Quersubventionierung des Gewerbeteils zu Lasten des Wohnteils«, ein völliger Mißbrauch von sozialer Wohnungsbauförderung und Betrug gegenüber dem Steuerzahler. Der Rechnungshof geht noch weiter und behauptet, daß »diese Lösung von den seinerzeit beteiligten Senatsverwaltungen und der WBK in Abwägung aller Vor- und Nachteile so beabsichtigt war«.

Die WBK löste alle Forderungen der Privatbanken samt Baudarlehen (einschließlich aufgelaufener Zinsen, Verzugszinsen sowie diverser Tilgungsstreckungsdarlehen) von insgesamt 82,7 Millionen Mark ab und wurde alleiniger Gläubiger der NKZ-Fonds. Damals ein höchst ungewöhnliches Vorgehen. Nun haftete die öffentliche Hand allein für alle Risiken. Nicht nur verzichtete die WBK auf eigene Forderungen (nicht weniger als 26 Millionen), wofür der Steuerzahler aufkommen mußte, sondern gewährte gleichzeitig weitere 22,5 Millionen Mark Wohnungsbauförderung. Das heißt eine Nachbewilligung von 87 Prozent, was rekordverdächtig ist. Es gab überdies ein »Renovierungsdarlehen« von 2,5 Millionen Mark, um das heruntergekommene Objekt auf Vordermann zu bringen. Dafür mußten die Fondsanleger acht Millionen Mark an die WBK bezahlen, was sie wahrscheinlich sogar von der Steuer abschreiben konnten. Für die Anleger bedeutete diese WBK-Entscheidung Weihnachten, Ostern und Geburtstag in einem – West-Berliner Anleger-Alltag eben.

Auch die Senatsverwaltung für Finanzen kam, wie die WBK, zunächst zu dem Ergebnis, daß unter wirtschaftlichen Gesichtspunkten eine Zwangsversteigerung die vorteilhafteste Lösung für Berlin sei, so der Landesrechnungshof. Doch hier entschied sich, meinen die Prüfer des Landesrechnungshofs, der damalige Senator für die Rettungsaktion der WBK. Der Senator hieß Klaus Riebschläger.

Trotz der Großzügigkeit der WBK, der Berliner Verwaltung und Politik war der Fonds immer noch nicht in der Lage, regelmäßig die Tilgung zu zahlen, da das Objekt durch die hohe Verschuldung einfach nicht rentierlich war. Die notwendigen Instandhaltungsmaßnahmen, aber auch anstehende Sanierungsarbeiten der Immobilie fanden nicht statt. Der Gebäudekomplex kam herunter. Die WBK-Nachfolgerin, die IBB, hatte bis 2001 Rückstellungen in Höhe von 21 Millionen Mark für die drohenden Verluste bei diesem Objekt gebildet.

Im November 2004 läuft die Dreißigjahresfrist ab, in der das Baudarlehen hätte abbezahlt sein müssen, danach sollte das Förderungsdarlehen getilgt werden. Das ursprüngliche Baudarlehen ist jedoch noch lange nicht plangemäß getilgt, vielmehr ist der Schuldenstand der Immobilie heute mit dem noch nicht getilgten Baudarlehen und anfallenden Förderdarlehen höher als bei ihrer Fertigstellung vor dreißig Jahren. Der sowieso angeschlagene Fonds müßte beide Kredite gleichzeitig ablösen, dabei konnte er bisher nicht einmal den einen bedienen. Das Ergebnis wäre eine Insolvenz. Als ob das nicht genug wäre, geht ein von der IBB beauftragtes Verkehrswertgutachten vom Januar 2004 von einem Modernisierungs- und Instandhaltungsbedarf von insgesamt 4,25 Millionen Euro für das »Neue Kreuzberger Zentrum« aus, was wahrscheinlich noch zu niedrig angesetzt ist. Im Gewerbebereich herrscht außerdem ein Leerstand von rund einem Viertel der vermietbaren Fläche.

Um diese Insolvenz zu vermeiden, wurde 2003 wieder auf Kosten des Steuerzahlers erneut eine Rettungsaktion gestartet. Dieses Mal verzichtet die IBB auf vertraglich festgelegte Zuschußkürzungen im Wert von 1,5 Millionen Euro, um den Fonds mit zusätzlichen liquiden Mitteln auszustatten. Schließlich wurde eine Aussetzung des Zinsdienstes für das Aufwendungsdarlehen für weitere zehn Jahre vereinbart. Dies kommt einer jährlichen Subventionierung des Unternehmens mit rund einer Million Euro gleich. Diese Vereinbarungen wurden zu einem Zeitpunkt getroffen, als in Berlin totale Haushaltssperre verhängt war. Soziale Einrichtungen werden mit der Begründung des Sachzwangs und der Berliner Haushaltslage weggestrichen, und ein Immobilienfonds, der sich über Jahre durch unökonomisches Geschäftsgebaren auszeichnete, wird mit öffentlichen Geldern weiter am Leben erhalten.

Diese im Jahre 2003 vereinbarten Sonderkonditionen sehen auch vor, daß zunächst das Baudarlehen zurückgezahlt werden soll. Damit befindet sich die IBB in einem eindeutigen Interessenkonflikt. Sie sichert ihr Baudarlehen ab, was wichtig für die eigene

Bilanz ist, verschiebt das Risiko jedoch auf den Förderungskredit, für dessen Rückzahlung wiederum der Steuerzahler garantiert. Das dicke Ende für den Landeshaushalt Berlins ist damit erneut in die Zukunft verschoben worden. Die alte West-Berliner Wirtschaft lebt weiter.

Und Thilo Sarrazin macht mit. Während er anderen Fonds nach 15 Jahren die Anschlußförderung verweigert und diese Fonds so in die Insolvenz entläßt, wird der NKZ-Fonds nach dreißig Jahren noch einmal zehn weitere Jahre subventioniert. Hier belohnt er Mißerfolg mit Steuergeldern. Das neueste Sanierungskonzept der IBB für das »Neue Kreuzberger Zentrum« basiert auf einer Verbesserung der Vermietungslage in Berlin. Das kann für die IBB vielleicht von Nutzen sein, um den Wert der Immobilie positiv darzustellen und so ein schönes Ergebnis zu erzielen. Aber am realen Desaster ändert das nichts.

Mitarbeiter der IBB, der Finanzverwaltung unter Thilo Sarrazin und der Senatsverwaltung für Stadtentwicklung unter der Leitung des damaligen Bausenators Peter Strieder, beide SPD, machten es möglich. Man fragt sich nach dem Sinn und Zweck. Der Fonds hat Schulden bei der IBB von rund 45 Millionen Euro, die Immobilie hat einen Verkehrswert von vielleicht 13 Millionen Euro. Dabei gilt das NKZ in Fachkreisen als unverkäuflich wegen fehlender solventer Interessenten.

Diese Entscheidung begreift der Rechnungshof auch nicht. Der sieht keine nennenswerte Mieterhöhungschancen im NKZ und bezweifelt, ob »die Immobilie nachhaltig wirtschaftlich zu sanieren« ist. »Weiterer Finanzierungsbedarf ist zu erwarten«, und das obwohl schon 52 Millionen Euro öffentliche Gelder in das Objekt geflossen sind. Der Rechnungshof kommt zu dem Schluß: »In Anbetracht der Haushaltsnotlage Berlins hält es der Rechnungshof für nicht vertretbar, für dieses Objekt noch weitere öffentliche Mittel bereitzustellen.« Trotzdem wird es getan. Eine kontrollierte Insolvenz wäre sicherlich eine billigere Lösung. Man fragt sich, warum Berlin wieder mit öffentlichen Geldern so großzügig um sich schmeißt?

Diese merkwürdige Geschichte wäre nicht an die Öffentlichkeit gelangt, hätte es nicht den Fehlschlag mit dem »KaufhausKreuzberg« gegeben. Die drei Organisatoren fingen an, die richtigen Fragen zu stellen und die Ergebnisse an die Öffentlichkeit weiterzugeben. Dabei fiel auf, daß ihre Informationen in den Berliner Zeitungsredaktionen kaum beachtet wurden – dabei hätten die Journalisten ohne allzu großen Arbeitsaufwand die Brisanz der Geschichte begreifen können. Allein der Kreuzberger Lokaljournalist Christoph Villinger berichtete ausführlich in der Wochenzeitung »Jungle World« und dem »Mieterecho«. Aber eine große Berliner Zeitung lehnt seinen Artikel zum Thema mit der Bemerkung: »Sehr ausführlich recherchiert, aber so genau wollen es unsere Leser nicht wissen«, ab, und eine andere Kollegin hatte Angst vor Rechtsanwalt Ackermann: »Ich fang' mir doch nicht freiwillig vier Gegendarstellungen ein«, bemerkte sie bei einer Pressekonferenz. Daß der Kaiser nackt ist, wissen alle, nur schreiben will es niemand. So blieben die Recherchen von Villinger den Lesern kleinerer Zeitungen vorbehalten.

Bei den ersten Turbulenzen im Jahr 1978 tauchte der Fondsanleger Ackermann als Notgeschäftsführer auf. Nachdem die WBK die komplette Finanzierung übernommen hatte, verließ er im Jahr 1981 den Vorstand und wurde Vorsitzender des Beirats der Kommanditgesellschaft. Lange Zeit hörte man nichts von ihm. Doch 1998 übernahm er die Geschäftsführung der NKZ KG (der Fonds als Eigentümer) und genau wie ein echter »Immobilienprofi« taufte er das Neue Kreuzberger Zentrum in »Zentrum Kreuzberg« um und ließ ein neues Logo entwerfen. »Das Gebäude ist wie ein Engel mit ausgebreiteten Armen, der hier steht und den Platz umfaßt«, erklärte Ackermann laut Berliner Zeitung.

Weitaus wichtiger als solche poetischen Visionen war eine Gesellschaft namens »Zentrum Kreuzberg GmbH«, deren Geschäftsführer ebenfalls Peter Ackermann war. Laut Rechnungshof schloß Peter Ackermann, als Geschäftsführer der »Zentrum Kreuzberg GmbH«, einen Generalmietvertrag mit der Fondsgesellschaft, »Neues Kreuzberger Zentrum KG«, deren Alleingeschäftsführer damals Peter Ackermann ebenfalls war, am 21. Dezember 1998 ab.

Aufgrund dieses Generalmietvertrags fließen sämtliche Mietzahlungen der Gewerbe- und Parkhausmieter des NKZ nicht mehr unmittelbar an den Fonds, sondern zunächst an die »Zentrum

Kreuzberg GmbH«. Die wiederum zahlt an die Fondsgesellschaft einen jährlich neu festzulegenden Pauschalbetrag, der unter den tatsächlich erzielten Mieten liegt, weil dem Generalmieter laut Vertrag mindestens zehn Prozent zustehen, um seine Kosten zu decken. »Warum die ›Zwischenschaltung‹ eines weiteren Unternehmens zu einem wirtschaftlichen Vorteil führen sollte, ist nicht nachvollziehbar«, moniert der Landesrechnungshof. Auch an den Vertragsbedingungen hat der Rechnungshof seine Zweifel, nämlich, daß sie die Liquidität der NKZ KG schwächt.

Die größten Nutznießer des Generalmietvertrags scheinen heute der Geschäftsführer der »Zentrum Kreuzberg GmbH«, Peter Ackermann, und der Ein-Mann-Beirat zu sein. Laut Rechnungshof liegen »die Einkünfte des Geschäftsführers und des Beirates der NKZ GmbH bei insgesamt annährend 150.000 Euro pro Jahr«. Nicht daß die Fondsanleger unbedingt die Verlierer sind. Laut Rechnungshofbericht wurden Dreiviertel der Anteile des hoffnungslosen Fonds für jeweils eine Mark an die »Zentrum Kreuzberg GmbH« veräußert. Und über diese Stimmanteile beherrscht die GmbH, deren Geschäftsführer Peter Rolf Ackermann ist, den Fonds.

Doch dieser Verwaltungs-Beitrag, den die »Zentrum Kreuzberg GmbH« jährlich kassiert, fehlt bei der Tilgung des IBB-Kredits. Das geht auf Kosten der IBB. Kein Wunder, daß der Rechnungshof sich geärgert hat, als er feststellte, daß der Generalmietvertrag nicht sofort bei den neuesten Hilfsmaßnahmen der IBB gekündigt wurde. Das war zwar vorgesehen, doch die IBB hat diese Bedingungen modifiziert, und den Generalmietvertrag bis Ende 2005 weiterlaufen lassen – wieder eine undurchschaubare Entscheidung der IBB.

Eine Frage, die der Rechnungshof gar nicht erst stellt, ist, mit welcher Motivation sollte die »Zentrum Kreuzberg GmbH« als Generalmieter und ihr Geschäftsführer Ackermann ein gut vermietetes NKZ jemals anstreben? Die GmbH bekommt so oder so ihr Geld – Ackermann auch. Denn beim Vertragspartner ist er selbst Geschäftsführer und daher wird er kaum, zu seinen eigenen Ungunsten, eingreifen wollen. Mit diesem Zustand müssen sich die Mieter des NKZ tagtäglich auseinandersetzen. Als sie eine Einbruchsmeldung beim Geschäftsführer der Vermieterin, der »Zentrum Kreuzberg GmbH«, Peter Rolf Ackermann, anzeigten, erhielten sie von ihm die Antwort: »... daß wir keine Verbindung zu den Tätern unterhalten, daß ein 24-Stunden-Wachschutz für Ihre Räume mehr kosten würde, als Sie insgesamt an Miete zahlen und daß wir Ihnen nur empfehlen können sich entweder ausreichend zu versichern, massive Stahltüren zu installieren oder – wie ich selbst am Kurfürstendamm – in ein Bankgebäude zu ziehen.« Die Beschwerden seiner Mieter bezeichnet SPD-Ackermann in einer Berliner Tageszeitung als »Zwergenaufstand«. Er hält auch nicht übermäßig viel von dem oben zitierten Rechnungshof-Bericht über das NKZ. »Man vermutet hinter jedem Busch einen Räuber«, lautet sein Kommentar. Und: Der Bericht habe keinen Blick für die wirtschaftlichen Chancen seines Projekts.

Daß das »Neue Kreuzberger Zentrum« überhaupt zu einem öffentlichen Thema wurde und es zu einer Untersuchung durch den Rechnungshof kam, hat man dem Druck von unten, der in der Zwischenzeit durch eine Handvoll Lokalakteure gestärkt ist, zu verdanken. Nur infolge ihrer hartnäckigen Recherchen kam endlich der Auftrag an den Landesrechnungshof im Berliner Parlament zustande. Konsequenzen sind allerdings – nicht zu erwarten.

Der Soziale Wohnungsbau in Berlin ist paradigmatisch für das selbstzerstörerische Subventionssystem der Bundesrepublik. Es fing mit einem sozialen Ziel an, wurde dann institutionalisiert, ohne über Sinn und Zweck nachzudenken, dann jeglicher Kontrolle entzogen und am Schluß mißbraucht, was zu Milliarden Schulden – und Schaden führte.

Von Fröschen und Störchen

Berlins städtische Unternehmen

Am 17. September 1992 knisterte die Luft im Plenarsaal des Berliner Abgeordnetenhauses. Es gab die »Aktuelle Stunde zum Thema ›Sicherung der Zukunft der Eigenbetriebe‹«. Berliner Eigenbetriebe, das waren die Müllabfuhr, Wasserversorgung, öffentlicher Verkehr und andere Unternehmen, die dem Steuerzahler damals gehörten. Es ging 1992 darum, daß einige dieser Berliner Eigenbetriebe in rechtlich selbstständige Anstalten des öffentlichen Rechts umgewandelt werden sollten. Das angebliche Ziel dieser Transformation war, so die Erklärung der Großen Koalition, die Eigenbetriebe effizienter zu gestalten und Arbeitsplätze zu sichern. Die Opposition war der Meinung, daß die Große Koalition mit diesem Schritt die Eigenbetriebe auf den Weg zur Privatisierung bringen wollte. Anstalten des öffentlichen Rechts hatten einen weiteren Vorteil für die damalige Große Koalition, die hoch defizitären Eigenbetriebe durften infolge ihres neuen rechtlichen Status viel Geld jenseits des Landeshaushalts leihen – also ausgiebige Schattenhaushalte schaffen. Die damalige Sitzung im Abgeordnetenhaus war emotional aufgeladen.

Nach einer belanglosen Auftaktrede des damaligen SPD-Fraktionsvorsitzenden Ditmar Staffelt war ein PDS-Mitglied an der Reihe. Er sorgte für Furore, als er seine Zuhörer, also das Parlament, als »beschränkte Öffentlichkeit« bezeichnete. Man darf einiges im Berliner Abgeordnetenhaus sagen, aber das intellektuelle Niveau dieser politischen Institution sollte man nicht so deutlich beim Namen nennen. Der PDS-Mann verlor nach dem ersten Aufschrei seiner Parlamentsgenossen die Nerven und ergriff den Rückzug. Er revidierte seine Aussage in »begrenzte Öffentlichkeit«. Alles wäre wieder gut, wären da nicht die Freien Demokraten gewesen.

Der liberale Volksvertreter hatte sich vorgenommen, in seiner Rede den CDU-Finanzsenator Elmar Pieroth zu zitieren: »Er hat«, meinte der FDP-Mann, »in für mich erstaunlicher Kenntnis der Werke von Mao Tse-Tung gesagt: Wenn man einen Sumpf trokkenlegen will, dann darf man nicht die Frösche fragen. Die Eigenbetriebe sind so eine Art Sumpf.« Mit diesem etwas abstrakten Zitat war die »beschränkte Öffentlichkeit« zunächst völlig überfordert. Doch die PDS – dank des intellektuellen Vorsprungs in marxistisch-leninistischer Dialektik – preschte in die von der FDP geschlagene Bresche und stellte eine richtige Frage: »Wer sind denn die Frösche in diesem Sumpf Eigenbetriebe?« Eine SPD-Genossin (promoviert und aus dem Westen) sprang dem Klassenfeind bei und stellte eine noch richtigere Frage: »Wer sind die Störche? Die leben doch von den Fröschen!«. Diese beinahe metaphysische Auseinandersetzung wuchs den »Beschränkten« schnell über den Kopf. Es ging ein Ruck durch den Saal, und man kehrte schnellstens zum Berliner Politiker-Alltag zurück. Schade. Selten hatte das Berliner Parlament so wichtige Fragen gestellt wie in dieser Debatte.

Wer waren die Frösche im Berliner Eigenbetriebs-Sumpf und wer die Störche? Die richtigen Antworten hätten den Berliner Steuerzahler sicherlich etliche Milliarden gespart und ihnen geholfen, die politische Struktur ihrer Stadt genauer zu verstehen.

Die Berliner Eigenbetriebe waren nach der Wiedervereinigung das Ebenbild der Stadt: verkrustet, unwirtschaftlich, überteuert, verfilzt und vom Personal her aufgebläht. Die öffentlichen Unternehmen wurden jahrzehntelang in West-Berlin als beschäftigungspolitisches Instrument mißbraucht. Nebenbei dienten sie auch zur Arbeitsplatzbeschaffung für die politisch führenden Cliquen. Managementfähigkeiten schienen vom Parteibuch bestimmt. War die Führungsetage der Berliner Verkehrsbetriebe stark sozialdemokratisch eingefärbt, standen die Stadtreinigungs-Chefs der CDU sehr nahe. Die Berliner Stadtreinigungsbetriebe, witzelte man, waren eher ein Versorgungs- als Entsorgungsunternehmen.

Diese paritätische Aufteilung aus West-Berliner Zeiten galt in allen öffentlichen Bereichen, seien es die Eigenbetriebe, die landeseigenen Banken oder der Landessender SFB. Diese Institutionen waren kapitale Selbstbedienungsläden. Im Jahr 1992 hatten die Eigenbetriebe 86 Prozent aller erfaßten Aufträge gar nicht erst ausgeschrieben, sondern freihändig vergeben! Daß diese Strukturen aufgebrochen werden mußten, war allen klar, sogar den Gewerkschaften, die zur Kenntnis nehmen mußten, daß ihr Schlaraffenland abgebrannt war. Selbst sie machten sich Gedanken über Reformen.

Es blieben dem Land zwei Möglichkeiten – entweder Privatisierung oder eine grundlegende Reform der Eigenbetriebe. Entscheidend dabei war nicht die Rechtsform. Ob sie Eigenbetriebe oder Anstalt des öffentlichen Rechts hießen, war erst einmal sekundär. Ausschlaggebend war, wie kommunale Betriebe geführt werden sollten. Für eine Anstalt des öffentlichen Rechts sprachen zwei Punkte: erstens sollten sie sich mit dieser Rechtsform zum Teil politischem Einfluß und Mißbrauch entziehen können; zweitens wären sie nicht mehr finanziell vom Land abhängig.

Doch was auf dem Papier vielversprechend klang, nahm in der Praxis eine ausgesprochen negative Wende. Die parlamentarischen Ausschüsse, die bisher die Eigenbetriebe bestimmten und kontrollierten, wurden zwar nach der neuen Rechtsform ausgeschaltet, doch damit waren die Anstalten des öffentlichen Rechts keinesfalls vor einer Einmischung durch politische Interessen sicher. Im Gegenteil. Die Macht über die Anstalten wurden den zuständigen Senatoren und einigen, von der Großen Koalition handverlesenen Aufsichtsräten übergeben. Eine breitere öffentliche Kontrolle war von der Großen Koalition ursprünglich überhaupt nicht beabsichtigt. In letzter Sekunde konnte die Opposition erreichen, daß jedenfalls der Landesrechnungshof bei den Anstalten des öffentlichen Rechts eine Kontrollfunktion ausüben sollte.

Am gefährlichsten an den neuen Anstalten des öffentlichen Rechts war nämlich die Tatsache, daß das Land, gesetzlich oder faktisch, für sämtliche Verluste der verschiedenen Anstalten aufkommen mußte. Obendrein waren die Aufgaben der Anstalten so vage definiert, daß die Tür für Abenteuer und Mißbrauch jeder Art weit offenstand. Dazu gehörte das Recht der Berliner Wasserbetriebe, »sich an anderen Unternehmen, Einrichtungen und Organisationen« zu beteiligen sowie Tochterunternehmen [zu] gründen, [zu] erwerben und [zu] betreiben«. Diese beiden Möglichkeiten im Zusammenhang mit der Option, »auch außerhalb Berlins tätig« zu werden und »Eigenkapital zu bilden und Fremdkapital« aufzunehmen, öffneten den Wasserbetrieben nicht nur ein überregionales, sondern internationales Betätigungsfeld – mit öffentlichen Geldern und dürftiger Kontrolle. Die Berliner Wasserbetriebe – wie die Bankgesellschaft Berlin – sollten nun Global-Player werden.

Dieser Weg, den damals die Große Koalition einschlug, hatte verheerende Konsequenzen für die Berliner Steuerzahler. Daß es so enden mußte, hätte man sich wohl denken können, in Anbetracht der Tatsache, daß die zwei Hauptinitiatoren der Neuordnung der Eigenbetriebe die Fraktionsvorsitzenden von CDU und SPD, Klaus Landowsky und Ditmar Staffelt, waren. Diese beiden posierten gerne als Vorkämpfer der freien Marktwirtschaft in Berlin. Ich bin der Überzeugung, daß Landowsky und Staffelt unter »Marktwirtschaft« vor allem ihr Recht verstanden haben, Steuermilliarden nach ihrer Vorstellung zu verteilen, wenn auch mit dem notwendigen Übel einer öffentlichen Kontrolle von Parlament und Landesrechnungshof. »Freie Marktwirtschaft« bedeutete für sie, Steuermilliarden ohne öffentliche Kontrolle nach ihrer Vorstellung zu verteilen.

Das stellten die beiden Politiker bei der ebenfalls von ihnen geschaffenen Bankgesellschaft Berlin, eine Zusammenführung von drei landeseigenen Banken zu einer privaten Aktiengesellschaft, unter Beweis. Als Chef der Berlin-Hannoverschen Hypothekenbank AG, einer dieser drei Banken, und zuständig für den Bereich Immobilien in der Bankgesellschaft, war Landowsky einer der Hauptverantwortlichen für den Niedergang des Geldinstituts. Staffelt, als langjähriges Aufsichtsratsmitglied der Landesbank Berlin, schaute zu und griff nicht ein bei den unheilbringenden Immobilienfonds, die die Bankgesellschaft zur Strecke brachten.

Unter dem Motto »Beamte raus, Manager rein« wurden also ab dem 1. Januar 1994 die Berliner Wasserbetriebe, Verkehrsbetriebe, Stadtreinigungsbetriebe und Hafen- und Lagerhausbetriebe in Anstalten des öffentlichen Rechts umgewandelt. Ein neuer Wind sollte endlich durch die Stadt wehen. »Mitglied des Vorstands kann nur sein«, so schrieb das Gesetz vor, »wer nach Erfahrung und Vorbildung zur Leitung der Anstalt geeignet ist.« Manager-Know how statt Parteibuch lautete die Devise. Jetzt sollten dynamische Firmen-Chefs, unterstützt von fachkundigen Aufsichtsräten, das Steuer herumreißen.

Die Berliner mußten allerdings bald feststellen, daß zwischen Plan und Praxis einige auffällige Widersprüche aufbrachen. Nirgendwo war diese Tatsache so sichtbar wie bei den Berliner Wasserbetrieben. Als neuer Chef der Wasserbetriebe kam weder ein Wasserexperte noch jemand mit kaufmännischem Profil, geschweige denn ein hochkarätiger Manager, sondern – ein CDU-Politiker, der keine den Aufgaben entsprechende Erfahrungen oder Fähigkeiten vorweisen konnte.

Bertram Wieczorek ist ein typischer deutsch-deutscher Karrierist. Als die DDR noch real existierte, leitete der promovierte Arzt ein Rehabilitationszentrum im Vogtland. Schon 1973, mit zweiundzwanzig Jahren, trat er in die Ost-CDU ein und galt als ehrgeiziges Mitglied. Als 1989 die Blockflötenparteien in Verruf kamen, wechselte er zur Bürgerinitiative »Neues Forum«, doch nach der Wende kehrte er schnellstens zu der aufstrebenden CDU zurück. In der neuen DDR-Regierung wurde Wieczorek Parlamentarischer Staatssekretär bei Pfarrer Eppelmann, dem fachkundigen Minister für Abrüstung und Verteidigung.

Nach den gesamtdeutschen Bundestagwahlen Ende 1990 zierte Wieczorek das Bundesumweltministerium als Parlamentarischer Staatssekretär unter Klaus Töpfer. Im Februar 1994 dann avancierte er zum Vorstandsvorsitzenden der Berliner Wasserbetriebe. Das war, bei einem Jahresgehalt von über 300 Tausend Mark, schön für Wieczorek, weniger vorteilhaft für die Berliner Steuerzahler.

Die Führung der Wasserbetriebe zu ernennen, war die Beute der CDU. Doch gestaltete es sich schwieriger als erwartet, jemanden aus der Partei mit entsprechenden Qualifikationen aus der Wasserwirtschaft zu finden. Es war, wurde damals gemunkelt, der Sozialdemokrat Ditmar Staffelt, der Wieczorek erfolgreich ins Gespräch brachte. Der CDU-Parteisoldat hatte die notwendigen Qualifikationen nicht, doch seine knapp drei Jahre im Bundesumweltministerium mußten reichen, um ihn ans Ziel zu bringen.

Ämterverteilung nach diesem Muster war nicht nur bei den Vorstandsvorsitzenden, sondern auch bei den Aufsichtsräten gang und gäbe. Die Autoren des Gesetzes, nach dem die Anstalten des öffentlichen Rechts geschaffen wurden, waren seitens der SPD neben Staffelt auch die Abgeordneten Joachim Niklas und Jürgen Kriebel. Niklas wurde nach der Verabschiedung des Reformgesetzes zum Vorstandsmitglied der Berliner Verkehrsbetriebe ernannt. Kriebel, der in der Debatte um das Gesetz versprach: »Danach werden die Verwaltungsräte durch die Aufsichtsräte abgelöst, die weisungsgebundenen Verwaltungsbeamten werden durch entscheidungsfreudigen externen Sachverstand ersetzt«, wurde zum Aufsichtsratsmitglied der Wasserbetriebe ernannt. Welchen externen Sachverstand der gelernte Drucker einbrachte, ist schwer festzustellen.

In der Tat, fast der komplette Aufsichtsrat der Wasserbetriebe, der von Arbeitgeberseite ernannt wurde, hatte eine Qualität überhaupt nicht – Erfahrungen im Bereich der Wasserwirtschaft. Viele zählten vielmehr wie Kriebel zum Berliner Filz: Detlef Stronk (CDU), früherer Chef der Senatskanzlei unter Diepgen und danach Manager beim Bürowarenhersteller Herlitz, der später in die Insolvenz geriet; Dietmar Otremba, Berliner Baulöwe, CDU-Mitglied und -Großspender; Andreas Graf von Hardenberg, Manager der Berliner Bank, der 1996 nach Rekordverlusten seinen Hut nehmen mußte.

Somit begann die neue Ära genauso wie die alte aufgehört hatte: ein CDU-Karrierist als Chef und ein Aufsichtsrat, geführt vom Weinhändler Elmar Pieroth, schwach in Fachkompetenz, jedoch stark in Parteibeziehungen.

Eigentlich haben die Berliner Wasserbetriebe mit Marktwirtschaft – ob als Anstalt des öffentlichen Rechts oder privatisiert – wenig zu tun. Sie sind und bleiben ein Monopolunternehmen. Das Abwasser gehört zur Hoheitsaufgabe des Landes und ist de facto ans Nutzwasser gekoppelt. Gewinne konnten die Berliner Wasserbetriebe immer wieder verbuchen – dank Preiserhöhungen. Schon zur Zeit als Eigenbetrieb hat das Gesetz bestimmt, daß die Wasserbetriebe kostendeckend arbeiten. Verluste sollten jeweils in den folgenden drei Geschäftsjahren durch Preiserhöhungen oder durch Rücklagen ausgeglichen werden. Mit dem Hinweis, daß Milliarden für die Sanierung des maroden Ost-Berliner Wassersystems aufgewendet werden müssen, wurden allerdings nach der Wiedervereinigung bis 1997 in West-Berlin Preiserhöhungen um über einhundert Prozent begründet. Im Ostteil der Stadt hatten sich die Gebühren sogar verzwanzigfacht. Im Jahr 1997 kostete ein Kubikmeter Wasser und Abwasser in München 5,28 Mark, in der Hauptstadt 8,30. Man fragt sich, was dieses rundum abgesicherte Unternehmen nun eigentlich hätte falsch machen können? Die Antwort: unvorstellbar viel.

Als frischgebackene Anstalt des öffentlichen Rechts begannen Vorstand und Aufsichtsrat ein großes Rad zu drehen und munter Firmen aufzukaufen. Unter Wieczorek kann man von einem Wiederauferstehen des Kombinatsgedankens sprechen. Dies war auch von der Politik gewollt und den Anstalten ausdrücklich erlaubt. Wieczorek hatte sich zum Ziel gesetzt, bis zum Jahr 2000 35 Prozent der Wasserbetriebs-Umsätze außerhalb der Stadtgrenzen zu realisieren.

Diese Strategie wurde durch Kredite in Milliardenhöhe finanziert. Kredite, deren Zins die Berliner Wasserkonsumenten bezahlen und wofür sie letzten Endes auch geradestehen müssen. Doch wie bei der Bankgesellschaft war das hehre Ziel, endlich ein Weltunternehmen zu werden, leider von keinerlei Kompetenz begleitet. Der Vorstand war im Grunde genommen der alte, jetzt allerdings mit einem Arzt als Chef. Der Aufsichtsrat war ebenso überfordert wie der frühere parlamentarische Ausschuß, den er ablöste. Statt auf dem Weltmarkt profitable Wogen zu schlagen, brachten die Expansionspläne der Wasserbetriebe Verluste ein, die auf eine Milliarde Euro steigen könnten.

Perle dieser neugeschaffenen Beteiligungen war das »Sekundärrohstoff-Verwertungszentrum Schwarze Pumpe« in der Lausitz. Erworben schon Anfang 1995 von der Treuhand-Nachfolgerin Bundesanstalt für vereinigungsbedingte Sonderaufgaben für eine Millionen Mark, erzeugte die Anlage aus festen und flüssigen Abfällen vor allem Methanol und Strom. In den ersten Jahren investierten die Wasserbetriebe mehrere hundert Millionen Mark in ihr Sekundärrohstoff-Verwertungszentrum. Beabsichtigt war die Verwertung von anfallendem Klärschlamm der Berliner Wasserbetriebe, aber auch von Müll und anderen festen Abfällen. Damit hatten sich die Wasserbetriebe in einen Bereich begeben, eben der Abfallverwertung, von dem sie keinerlei Kompetenz besaß – offensichtlich ein zu vernachlässigendes Problem für Berliner Parteibuch-Genies.

Dann kamen mehrere Probleme gleichzeitig. In der gesamten Bundesrepublik wurden nach der Wende überdimensionierte Abfallverwertungsanlagen gebaut. Plötzlich gab es eine Müllknappheit und Preisverfall für die Abnahme. Das Lausitzer Sekundärrohstoff-Verwertungszentrum hatte keine langfristigen Lieferverträge und keine stabilen Beziehungen zu Abfallsammlern und Abfalltransporteuren. Die Einkünfte sanken. Dazu kam ein gravierender Preisverfall von fast achtzig Prozent für Methanol – also weitere Einnahmeverluste. Zusätzlich gab es technische Probleme bei der Inbetriebnahme der neuen Anlagen, in die die Wasserbetriebe Unsummen investiert hatten. Die Anlage »Schwarze Pumpe« verwandelte sich in eine Geldvernichtungsanlage, und die Wasserbetriebe waren keinesfalls in der Lage, die Situation unter Kontrolle zu bekommen.

1998 war das Sekundärrohstoff-Verwertungszentrum schon ein Sanierungsfall. Trotz Investitionen von 434 Millionen Mark wurde das Kernproblem, die Verwertung des Klärschlamm funktionierte nie richtig, nicht gelöst, weitere 181 Millionen Investitionen sollten folgen. In der Zwischenzeit reichte das Sekundärrohstoff-Verwertungszentrum den Abfall an Subunternehmen weiter. Es gab hohe Verlusterwartungen, Wieczorek und der Aufsichtsrat hatten eine finanzielle Katastrophe verursacht und keine Ahnung, wie man aus dem Debakel wieder herauskommen würde.

Auch beim zweitgrößten neuerworbenen Tochter-Unternehmen der Wasserbetriebe, dem Essener Anlagenbauer »SHW Hölter Wassertechnik GmbH«, lief das Geschäft nicht rund. Die SHW-Gruppe, die in den neuen Bundesländern und Osteuropa tätig ist, erlitt schon 1995 erhebliche Umsatz- und Gewinneinbrüche. Dem damaligen Eigentümer, dem Weltkonzern Australian National Industries, bereitete die SHW-Gruppe seit Jahren Schwierigkeiten, und die Australier suchten vergeblich nach Partnern oder Käufern.

Der erfolgreiche Verkauf an die Berliner Wasserbetriebe für rund 146 Millionen Mark im April 1997 wurde von der Barings Bank organisiert. Das Informationsmemorandum der Bank zum SHW-Verkauf verkündet sehr optimistische Wirtschaftsdaten für den Anlagenbauer. Einige Merkwürdigkeiten in dem Memorandum, wie etwa die hohen Umsätze und Gewinne bei kaum vorhandenen

Aufträgen, sind schwer zu übersehen. Doch dem BWB-Aufsichtsrat und dessen Wirtschaftsausschuß fielen solche betriebswirtschaftlichen Grunddefizite nicht auf. Die Protokolle beider Gremien (wobei mehrere Mitglieder fehlten, wie der entscheidungsfreudige Kriebel) zum Punkt Kauf der SHW-Gruppe erwecken den Eindruck, daß die Vorlagen nur oberflächlich, wenn überhaupt, gelesen wurden.

Ein Mitglied des Aufsichtsrates, Professor Dr. Karl Rudolph, war der einzige in diesem Gremium, der als Experte im Bereich Wasserwirtschaft galt. Er konnte bei der Sitzung zum Erwerb der SHW-Gruppe nicht dabei sein. Rudolph hatte jedoch sein Votum schriftlich an den Aufsichtsratsvorsitzenden, Wirtschaftssenator Elmar Pieroth, zum SHW-Kaufvorhaben abgegeben. Darin informierte er den Senator, daß ihm die SHW »persönlich seit vielen Jahren bekannt« war. Rudolph stellte nicht nur die Prognosen der Barings Bank für die SHW-Gruppe in Frage, sondern informierte auch darüber, daß Barings die SHW-Gruppe anderen Kaufinteressierten für fünfzig Millionen Mark weniger angeboten habe.

Den Aufsichtsratsprotokollen ist nicht zu entnehmen, daß Pieroth diesen wichtigen Brief an den Aufsichtsrat weiterleitete. Aus dem damaligen Aufsichtsrat selbst war zu hören, daß der Brief nicht vorgelegt wurde. Dies war nicht die einzige Stellungnahme, die dem Aufsichtsrat offenbar vorenthalten wurde.

Pieroths Staatssekretär, Dieter Ernst, erhielt vor der Aufsichtsratssitzung eine Stellungnahme von Joachim Putzmann. Putzmann, ehemaliger Chef der zentralen Berliner Leitung von Siemens, war zu der Zeit Pieroths Berater für die Anstalten des öffentlichen Rechts. Er galt auch als Fachmann für Unternehmensbewertung. Er ließ Ernst wissen, daß er großen Zweifel an den Zahlen und dem hohen Kaufpreis der SHW-Gruppe hatte. Davon ist den Aufsichtsratsprotokollen nichts zu entnehmen. Deutlich zu entnehmen ist vielmehr, daß Ernst sich für den Kauf eingesetzt hatte.

Putzmann hatte außerdem Bedenken wegen der Investitionen und der Vermarktungschancen beim Sekundärrohstoff-Verwertungszentrum Schwarze Pumpe. Da man in beiden Fällen seinen Empfehlungen nicht folgte, gab er die Beratungstätigkeit bereits 1997 wieder auf.

Ernst spielte damals eine wichtige Rolle für die Zukunft der Wasserbetriebe und die Wasserbetriebe eine wichtige Rolle für die Zukunft von Dieter Ernst. Er war zunächst Staatsanwalt in Berlin. Er war außerdem jahrelang CDU-Parteisoldat, seine Karriere begann er in der CDU-Tiergarten, die damals prominent im Antes-Skandal vertreten war. Er war nie besonders beliebt in seiner Partei und galt als »Mann ohne Biß, einer der keine Bäume ausreißt« – ein Berliner Staatsanwaltsgemüt eben. Doch er war Vertrauensmann von Diepgen und Landowsky, und das zählte viel mehr.

Dieter Ernst brachte es im Jahr 1993 zum CDU-Generalsekretär, doch als er für den Bundestag kandidieren sollte, ging das seinen Parteigenossen nun doch zu weit. Daraufhin wollten Landowsky und Diepgen 1995 Ernst mit einer Stelle als Staatssekretär versorgen. Doch als in den Medien von Ernsts früheren Verbindungen zur Scientology-Sekte berichtet wurde (und er Kontakte bestätigte), mußten diese Pläne vorerst verschoben werden. Anfang 1996 war die Gelegenheit günstig, und Ernst wurde zum Staatssekretär unter Elmar Pieroth in der Wirtschaftsverwaltung ernannt. Stellvertretend für Pieroth im Aufsichtsrat der Wasserbetriebe setzte er sich dort für den Erwerb der SHW-Gruppe ein.

Das spannendste an den SHW-Verkaufsunterlagen der Barings Bank waren nicht nur die fragwürdigen Zahlen, sondern eine Grafik mit dem Titel »Vereinfachte Eigentümer- und Gesellschaftsstruktur der SHW-Gruppe«. Dem Aufsichtsrat der Wasserbetriebe wurde diese Grafik zwar vorgelegt, jedoch mit einem kleinen, aber wichtigen Unterschied: Der Titel »Vereinfachte Eigentümer- und Gesellschaftsstruktur der SHW-Gruppe« war nicht mehr zu sehen. Damit schien diese Grafik die vollständigen Angaben über die Eigentümerstruktur zu zeigen.

In dieser von der Barings Bank erstellten Grafik fehlten die tatsächlich bestimmenden Muttergesellschaften der SHW-Gruppe, die »HIB Hölter Industrie-Beteiligungs GmbH« und »Hölter-ABT GmbH«. In beiden Gesellschaften hieß der Geschäftsführer Ditmar Staffelt – damals SPD-Abgeordneter im Berliner Parlament und Vorkämpfer der Umwandlung der Eigenbetriebe in Anstalten des öffentlichen Rechts, heute Parlamentarischer Staatssekretär im Bundeswirtschaftsministerium.

Ditmar Staffelt hat eine lange Geschichte bei Hölter: Der promovierte Historiker hatte sich von 1983 bis 1989 seine wirtschaftlichen Sporen bei einer Firma der Hölter-Gruppe als Leitender Angestellter verdient. Die Firma war nicht besonders erfolgreich und Staffelt ließ sich im Jahre 1989 beurlauben, um sich ausschließlich der Berliner Politik zu widmen. Dort wurde er rasch, in der Zeit der rot-grünen Koalition, zum SPD-Fraktionsvorsitzenden im Abgeordnetenhaus gewählt. 1992 wurde ihm die »Doppelmacht« zuteil, man trug ihm das Amt des SPD-Landesvorsitzenden an.

Kurz nachdem Staffelt im Oktober 1994 eine politische Bauchlandung innerhalb der Berliner SPD erlebte, legte er seine Ämter als SPD-Fraktions- und als -Landesvorsitzender nieder. Der frühere Angestellte kehrte im März 1995 zu der Hölter-Gruppe zurück, die inzwischen den Australiern gehörte – aber selbstverständlich nicht mehr als niedrige Charge. Zu der Zeit, als den Konzern-Managern in Australien die vollen Konsequenzen ihres Debakels in Europa bewußt wurden und sie auf eine Verkaufsstrategie für ihre Firmen einschwenkten, wurde Staffelt Vorstandsmitglied und Geschäftsführer in mindestens fünf Hölter-Firmen.

Dieser plötzliche Karrieresprung war sicherlich kein Zufall. Ein Teil der leidenden Hölter-Betriebe im Bereich Umwelttechnologie befand sich in Berlin und den neuen Bundesländern, wo Staffelt großen politischen Einfluß besaß.

Staffelt war kein Fremder bei den Berliner Wasserbetrieben. Nicht nur war er maßgeblich an der Umwandlung der damaligen Berliner Eigenbetriebe in frei handelnde Anstalten des öffentlichen Rechts im Jahre 1994 beteiligt, er saß zehn Jahre lang, bis 1989, im Ausschuß für Verkehr und Betriebe. Seit Mai 1997 war Staffelt sogar Vorsitzender des Ausschusses für Wirtschaft und Betriebe im Abgeordnetenhaus, der auch für die Wasserbetriebe zuständig war.

Wasserbetriebe-Chef Wieczorek kannte die Hölter-Firmen schon aus seiner Zeit als Staatssekretär im Bundesumweltministerium. Als im Sommer 1993 die Vergabe eines öffentlichen Auftrags in Sachsen an Hölter in Frage gestellt wurde, bedrängte Wieczorek den sächsischen Umweltminister Arnold Vaatz brieflich, er möge dafür sorgen, daß Hölter den Auftrag erhalte. Als der ungewöhnlich engagierte Einsatz Wieczoreks öffentlich wurde, versuchte der Staatssekretär, sich von dem Fall zu distanzieren. Anfang 1994 verließ Wieczorek das Ministerium und wechselte zu den Berliner Wasserbetrieben.

Auf Nachfrage zu Staffelts Rolle beim Erwerb der SHW von den Wasserbetrieben beteuerte Wilken von Hodenberg von der Barings Bank: »Herr Staffelt war in den Verkaufsprozeß nicht involviert.« Was Hodenberg unter »Verkaufsprozeß« versteht, weigerten sich er und die Barings Bank zu erläutern. Eins ist klar: Abgesehen von seiner Geschäftsführertätigkeit bei Hölter kam Staffelt als Politiker und Geschäftsmann zwangsläufig in Kontakt mit Vorstands- und Aufsichtsratsmitgliedern der Berliner Wasserbetriebe.

Die SHW-Gruppe war kein guter Kauf. Die Berliner Wasserbetriebe hatten intern mit »einem durchschnittlichen jährlichen Jahresüberschuß von 14 bis 15 Millionen Mark« gerechnet«. Diese Prognose wurde nicht im mindesten erfüllt.

Jedenfalls ging die SHW-Gruppe aber nicht pleite. In einem Gemeinschaftsunternehmen erwarben Mitte 1997 die Wasserbetriebe und die Berliner Stadtreinigung ein weiteres Hölter-Unternehmen von den Australiern – die »BORAN Bodenreinigungs GmbH«. Deren Geschäftsführer war seit Anfang 1997 Ditmar Staffelt.

Die BORAN-Anlage, die sich damals in Berlins Westhafen befand, sollte kontaminierten Boden reinigen. Diese Anlage, die jahrelang wegen verschiedener Pannen nicht richtig in Betrieb genommen werden konnte, wurde 1996 mit einem Zuschuß von 21 Millionen Mark von den Australiern vor dem Aus gerettet. Der Buchwert wurde dabei auf eine Mark abgeschrieben.

Während die Entscheidung der Berliner Wasserbetriebe, 51 Prozent von BORAN zu erwerben, schnell fiel, wurde im Aufsichtsrat der Stadtreinigung die Stimmung kritisch. Ein Gutachter im Auftrag der Stadtreinigung hatte technische Mängel bei der BORAN-Anlage festgestellt.

Aber erneut befürwortete Pieroths Staatssekretär Dieter Ernst, der seinen Chef auch im Aufsichtsrat der BSR vertrat, den Kauf. Schon in der Tischvorlage für den Aufsichtsrat der Stadtreinigung hieß es, der Erwerb »entspricht auch dem mehrfach erklärten Willen des … Landes Berlin« – ein klarer Wink, aus welcher Richtung der Wind wehte.

Der Vorstand der Stadtreinigung war immerhin so schlau, den Kauf von einem erfolgreichen Dauerbetrieb abhängig zu machen. Dies wurde angeblich Ende Januar 1998 erfüllt. Doch kurz danach ist in einem Bericht der Wasserbetriebe zu lesen: »Durch Stillstand aufgrund von Reparaturarbeiten sowie mangels zu verarbeitender Sande war die Anlage im Berichtszeitraum nur eingeschränkt betriebsfähig«. In den ersten neun Monaten 1998 hatte die Anlage einen Verlust von fast 3,4 Millionen Mark eingefahren. Ende Oktober wurde die Anlage endgültig geschlossen. Laut Staffelt hing die Schließung »nach Auskunft der Käufer allein mit einem Preisverfall des zugehörigen Marktes zusammen«. Untersucht wurde der Fall nicht. Darüber wollen weder die Wasserbetriebe noch die BSR Auskunft geben.

Auch die Berliner Stadtreinigungsbetriebe (BSR) hatten tief in die Tasche gegriffen, um bei den Australiern einzukaufen. Im Juni 1997 übernahm die BSR eine Müllverbrennungsanlage der ANI-Tochtergesellschaft »GEB Gesellschaft zur Energieerzeugung mbH« für 79 Millionen Mark – nach dem Willen des Landes. Auch bei dieser Hölter-Firma hieß der Geschäftsführer Ditmar Staffelt.

Die GEB hatte schon 1989 eine Wirbelschichtfeuerungsanlage (»Rowitec«-Anlage) zur Müllverbrennung auf dem BSR-Betriebsgelände in Ruhleben errichtet. In Betrieb genommen wurde die Anlage wegen verschiedener Änderungen und Pannen immer noch nicht. Die Verluste wurden so hoch und die Aussichten so schlecht, daß die Australier die GEB in ihrem Geschäftsbericht 1996 vollständig auf »Null« abschrieben. Kurz darauf wurde Staffelt zum GEB-Geschäftsführer ernannt.

Die Weichen wurden auf Notverkauf gestellt. Es wurde schon früher versucht, die BSR mit einer Beteiligung an der GEB erneut mit ins Risiko zu locken – ein Angebot, das die Stadtreinigung wohl ablehnte. Die Anlage war immer noch nicht funktionstüchtig. Ein Jahr später bot Hölter der BSR nur die »Rowitec«-Anlage, die angeblich kurz vor der Inbetriebnahme stehen sollte, zum Kauf an – ohne Schulden und sonstige Verbindlichkeiten der Gesellschaft.

Die Stadtreinigung ging, im Gegensatz zu den Wasserbetrieben, kritischer an das Angebot heran. Ein Gutachten über die Anlage wurde erstellt, worin einige technische Schwachstellen festgestellt wurden. Auch im Wirtschaftsausschuß des Aufsichtsrates saßen einige Kritiker. Der Kauf wurde dort nicht einstimmig empfohlen.

Aus dem Aufsichtsratsprotokoll ist zu entnehmen, daß wieder die Politik, nämlich Pieroths Staatssekretär Dieter Ernst, den Kauf vorantrieb. Der Vorstand der Stadtreinigung konnte gerade noch das Schlimmste verhindern, sie bestanden darauf, den Kauf von einem erfolgreichen vierwöchigen Dauerbetrieb der Anlage – bis spätestens Ende Juni 1998 – abhängig zu machen.

Auch hier, zu seiner Rolle beim Verkauf gefragt, findet der sonst so gesprächige Staffelt nur die Worte »in meiner Eigenschaft als Geschäftsführer«. Seine Unterschrift ziert den Kaufvertrag sogar zwei Mal.

Der Deal wurde nie realisiert, da die Anlage die Probezeit nicht bestand. Statt den von Staffelt ausgehandelten Kaufpreises von 79 Millionen Mark für die Anlage zu bezahlen, erklärte die Stadtreinigung, nur den »Schrottpreis« von unter fünf Millionen Mark überwiesen zu haben. An diesem Vertrag, meint Staffelt, war er nicht beteiligt. Trotzdem wäre es sicherlich interessant zu erfahren, inwieweit diese Summe tatsächlich dem Schrottpreis entsprach.

Aber auch ohne Beteiligung von Staffelt waren die Wasserbetriebe zu Abenteuern durchaus fähig. Im März 1997 gründeten sie das Telekommunikationsunternehmen »Berlikomm« GmbH. Die Wasserbetriebe wollten die Liberalisierung des Telekommunikationsmarktes ausnutzen und ein Telefonnetz in ihren Leitungsröhren in Berlin ausbauen. Ihr Ziel war ein Marktanteil von 25 Prozent am Berliner Lokal-Markt.

Nach dem Einstieg in die Abfallverwertung mit dem Sekundärrohstoff-Verwertungszentrum Schwarze Pumpe und der Boran-Anlage in Berlin und dem Anlagenbau mit der SHW-Gruppe wollten die Wasserbetriebe nun zum dritten Mal in ein völlig neues Geschäftsfeld groß einsteigen: ins Telekommunikationsgeschäft. Wieder ohne Erfahrungen und Kompetenz, getragen von den Visionen einiger Parteibuchmanager. Das Vorhaben war äußerst kapitalintensiv mit Investitionen in dreistelliger Millionenhöhe. Und das, obwohl die Wasserbetriebe weder die Technik des Kabelverlegens in Wasserröhren noch die Telekommunikation beherrschten, und es an jeglicher Erfahrung beim Vertrieb auf diesem Markt mangelte. Doch, wie in allen neuen Geschäftsbereichen der Wasserbetriebe, war die neue Strategie mit geradezu phantastischen Umsatz- und Ertragserwartungen begründet.

Dies galt auch für weitere Firmen, die die Wasserbetriebe erwarben oder gründeten. Unter Wieczorek wurde das Unternehmen zu einem Gemischtwarenladen mit massiven Risiken. Den Arzt mit dem CDU-Parteibuch betrübte das aber keineswegs, er sah alle Töchter – erklärte er dem »Spiegel« – auf einem »erfolgversprechenden Weg«.

Gleichzeitig trieben die Wasserbetriebe die internationalen Geschäfte voran. Sie beteiligten sich an Wasser- und Entwässerungswerken sowie Betriebsgesellschaften in Ungarn, China, Aserbaidschan, Rußland und anderen Ländern. Wie die Bankgesellschaft Berlin sollten die Wasserbetriebe sich in einen internationalen Konzern verwandeln, vergleichbar mit Enron oder Vivendi.

Der feurige Blick in die Ferne trübte allerdings den Sinn für die Realität vor Ort. In einer vertraulichen Studie von Bossard Consultants aus dem Jahr 1997 wurde unter anderem moniert, daß eine neue Kläranlage der Wasserbetriebe am Rande Berlins überteuert gebaut worden sei. In der Regel, heißt es in der Expertise, liege die Investition für eine Kläranlage bei 350 bis 500 Mark pro Einwohner, in diesem Fall »hingegen wurden je Einwohnerwert circa 1100 Mark investiert«. Die Anlage wurde überdimensioniert und luxuriös geplant und gebaut. Statt beispielsweise Abwasserleitungen in die Erde zu versenken, wurden sie zum Teil in befahrbaren Tunneln verlegt.

In seinen Jahresbericht 2004 stellte der Landesrechnungshof von Berlin einen rekordverdächtigen, nämlich 14-seitigen Beitrag mit der Überschrift »Vermeidbare Aufwendungen der Berliner Wasserbetriebe von mehr als 1 Milliarde Euro infolge gravierender Mängel und Versäumnisse bei der Klärwerkskonzeption und deren Umsetzung«. In diesem Bericht wird klar, daß die Geldverschwendung, die Bossard sieben Jahre früher beanstandete, und Fehlplanung eher die Regel und nicht die Ausnahme waren.

Um all diese Exzesse zu finanzieren, bedienten sich die Wasserbetriebe nicht nur mit hohen Gebühren und Krediten, sondern gingen neue und trickreiche Wege. Bei einem Klärwerk, das sie im Jahr 1996 bauten, wurde das Projekt von einer Fondsgesellschaft finanziert. Dabei ließen sich die Wasserbetriebe die von ihnen bisher investierten 515 Millionen Mark von der Fondsgesellschaft zurückzahlen. Diese halbe Milliarde, die im Rahmen des operativen Trink- und Abwassergeschäfts von den Berliner Kunden abkassiert wurde, konnten die Wasserbetriebe damit zusätzlich einstreichen und für neue Abenteuer verwenden.

Es gab allerdings noch Pfiffigere in der Stadt. Im Jahr 1997 ortete Berlins notorisch geldhungrige Finanzsenatorin Fugmann-Heesing die Reserven, die die Wasserbetriebe gehortet hatten. Mit dem »Projekt Saturn«, so der Deckname, holte Fugmann-Heesing durch eine Kapitalentnahme (auf Anweisung des Landes Berlin als Gesellschafter) eine Milliarde Mark von den Wasserbetrieben, um Löcher im Landeshaushalt zu stopfen. Es ist bis heute nicht geklärt, ob der Zugriff in dieser Höhe überhaupt zulässig war. Die Regierung ging davon aus, daß sich die Wasserbetriebe das Geld auf dem freien Kapitalmarkt wieder besorgen könnten. Die Zinslast dafür trug – auch wenn es im Landeshaushalt nicht sichtbar war – der Steuerzahler.

Doch Fugmann-Heesing hatte noch weitaus größere Pläne mit den Wasserbetrieben. Die Privatisierungswelle seitens des Landes Berlin, bekannt als »Verkauf des Tafelsilbers«, rollte an.

Frau Fugmann-Heesing wird immer der Ruf begleiten, die Finanzsenatorin zu sein, die Berlins »Tafelsilber« veräußerte. Ihr Vorgänger, Elmar Pieroth, hat die katastrophale Finanzlage der Stadt durch massive Kreditaufnahmen ausgeglichen. Fugmann-Heesing reduzierte die Neuverschuldung hauptsächlich durch die Veräußerung von Landesvermögen, vor allem durch den Verkauf der ehemaligen Eigenbetriebe.

Ab 1996 lebte man in Berlin nach dem fröhlichen Motto: »Jetzt spucken wir in die Hände und verkaufen das Tafelsilber«. Diese beinahe euphorische Stimmung habe ich nie verstanden. Denn eigentlich wurde keine Problemlösung, sondern eine Bankrotterklärung offeriert. Seltsam fand ich auch den Begriff »Tafelsilber«. Darunter versteht man eine finanzielle Rücklage, ein kleiner Luxus, der im Notfall zu Geld gemacht werden kann. Doch Wasser-,

Gas- und Stromversorgung oder der öffentliche Verkehr und die Müllabfuhr kann man kaum als Luxus bezeichnen. Sie sind die lebensnotwendigen Infrastrukturen einer Kommune, die auch eine wichtige politische Komponente haben.

In der Großen Koalition war die Entscheidung für die Teilprivatisierungen nicht das Ergebnis strategischen Nachdenkens oder gar der Selbstkritik, sondern geprägt von einer Art Torschlußpanik wegen der Schuldenflut, die über die Stadt hereingebrochen war. Die Regierung mußte schnell ans Geld kommen – und dabei möglichst noch ein paar Nebengeschäfte machen.

Die Privatisierung der Eigenbetriebe geschah denn auch Schlag auf Schlag: 1994 wurden rund 36 Prozent der Berliner Gaswerke (»Gasag«) veräußert; 1995 waren »Bewag«s zehn Prozent der Bankgesellschaft Berlin und weitere knapp 13 Prozent der Gaswerke; 1997 wurden fast 51 Prozent der Berliner Kraft- und Licht-AG (»Bewag«), die dem Land gehörte (der Rest war schon in Privatbesitz), verkauft; 1998 die restlichen 51 Prozent der Gaswerke (nun vollständig privatisiert).

Die gesamten Einnahmen Berlins aus diesen und anderen Vermögensverkäufen in den Jahren 1993 bis 1998 betrugen rund 12,4 Milliarden Mark. Dieses Geld wurde jedoch nicht benutzt, um die Landesschulden abzubauen, sondern die fortschreitenden Defizite mitzufinanzieren.

Das Jahr 1999 erlebte die letzte große Teilprivatisierung einer Anstalt des öffentlichen Rechts: der Berliner Wasserbetriebe. Ein Investorenkonsortium, bestehend aus RWE, dem französischen Multi »Vivendi« (jeweils mit 45 Prozent am Konsortium beteiligt) und der »Allianz«, die einen Anteil von nur zehn Prozent besaß, erhielt den Zuschlag. Der Verkauf fand in auffälliger Hektik statt. Das hatte vielleicht mit dem erstmaligen Dividendenausfall bei der Bankgesellschaft im Jahr 1998 zu tun – ein Vorzeichen für Schlimmeres, was die Politik wohl schon ahnte.

Das Konstrukt der Teilprivatisierung ist kompliziert. Man entschied sich, wie bei der Teilprivatisierung der Landesbank, für ein Holdingmodell. Dadurch blieben die Wasserbetriebe, ebenso wie die Landesbank, im eindeutigen Mehrheitsbesitz des Landes, doch das operative Geschäft ging an die Privat-Investoren über. An dieser »BWB Holding AG« besaß das Land einen Anteil von 50,1 Prozent und die restlichen 49,9 Prozente erwarb das Konsortium der Investoren (RWE, »Vivendi« und »Allianz«). Diese Holding war als Stiller Gesellschafter mit 49,9 Prozent an der Anstalt des öffentlichen Rechts, zuständig für das Nutz- und Abwasser in Berlin, beteiligt. Die restlichen 50,1 Prozent lagen beim Land. Berlin blieb also – mindestens auf dem Papier – mit insgesamt rund 75 Prozent im Besitz der Wasserbetriebe als Anstalt des öffentlichen Rechts. Doch die Führung des Betriebs und die wichtigsten Vorstandsstellen bestimmten die Privaten.

Außerdem war die Holding für den Wettbewerbsbereich zuständig, dazu zählten sämtliche Tochterunternehmen wie das Sekundärrohstoff-Verwertungszentrum, die SHW-Gruppe, »Berlikomm« und viele andere. Hier war ein Bereich, wo die »echten Manager« von RWE und »Vivendi« glänzen sollten. Berlin erwartete von ihnen – und das wurde vertraglich festgelegt – daß sie expandieren, Arbeitsplätze schaffen und vor allem Gewinne fürs Unternehmen (und damit auch fürs Land Berlin) scheffeln würden. Wasserver- und Abwasserentsorgung, das beherrschte Berlin seit fast einhundert Jahren, aber Geld verdienen auf dem freien Markt, das sollten jetzt die neuen Manager.

Das Konsortium bezahlte 3,05 Milliarden Mark für seinen Anteil an den Wasserbetrieben, und weitere zweihundert Millionen Mark sollten die Investoren als Liquiditätshilfe zur erneuten Rettung des hoffnungslosen Sekundärrohstoff-Verwertungszentrums in der Lausitz leisten. Den gleichen Beitrag für diese desolate Anlage in Schwarze Pumpe sollte das Land erbringen, so daß unter dem Strich rund 2,8 Milliarden Mark in den Landeshaushalt flossen – und gleich wieder entschwanden. Sie waren schon längst eingeplant, um das Haushaltdefizit aus dem Jahr 1998 zu verringern.

Die Teilprivatisierung der Wasserbetriebe ist jedoch eher ein Kredit als eine Beteiligung. Die jährlich garantierte Ausschüttung, eine beachtliche mittelfristige Rendite von zwischen rund sieben und neun Prozent, an das Investoren-Konsortium ist laut Vertrag nicht vom Gewinn oder Verlust der Wasserbetriebe abhängig. Sie fließt regelmäßig jedes Jahr, unabhängig vom jeweiligen Geschäftsergebnis. Bei einem solchen Vertrag fragt man sich, wo die marktwirtschaftliche Motivation der Privatinvestoren liegt. Seltsamer noch scheint die Tatsache, daß die Rendite nicht auf die Kaufsumme gezahlt wird, sondern auf das betriebsnotwendige Kapital (das gesamte Eigen- und Fremdkapital, das zum Zweck der betrieblichen Leistungserstellung im Unternehmen gebunden ist) der Wasserbetriebe – ein höchst ungewöhnlicher, wenn nicht einmaliger Vorgang. Das betriebsnotwendige Kapital liegt heute nicht bei der Kaufsumme von knapp 3,3 Milliarden Mark, die das Konsortium im Jahr 1999 bezahlte, sondern bei 3,3 Milliarden Euro. Und zwar ohne daß die Investoren weiteres Geld investiert haben. Bis 2009 soll dieses betriebsnotwendige Kapital auf 4,1 Milliarden steigen und damit auch die Rendite des Konsortiums. Sollte der Jahresgewinn der Holding nicht für die Rendite der Privatinvestoren ausreichen, wird die Differenz aus dem Gewinnanteil des Landes ausgeglichen – sollte es einen Jahresüberschuß geben.

Es gibt zwar Wege, womit das Investorenkonsortium (aus dem die »Allianz« in der Zwischenzeit ausgestiegen ist) seinen Gewinn weiter steigern kann. Aber während es eindeutig im Interesse des Landes ist, Investitionen schnell abzuschreiben und Rücklagen zu bilden (was auch das betriebnotwendige Kapital reduziert), werden die Privatinvestoren sicherlich alles tun, um die Abschreibungen auf ein Minimum zu begrenzen, um das betriebsnotwendige Kapital so hoch wie möglich zu halten – eben weil von dessen Höhe ihre Rendite abhängig ist. Hier wäre eine öffentliche Kontrolle mehr als angebracht.

Laut Klaus Lederer, rechtspolitischer Sprecher der PDS-Fraktion im Berliner Abgeordnetenhaus, der auch als Privatisierungsexperte gilt, »ist es nahezu unmöglich, mit der Information, die das Parlament erhält, für die Abgeordneten einen umfassenden Einblick in die Geschäfte des Wasserbetriebe-Konzerns zu gewinnen und ihn damit effektiv kontrollieren zu können«. Es fehle dem Parlament fernerhin an Know how und Ressourcen, erklärt der promovierte Jurist. Er fügt hinzu: »Kaum ein Parlamentarier kennt überhaupt die Tücken des unter Fugmann-Heesing zur Kaufpreismaximierung ausgeheckten absonderlichen Konstrukts. Ich frage mich, ob Frau Fugmann-Heesing es selber begreift.«

Wenn im Zuge der Umwandlung der Eigenbetriebe in Anstalten des öffentlichen Rechts im Jahr 1994 die Wasserbetriebe in die Lage versetzt wurden, erfolgreich in der Marktwirtschaft zu agieren, waren sie dank der Teilprivatisierung dafür nun noch besser »aufgestellt«. Diese Annahme wird gestützt durch die Tatsache, daß es nach der Teilprivatisierung acht statt vier Vorstandssitze gab: vier für die Anstalt des öffentlichen Rechts und vier für die Holding. Doch wofür brauchte man plötzlich so viele teure Vorstände samt Vorstandssekretärinnen und Dienstlimousinen?

Diese Vermehrung ist umso wundersamer, als im Konsortialvertrag beim Verkauf fixiert wurde, »daß mindestens zwei Mitglieder des Vorstandes der BWB (Anstalt des öffentlichen Rechts) gleichzeitig Mitglieder des Vorstandes der Holding sein sollen.« Also vier Vorstände, höchsten sechs, jedoch nicht acht waren vorgesehen! Den Privatinvestoren konnte es egal sein. Sie bekommen ihre Rendite, unabhängig davon wieviele Vorstände es gibt. Der bewährten Beutegemeinschaft von Politik und Gewerkschaften war es offensichtlich schwergefallen, alte Gewohnheiten abzulegen – auch wenn Berlin sich in einer schweren Finanzkrise befand.

Bei der Anstalt des öffentlichen Rechts, die hauptsächlich für den Berliner Markt zuständig war, wurde der Vorsitzende von »Vivendi« gestellt, der kaufmännische und technische Leiter waren immer noch dieselben zwei aus dem Öffentlichen Dienst, die seit Jahren diese Ämter bekleideten. Als vierte im Bunde gab es einen weiblichen Personalvorstand, selbstverständlich aus der Gewerkschaft ÖTV.

In der Holding kam der Chef des Vorstandes vom Unternehmen RWE, der Finanzvorstand von »Vivendi« und als Personalvorstand fungierte auch hier ein ÖTV-Mann. Man fragt sich, warum zwei Personalvorstände notwendig waren, wenn für dieselbe Mitarbeiterzahl jahrelang einer gereicht hat. Möglicherweise war diese gutbezahlte Stelle ein Teil des Preises für die Privatisierungs-Zustimmung der Gewerkschaften.

Die große Überraschung war jedoch die Ernennung des Vorstandes für den Bereich Internationales, den das Land Berlin vorzuschlagen das Recht hatte. Kandidat war nicht der alte Wasserbetriebe-Chef Bertram Wieczorek, sondern der Staatssekretär Dieter

Ernst, der treue Vertreter von Elmar Pieroth in den Anstalten des öffentlichen Rechts und zusammen mit Wieczorek verantwortlich für viele Fehlinvestitionen der Wasserbetriebe.

Es gab schon Hinweise auf Wieczoreks Abgang, als wenige Monate zuvor ein Artikel in einer Tageszeitung erschienen war, worin es hieß, daß Wieczorek auf einer Geschäftsreise in Ungarn im Herbst 1998 ein Fohlen, einen »Abkömmling eines berühmten Pusztahengstes«, als Geschenk angenommen hatte. Angeblich mußte Wieczorek – um das Geschäft nicht zu gefährden – das Fohlen annehmen. Sicherlich nur ein Beispiel für viele Opfer, die er zum Wohl der Wasserbetriebe darbrachte. Der Vorfall hatte angeblich viel Unmut im Unternehmen ausgelöst, und die entsprechenden Hinweise waren bei den Medien gelandet. Später erklärte der Pressesprecher der Wasserbetriebe, Ende 1998 habe Wieczorek doch für das Fohlen bezahlt.

Tragisch war dieses berufliche Ende für Wieczorek nicht. Im Jahr davor hatte er einen neuen Fünf-Jahres-Vertrag erhalten, danach stand ihm noch über eine Million Mark zu. Da er schon mehr als fünf Jahre bei den Wasserbetrieben tätig war, besaß er auch schon einen Rentenanspruch. Für Ernst war es nebenbei auch ein gutes Geschäft: Sein jährliches Basisgehalt betrug 325 Tausend Mark plus einer »variablen Erfolgsvergütung« von weiteren 175 Tausend.

Die ersten Vorteile der Teilprivatisierung wurden schon sichtbar: Im Jahr 1998 lagen die Bezüge der Vorstandsmitglieder der Berliner Wasserbetriebe bei 1,2 Millionen Mark, nach der Privatisierung waren es im Jahr 2000 laut den Geschäftsberichten 1,4 Millionen bei der Anstalt des öffentlichen Rechts und bei der Holding 2,2 Millionen. Also eine Verdreifachung der Vorstandskosten. Auch die Aufsichtsratskosten stiegen im selben Zeitraum um fast das Fünffache von 112 Tausend auf 620 Tausend Mark.

Nicht, daß diese zahlreichen und gut belohnten Vorstands- und Aufsichtratsmitglieder sehr erfolgreich waren. Der erste »Erfolg«, den der neue Vorstand der Berlinwasser-Holding verbuchte, war der Verkauf der »Perle« der Wasserbetriebe, des Sekundärrohstoff-Verwertungszentrums Schwarze Pumpe in der Lausitz. Die Abfallverwertungsanlage, die immer noch nicht uneingeschränkt funktionierte, hatte die Wasserbetriebe in der Zwischenzeit über einer halbe Milliarde Mark gekostet. Am 24. Juli 2000 erwarb der amerikanische Konzern Global Energy das Sekundärrohstoff-Verwertungszentrum für 210 Millionen Mark. Eine wahre Sensation, daß überhaupt jemand einen Pfennig dafür ausgeben würde! Ein wahrer Coup!

Auch in der Anstalt des öffentlichen Rechts herrschte beim Management der Drang zum Erfolg. Im Jahr 2000 meldete es 49,6 Millionen Mark außerordentliche Erträge »aus dem Verkauf von Liegenschaften an die Molavia GmbH«. Ein großer auf dem angeschlagenen Berliner Immobilienmarkt.

So erzielten das Management der Wasserbetriebe und der Berlinwasser-Holding im ersten Geschäftsjahr 2000 ein Bombenergebnis mit riesigen Ausschüttungen für alle Beteiligten. Die Vorstände und Aufsichtsräte schwelgten in ihrem Erfolg. Im Jahr 2001 holte die Realität die acht Vorstandsmitglieder und 36 Aufsichtsratsmitglieder der Wasserbetriebe und der Holding aber wieder ein.

Global Energy wollte den Erwerb des Sekundärrohstoff-Verwertungszentrums durch einen Börsengang finanzieren. Doch nach der Krise auf den internationalen Aktienmärkten war dieser Aktienverkauf nicht zu realisieren. Der Kaufpreis floß nicht. Und floß immer noch nicht. Und floß nie. Am 25. Oktober 2001 war die Berlinwasser-Holding erneut der stolze Besitzer ihres Sekundärrohstoff-Verwertungszentrum in der Lausitz. In der Zwischenzeit hatten sich weder die Amerikaner noch die Berliner um die Anlage richtig gekümmert, und die alten Probleme belasteten die Anlage weiter: nicht funktionierende Technik, teure Rohstoffe und fehlender Methanolabsatz. Das Werk konnte mit seinen Umsatzerlösen nicht einmal mehr seine Materialaufwendungen bezahlen, geschweige denn die Personal- und Kapitalkosten.

Der einzige Trost für die Holding waren zwanzig Millionen Euro, die sie von Global Energy im Rückabwicklungsfall erhalten sollten. Aber auch diese Entschädigung löste sich in Luft auf. Sie bestand aus Aktien von Global Energy – Aktien aus dem nicht stattgefundenen Börsengang. Eine großartige kaufmännische Leistung.

Es ist schier unglaublich, daß ein Vorstand ein solches Nicht-Geschäft überhaupt im Jahresbericht 2000 unterzubringen wagt. Daß dieser fragwürdige Handel dennoch darin auftauchte, ist wahrscheinlich ein Beweis für die schlechte Lage in den Wasserbetrieben. Die Wirtschaftsprüfungsgesellschaft der Berlinwasser-Holding, KPMG, war offensichtlich so skeptisch, daß sie den zweifelhaften Verkauf im Bestätigungsvermerk ausdrücklich erwähnt hat.

Der Grundstücksdeal, der zweite große Erfolg der privatisierten Wasserbetriebe, entpuppte sich als kreative Bilanzierungsmethode. Der Erwerber, Molavia, war ein Gemeinschaftsunternehmen der Wasserbetriebe mit der Commerzbank, wobei die Wasserbetriebe eine Stille Beteiligung von knapp 25 Millionen Mark besaßen und sich zusätzlich zu einem Verlustausgleich von zehn Millionen Mark verpflichtet hatten. Im Jahr 2001 mußten die Wasserbetriebe außerdem eine Bürgschaft von 32 Millionen Euro an die Commerzbank geben. Dieses In-Sich-Geschäft ist ein völlig legaler Trick, schnell an Geld zu kommen, um das Jahresergebnis aufzupolieren. Die Wasserbetriebe veräußern ihre Immobilien an die Molavia, die dann einen echten Erwerber sucht. Dabei bleibt das Hauptrisiko bei den Wasserbetrieben.

Eine Tageszeitung berichtete, das Geschäft laufe nicht, nur drei kleine Grundstücke seien an die Molavia veräußert worden und die Preise der Immobilien seien völlig überteuert gewesen, um einen noch höheren Gewinn im Jahr 2000 zu sichern. Das Ganze solle nun mit Millionenverlusten rückabgewickelt werden.

Den Artikel wollten die Wasserbetriebe – wie so viele meiner Fragen – nicht kommentieren.

Am 18. September 2001 schrieb der Vorstand der Berlinwasser-Holding an Berlins Regierenden Bürgermeister Klaus Wowereit. Die Nachricht war bitter. Ohne frisches Kapital sei Ende Oktober »das Gesamtunternehmen« insolvent. »Für den Planungszeitraum 2001 – 2006«, so der Brief, »ergibt sich ein Gesamtkapitalbedarf von circa 380 Millionen Euro.« Dafür sollte das Land als Mehrheitseigentümer für seinen Anteil eine entsprechende Garantieerklärung abgeben, so daß die Holding sich das Geld bei einer Bank leihen konnte. Der Erpressungsversuch blieb nicht unausgesprochen: »Sollte dieses nicht möglich sein, sehen wir das konkrete Risiko eines Rückzuges der privaten Anteilseigentümer aus ihrer Finanzierungsbereitschaft sowie einer unmittelbaren Gefährdung der Zielsetzungen des Teilprivatisierungsmodells.« Nun sollten

Berlins Steuerzahler für das Erbe der Ära Wieczorek und das Versagen der Manager von RWE und »Vivendi« aufkommen.

Eine Bürgschaft von insgesamt 316 Millionen Euro mußte jeweils zur Hälfte vom Land Berlin und den Privatgesellschaftern aufgebracht werden, um die neuen Unheilbringer, die Telekommunikationstochter »Berlikomm« und damit auch die Holding, vor der Insolvenz zu retten. 182 Millionen allein flossen damals, um fällige Schulden der in Schwierigkeiten geratenen »Berlikomm« abzulösen. Ob diese Rettungsaktion wirklich EU-konform war, bleibt eine spannende Frage.

Das kapitalintensive Telekommunikationsunternehmen der Wasserbetriebe war von Anfang an von unrealistischen Umsatz- und Ertragserwartungen ausgegangen, wozu auch ein geschätzter Marktanteil in Berlin von 25 Prozent zählte. Nicht nur war das fehlende Wachstum ein Problem, sondern auch die Tarifstruktur und die Netztechnik. Das »Berlikomm« war wie das Lausitzer Sekundärrohstoff-Verwertungszentrum ein klarer Sanierungsfall.

Doch damit hörten die schlechten Nachrichten nicht auf. Unter der neuen Führung stieg die Holding im April 2000 ins »Multi Utility« Geschäft ein. Es sollte um Paketangebote – Wasserver- und Abwasserentsorgung, Telekommunikation, Wärme, Strom und anderes – gehen. Alles aus einer Hand und mit einer Abrechnung. Im Herbst 2001 war der offizielle Marktstart mit einer großen Werbekampagne der Multi Utility-Anbieter »Avida« in Zusammenarbeit mit der RWE, die den Strom lieferte. Zum Ende des Jahres wurde das Geschäft wegen fehlender Wirtschaftlichkeit eingestellt. Verlust: 14 Millionen Euro. Die Privatisierung entwickelte sich langsam zum Fiasko.

Im Frühling 2002 bemühte sich Berlins Politik zu zeigen, wer Herr im Haus ist. Das Protokoll der Aufsichtsratssitzung der Berlinwasser-Holding vom 29. April ist faszinierend: »TOP 5« beschäftigte sich mit den Themen: »Budget 2002 und Mittelfristigplanung 2002 – 2006«. Wie so oft ging es um die massiven Summen, die die Tochtergesellschaften benötigten. Bei diesem Punkt versuchte Berlins Finanzsenator Thilo Sarrazin offensichtlich den großen Politiker zu markieren: Er erwarte, laut Protokoll, »schlüssige Aussagen zur Strategie und deren wirtschaftlichen Erfolgsaussichten«, sonst gäbe es keine weitere Finanzierung seitens der öffentlichen Hand. Die Vorstände lassen »Berlin-Thilo« wissen, daß die Liquidität der Holding nur bis Ende Mai reicht. Das würde eine Insolvenz der Holding und Rückabwicklung der Teilprivatisierung bedeuten. Anders ausgedrückt: Mund halten und Geld her. Berlins Finanzsenator scheint begriffen zu haben, daß eine konsequente Linie mit einer Blamage enden könnte, die seine Regierung wahrscheinlich nicht überleben würde. Der Aufstand war beendet – Berlin zahlt bis heute brav weiter.

Die Privatinvestoren mußten selbstverständlich als Partner diese Verluste zu 49,9 Prozent mittragen. Das, wie jeder Deutsche im Fall Vodafone erfahren mußte, kann für sie steuerlich sogar vorteilhaft sein. Für Berlins Haushalt ist das ständige Geldnachschießen eindeutig eine Katastrophe.

Für die Zeit 1999 bis 2002 überwies die Anstalt des öffentlichen Rechts 418,3 Millionen Euro, die sie von den Berliner Gebührenzahlern kassierte, an die Holding. 50,7 Millionen Euro davon mußten die Investoren als Verlustausgleich für das Sekundärrohstoff-Verwertungszentrum verwenden. Also bleibt ein Gewinn von rund 368 Millionen Euro. Eigentlich müßten die Investoren RWE und »Vivendi« zusätzlich 211,5 Millionen Euro für weitere Verluste des Sekundärrohstoff-Verwertungszentrums bezahlen, doch diese Summe wird mit einem Verlustvortragskonto verrechnet, das mit Beendigung des Konsortialvertrages – unverzinst – erst in rund 27 Jahren ausgeglichen werden muß. 27 Jahre zinslos! Das ist fast geschenkt.

Die Vorstände erfanden jetzt eine neue Strategie: alle verlustbringenden Töchterunternehmen abzustoßen, um »zum Kerngeschäft zurückzukehren« – Wasserver- und entsorgung in Berlin. Der ganze Mischkonzernbereich, den man in der Zeit von Wieczorek aufgebaut hatte, sollte nun liquidiert werden – koste es, was es wolle.

Das erste war das Sekundärrohstoff Verwertungszentrum Schwarze Pumpe. Auch beim zweiten Verkaufsversuch scheinen die neuen Vorstände und Aufsichtsräte, nach Darstellung des Berliner Rechnungshofs, erneut mit Unfähigkeit geglänzt zu haben. Das Unternehmen wurde im Juli 2002 für einen ganzen Euro an eine wenig bekannte deutsche Firma veräußert. Verglichen mit einer Insolvenz verursachte dieser Handel Mehrkosten von mindestens 11,8 Millionen Euro. Eine Summe, die sich jedoch bis auf 39,4 Millionen erhöhen könnte. Laut Rechnungshof habe der Vorstand dem Aufsichtsrat falsche Zahlen vorgelegt, die den Eindruck vortäuschten, daß der Verkauf kostengünstiger wäre. Wie immer, die Wasserbetriebe haben über die Jahre, so der Rechnungshof, 587 Millionen Euro für das Abenteuer Sekundärrohstoff Verwertungszentrum Schwarze Pumpe aufgewendet.

Die Umstrukturierung der Wasserbetriebe ging Hand in Hand mit einer Neustrukturierung der Vorstände. Nach einer »Reduktion auf das Kerngeschäft« wären acht Vorstände wirklich peinlich, vier scheinen mit einem Mal ausreichend zu sein. Doch inwieweit eine Reduzierung der Vorstandsbezüge stattfand, ist kaum zu erkennen. Im Jahr 2002, als es noch acht Vorstände gab, bezogen sie zusammen 2,059 Millionen Euro. Im folgenden Geschäftsjahr, versicherte Berlins Wirtschaftssenator Harald Wolf (PDS), würden »die derzeit vier aktiven Vorstandsmitglieder 1,234 Millionen Euro einschließlich geldwerter Vorteile beziehen«. Zweifelsohne eine beachtliche Ersparnis. Doch als der Jahresbericht 2003 für die Wasserbetriebe und die Berlinwasser-Holding erschien, fand man im Jahresbericht bezüglich der Aufwendungen für Vorstände und Aufsichtsräte nur Chaos. Die Zahlen der verschiedenen Geschäftsberichte stimmen keinesfalls miteinander überein und mit Wolfs Zahlen sowieso nicht. Diese Diskrepanzen wollten oder konnten die Wasserbetriebe mir auf Anfrage nicht erklären. Dazu kommen die Bezüge der ausgemusterten Vorstände. Die werden bis zum Auslaufen ihrer Verträge weiterbezahlt, was für das Geschäftsjahr 2003 rund 800 Tausend Euro oder 314 Tausend Euro, oder irgendwas dazwischen bedeutet, je nachdem, welche Zahlen aus den Jahresberichten der Wasserbetriebe und der Holding man zugrunde legt. Man kann nur hoffen, daß die Zahlen in den Geschäftsberichten für das Jahr 2003 besser übereinstimmen.

Wie sehen denn nun die Gehälter der Wasserbetriebs-Vorstände aus? Laut Aufsichtsratsunterlagen erhalten die beiden Vorstände, die von den Privatinvestoren ernannt werden, jeweils eine feste Vergütung von 201.065 Euro im Jahr. Dazu kommt eine »variable

Vergütung« von 123.030 Euro und eine »zusätzliche Erfolgsvergütung bei Überfüllung« – wahrscheinlich ist damit die Plan-Übererfüllung – von 25 Prozent gemeint, also bis rund 400 Tausend Euro jährlich plus großzügige Versicherungsleistungen, Altersversorgung und Dienstwagen (Daimler Benz 280 oder ein gleichwertiges Auto). Die anderen beiden Vorstandsmitglieder, darunter der von der Gewerkschaft benannte, bekommen eine Festvergütung von 182.786 Euro, eine variable Vergütung von 111.845 Euro plus die gleichen Extras wie ihre Vorstandskollegen. Bei so vielen Sonderbezügen mag es wohl schwierig sein, genaue Zahlen vorzulegen.

Einen Problemfall gab es noch beim reduzierten Vorstandspersonal: der parteibuchtragende Berliner Staatsanwalt a.D. und nun Vorstand a.D. Dieter Ernst. Im neuen Vorstand war er offenbar überflüssig. Es wurde schnellstens eine Berlinwasser International Aktiengesellschaft (Tochter der Berlinwasser-Holding) ins Leben gerufen, die die nunmehr begrenzten internationalen Wasser-Aktivitäten der Holding entwickeln und steuern sollte. Deren neuer Vorstandschef heißt Dieter Ernst und bezieht weiter sein Vorstandsgehalt. Und das alles unter der Obhut des klassenkämpferischen Aufsichtsratsmitglieds und PDS-Mitglieds Harald Wolf.

Im Laufe der Jahre 2002 und 2003 schloß oder veräußerte die Holding eine Reihe von Betrieben. Dazu zählte die SHW-Gruppe, in der Zwischenzeit zur »WTE Wassertechnik« umgetauft. Die WTE, die sich sowieso erneut im Abschwung befand, brachte nicht das angepeilte Ziel des Buchwerts »in Höhe von 87,6 Millionen Euro zuzüglich einer angestrebten Prämie von 20 – 40 Prozent«, sondern nur achtzig Millionen. Ein typisches Ende für eine typische Berliner Filzgeschichte.

Es blieben nur wenig Tochterunternehmen, und sie machten weiterhin hauptsächlich Verluste. Im Jahr 2003 fuhr die »Berlikomm« erneut ein negatives Jahresergebnis von rund 16 Millionen Euro ein (kumulierte Verluste inzwischen 131 Millionen Euro). Die jahrelange Sanierung greift offensichtlich nicht, auch wenn ein Gewinn für das Jahr 2007 vorhergesagt wird, Zahlen, die wie die Zahlen in der Vergangenheit, wahrscheinlich realitätsfremd sind. Doch, laut einer Studie von »Price Waterhouse Cooper«, sei die »Berlikomm« auch Opfer von ungünstigen Verträgen, Verträgen zum Vorteil anderer. Dazu zählt ein Mietvertrag für 6500 Quadratmeter Bürofläche im Ludwig-Erhard-Haus, eine finanziell fehlgeschlagene Immobilieninvestition der Berliner Industrie- und Handelskammer.

Es stellt sich erneut die Frage, inwieweit Berlins Unternehmen von der Politik in ungünstige Geschäfte getrieben werden, um »Freunden« zu helfen. Der Vertrag, der bis 29. Oktober 2004 läuft, wurde inzwischen gekündigt.

Es wurde entschieden, auch »Berlikomm« zu veräußern. Um einen Verkauf überhaupt zu ermöglichen, übernehmen die Gesellschafter Schulden der »Berlikomm« in Höhe von 180 Millionen Euro, wovon die Hälfte das Land Berlin bezahlen muß. Schon wieder ein Riesenerfolg!

Die Teilprivatisierung kommt die Berliner Wasserkonsumenten nicht billig. Laut Teilprivatisierungsvertrag durften die Wasserbetriebe ihre Preise bis 1. Januar 2004 nicht erhöhen. Der Grund war wahrscheinlich, den Berlinern die Illusion zu geben, daß eine solche Privatisierung auch für sie von Vorteil sei. Doch die garantierte Rendite der Privatinvestoren muß bezahlt werden, und das Land will schließlich auch einen Gewinn erzielen. Dafür fehlt das Geld. Um dies zu erreichen, meinen Kritiker der Teilprivatisierung, müßten die Wasserpreise in Berlin um dreißig Prozent steigen. Einen solchen Preissprung kann sich die Regierung bei der angespannten Lage der Stadt so kaum leisten. Trotzdem sind Anfang 2004 – also bei der allerersten Gelegenheit – die Wasserpreise in Berlin um 15 Prozent erhöht worden. Die anderen 15 Prozent werden über einen Trick realisiert. Da der Gewinn der Wasserbetriebe nicht ausreicht, um den Privatinvestoren die garantierte Rendite auszuzahlen, wird der Fehlbetrag aus dem Gewinnanteil des Landes ausgeglichen. Ob die Investoren ihre Rendite von dem Wasserverbraucher oder dem Steuerzahler bekommen, ist ihnen egal. Für das Jahr 2004 geht die Regierung schon davon aus, daß sie 41,2 Millionen Euro von ihrem Gewinnanteil an die Privatinvestoren überweisen wird. Diese Summe soll sich über die nächsten Jahre reduzieren, das setzt jedoch höchstwahrscheinlich weitere Preiserhöhungen voraus. Die Wasserbetriebe haben schon die Einführung einer Grundgebühr pro Kunde für das Jahr 2005 angekündigt. Eine Preispolitik, die vor allem auf Kosten der vielen Kleinabnehmer geht.

Es stellt sich die Frage, was die Teilprivatisierung dem Land eigentlich gebracht hat? Laut Vertrag zählen zu den Verpflichtungen der Investoren, daß sie »... die Entwicklung der BWB-Gruppe zu einem national und international tätigen leistungs- und wettbewerbsfähigen Unternehmen der Wasserversorgung und Abwasserentsorgung unterstützen und fördern und die insoweit erforderlichen und zweckmäßigen Initiativen ergreifen werden.« Nach der Reduktion auf das Kerngeschäft von Berliner Trink- und Abwasser kann das kaum der Fall sein. Der Vertrag ist in diesem Punkt offensichtlich nicht erfüllt worden. Zu den Verpflichtungen zählt auch, daß »... die BWB-Gruppe auch künftig eine die besonderen Belange des Landes Berlin berücksichtigende eigenständige Unternehmenspolitik betreiben und dabei bestehende Arbeitsplätze erhalten und neue Arbeitsplätze schaffen wird.« Seit der Teilprivatisierung sind bei den Wasserbetrieben über eintausend Arbeitsplätze (fast zwanzig Prozent) abgebaut worden. Weitere Stellen sollen noch gestrichen werden. Mit dem Verkauf und der Abwicklung von fast sämtlichen zusätzlichen Wettbewerbsbereichen (Sekundärrohstoff-Verwertungszentrums, SHW, »Berlikomm«, »Avida«, etc.) ist der größte Teil des Personals verschwunden – entgegen den vertraglichen Vereinbarungen. In der freien Marktwirtschaft würde man ernsthaft überlegen, den Vertrag mit RWE und »Vivendi« wegen Nichterfüllung zu kündigen oder einen hohen Schadenersatz zu fordern. Nicht so in Berlin.

Berlins Wasserkonsumenten dürfen nun für ihre Wasserver- und -entsorgung zwischen acht oder neun Prozent mehr bezahlen wegen der Unternehmenspolitik von Privatinvestoren, die bisher die Geschäfte schlecht – sehr schlecht – geführt haben. Hätte man 1994 einfach ein fähiges Management – jenseits der Berliner Beutegemeinschaft – geholt, hätte es Berlins Steuerzahlern die erwähnten Milliardenabenteuer erspart. Im Laufe der letzten zehn Jahre hätten die Wasserbetriebe allein durch natürliche Fluktuation wahrscheinlich problemlos das Personal auf eine vernünftige Zahl herunterfahren können. Außerdem würden die Wasserbetriebe gänzlich dem Land, also den Berliner Bürgern, gehören. Der

PDS-Parlamentarier Klaus Lederer faßt die Lage in einem einfachen Satz zusammen: »Jetzt haben wir das Scheißding dreißig Jahre an der Backe!«

Die Lage der nicht privatisierten Anstalten des öffentlichen Rechts ist keinesfalls besser, wie das Beispiel der öffentlichen Berliner Verkehrs Betriebe, der BVG, zeigt. Kaum war die BVG von einem Eigenbetrieb zur Anstalt umgewandelt, wollte der SPD-Marktwirtschafts-Matador Joachim Niklas als Finanzvorstand zeigen, wie man ein Unternehmen richtig führt.

Doch die Erfolge blieben aus. Trotz massiver Zuschüsse aus dem Landeshaushalt (allein 420 Millionen Euro im Jahr 2003) fährt die BVG weiterhin immense Defizite ein. Die Anstalt hat Schulden von fast einer Milliarde Euro angehäuft, die auf das Land Berlin als hundertprozentigen Eigentümer zurückfallen.

Berlins heutiger Finanzsenator und BVG-Aufsichtsratsvorsitzender Thilo Sarrazin holte im August 2002 einen neuen BVG-Vorstandsvorsitzenden, dessen Lebenslauf zwar keine Kenntnisse über die Verkehrsbranche erkennen läßt, aber dafür einen klangvollen Namen hat: Andreas Graf von Arnim. Er hatte bei »McKinsey« und anderen Berater- und Dienstleistungsfirmen gearbeitet und im Mai 2001 die IT-Firma »Micrologica« in die Insolvenz geführt.

Zum Amtsantritt Arnims berief der BVG-Aufsichtsrat den SPD-Ticketfahrer Niklas aus dem Vorstand ab. Offiziell hieß es im »gegenseitigen Einvernehmen«, doch da Niklas keinen Auflösungsvertrag unterschreiben wollte, schied er zwar aus, kassierte aber noch bis Ende Mai 2004 sein Gehalt. Daß sich unter von Arnim nicht viel in der Unternehmenskultur der BVG änderte, brachte ein Bericht des Landesrechnungshofes ans Licht. Bei einer Routineprüfung, die am 5. Januar 2004 abgeschlossen wurde, hatte der Rechnungshof entdeckt, daß die BVG 76 Angestellte beschäftigt, »deren Vergütungsbeträge regelmäßig nicht in einem angemessenen Verhältnis zu den jeweils auszuübenden Tätigkeiten stehen«. So verdienten die Mitarbeiter der zweiten Führungsebene der BVG, die acht Direktoren, zwischen 143 und 191 Tausend Euro im Jahr – bis zu 29 Prozent mehr als der Regierende Bürgermeister und bis zu 53 Prozent mehr als ein Senator.

Viele dieser außertariflich bezahlten Mitarbeiter, von denen dreißig sogar in der dritten Führungsebene angesiedelt sind, kommen nicht nur in den Genuß üppiger Gehälter, sondern auch von Extras wie Jahressonderzahlungen oder Dienstwagen. Da es für BVG-Führungskräfte offenbar nicht zumutbar ist, ihre eigenen Busse und U-Bahnen zu benutzen, stehen ihnen achtzig BMW-Limousinen der 5er Serie als Dienstwagen zur Verfügung, die sie selbstverständlich auch privat nutzen können.

Im August entschied sich die BVG zum Teil der Kritik des Rechnungshofes entgegen zu kommen. Wenn die Leasingverträge für rund achtzig Dienstautos dieser Manager auslaufen, werden sie, laut BVG, nicht erneuert. Soweit die gute Nachricht. – Dafür aber werden die betroffenen Mitarbeiter einen finanziellen Ausgleich erhalten.

Die Jahressonderzahlungen wurden laut Rechnungshof großzügig »in nahezu allen Fällen immer in voller Höhe ausgezahlt«.« Ebenso verwunderlich ist die Tatsache, daß die Zahl dieser hochdotierten außertariflichen Beschäftigten steigt, während die BVG radikal die Zahl und, wo immer möglich, auch die Löhne ihrer Mitarbeiter reduziert. Überall in der BVG, wie im öffentlichen Dienst in Berlin, wird radikal gespart. Doch während den gewöhnlichen Mitarbeitern der BVG der rauhe Wind der Marktwirtschaft ins Gesicht bläst, während Überlegungen angestellt werden, das sogenannte »Sozialticket« zu streichen, Tarife in die Höhe schnellen zu lassen (auch die für Schüler), sonnt man sich in den Chefetagen im Paradies der Selbstbedienung.

Als »Spiegel«-Redakteur Michael Sontheimer recherchierte, um welche Personen es sich bei diesen außertariflichen BVG-Angestellten handelt, stieß er auf bekannte Namen: Detlef Untermann, früher Sprecher in der von Klaus Landowsky geführten Berliner Hypotheken Bank, zählt dazu. Untermann, der kurz nach dem Sturz Landowskys im Zuge des Bankenskandals die Berlin Hyp verließ, wurde am 1. Mai 2003 als Leiter einer neu geschaffenen Stabsabteilung »Kommunikationsmanagement« angestellt. Laut Rechnungshof ist Untermann seitdem für »›Synchronisation der Kommunikationsströme der Unternehmenskommunikation‹ und damit vornehmlich für die Pressestelle, für Regierungskontakte und Lobbyarbeit« zuständig. Sein Gehalt samt üblicherweise ausgeschütteter Sonderzahlung liegt bei rund 108 Tausend Euro – ein Dienstwagen noch als Zugabe.

Besonders anstößig für die Rechnungsprüfer war die rasante Karriere der »Persönlichen Referentin des Vorstandsvorsitzenden«. Eingestellt am 7. Oktober 2002 mit einer »Jahresvergütung zunächst auf 50.000 Euro zuzüglich variabler erfolgsabhängiger Jahressonderzahlung«, stieg die Festvergütung der ehemaligen Musical-Schauspielerin und späteren Sekretärin bereits am 1. März 2003 auf 62 Tausend und im Mai nochmals, so daß, wie die Rechnungsprüfer ermittelten, »die auf das gesamte Jahr hochgerechneten Bezüge bei 76.800 Euro« lagen.

Laut »Spiegel«-Redakteur Sontheimer »gilt es im Nahverkehrsunternehmen – vom Vorstand bis zur letzten Sekretärin – als offenes Geheimnis, daß die Referentin den Chef nicht nur auf Dienstreisen nach Athen, Budapest, London, Madrid und Zürich begleitete, sondern ihm über die Tagesarbeit hinaus verbunden ist«. Obwohl von Armin dies dementiert, ging er nicht juristisch gegen Sontheimers Bericht vor. Die Referentin beschwerte sich dafür in einem Brief an »Spiegel Online«, der Artikel habe den falschen Eindruck erweckt, »daß ich meine berufliche Position nur aufgrund amouröser Verstrickung erhielt«.

Der Rechnungshof sieht das naturgemäß etwas nüchterner und verlangte, daß das Gehalt der Persönlichen Referentin auf ein vertretbares Maß zurückgeführt und eine Beschreibung des Aufgabenkreises der Referentin geliefert werde. Bei der BVG wurde daraufhin hektisch nach Tätigkeiten der Referentin gefahndet, die Einstufung und Sonderzahlungen an sie rechtfertigen könnten.

Sontheimer ging weiter als der Rechnungshof und recherchierte auch über Beraterverträge, die Arnim abschloß, zum Beispiel mit Joachim Wöge, den Arnim aus gemeinsamen Zeiten bei Raab Karcher kannte. Demnach bekam Wöge als Geschäftsführer einer für Werbung zuständigen BVG-Tochterfirma Anfang September 2003 ein Tageshonorar von 1400 Euro plus Mehrwertsteuer zugesichert. Ein Dienstwagen, wöchentliche Heimflüge, eine möblierte Wohnung in Berlin (bis maximal 950 Euro) und Mobiltelefon in Berlin kamen hinzu. Dieser Vertrag wurde rückwirkend am 15. Dezember in einen bis Ende August 2004 begrenzten Anstellungsvertrag mit einem Monatsgehalt von 11.800 Euro umgewandelt. Dabei entfielen die Heimflüge und die möblierte Wohnung.

Das war für Wöge kein Beinbruch. Denn drei Tage vorher, am 12. Dezember 2003, hatte er einen weiteren Vertrag erhalten, dieses Mal als Berater zur Restrukturierung des Außenwerbegeschäfts für die BVG selber. Das Beraterhonorar liegt bei 3500 Euro netto pro Woche plus 950 Euro monatlich für Unterbringung und außerdem Reisekosten. Dieser Beratervertrag galt rückwirkend ab Anfang Oktober 2003 und war bis Ende August 2004 begrenzt.

Erfreuliche Post vom BVG-Vorstandsvorsitzenden von Arnim bekam im Dezember 2003 auch Horst Föhr. Der ehemalige Kollege von Thilo Sarrazin aus der Treuhand und Deutschen Bahn hatte dank des Finanzsenators eine regelrechte Glückssträhne. Erst wurde er vom Land Berlin zum Aufsichtsratsmitglied der kommunalen Wohnungsbaugesellschaft »Gesobau« im April ernannt, um im Juni sogar Vorsitzender zu werden, ein halbes Jahr später bekam er bei der BVG einen Beratervertrag »in Fragen der personellen Restrukturierung«, in dem ihm von Arnim zunächst ein Tageshonorar von 2900 Euro zusicherte. Das luxuriöse Honorar wurde allerdings von von Arnim zum Wochensalär umdefiniert – angeblich ein »Mißverständnis«.

Doch der Herr von Arnim, der in den meisten seiner Jobs nicht lange durchhielt, geriet in immer neue Turbulenzen. Zunächst ermittelte die Staatsanwaltschaft gegen ihn wegen Untreue bei der außertariflichen Beschäftigung seiner Referentin. Dann wurden gegen ihn und weitere ehemalige BVG-Vorstände noch Ermittlungen wegen der außertariflichen Anstellung von rund dreißig weiteren Beschäftigten eingeleitet.

In der Situation hatten Arnim zivilrechtliche Auseinandersetzungen gerade noch gefehlt, die er sich durch sein sprunghaftes und inkonsequentes Vorgehen eingebrockt hatte. Anfang 2003 nämlich wollte der BVG-Vorstand Konzepte zum Personalum- und -abbau entwickeln, und dieses Programm sollte mit Bankkrediten umgesetzt werden. Deshalb wurden verschiedene Banken angesprochen, solche Konzepte und Finanzierungspläne vorzulegen. Der Auftrag für »Projekt Antrieb« hatte ursprünglich ein Honorarvolumen von 21 Millionen Euro und sah Kredite von rund einer Milliarde Euro vor. Es scheint, daß das Projekt – wie so oft, aber entgegen internen und EU-Richtlinien – nicht öffentlich ausgeschrieben wurde, angeblich wegen der politischen Brisanz des Projekts. Nach Prüfung der Angebote wurden zwei Anbieter ausgewählt: die West LB und ein Konsortium der Berliner Volksbank mit der Beratungsfirma »Lexington Consulting«.

Letztere sind in Berlin ein äußerst potentes Duo. Vorstandsvorsitzender der Berliner Volksbank ist Karl Kauermann, SPD-Mitglied und ein Mann mit enormem Einfluß in der Berliner Grauzone zwischen Wirtschaft und Politik.

Geschäftsführer und Mehrheitsgesellschafter von »Lexington Consulting« ist Nikolaus Fuchs, der auf den ersten Blick deutlich aus dem Berliner Mittelmaß hervorsticht. Dennoch – oder gerade deshalb – sollte man genau hinsehen, wenn es um öffentliche Gelder geht und Fuchs auftaucht.

Zu zweifelhafter Prominenz gelangte Fuchs im Zusammenhang mit der skandalträchtigen und jämmerlich gescheiterten Bewerbung Berlins für die Olympischen Spiele 2000. Fuchs erkannte damals sofort, daß man so gut wie keine Chancen hatte, die Spiele zu bekommen, wenn man nicht versucht, korrupte IOC-Mitglieder zu kaufen. Fuchs war klar, daß mit einer Bewerbungsgesellschaft der öffentlichen Hand solche schmierigen Geschäfte nicht zu realisieren waren. Deshalb holte er sich, nach eigener Darstellung, das Plazet des damaligen Regierenden Bürgermeisters Eberhard Diepgen dafür, ein privates, öffentlicher Kontrolle entzogenes Bewerbungskomitee zu schaffen, dessen Chef er selbst wurde. Zu seinem Pech wurde allerdings bald bekannt, daß dieses Komitee etwas zu forsch zu Werke gegangen war und sich vor allem »erwischen« ließ: Sie hatten eine Datenbank aufgebaut, in der die sexuellen Präferenzen, der Drogenverbrauch sowie die bevorzugten Geschenke von IOC-Mitgliedern detailliert aufgelistet waren.

Fuchs mußte nun in Schimpf und Schande davonschleichen, ließ sich aber von diesem Fehlschlag nicht lange entmutigen, sondern lernte daraus, daß man bei Geschäften mit der öffentlichen Hand besser im Hintergrund agiert. Als der Bericht des Landesrechnungshofs zu den überhöhten Gehältern der BVG-Mitarbeiter erschien, brach der umtriebige Berater eine Lanze für die »unterbezahlten« Manager der öffentlichen Unternehmen und griff den Landesrechnungshof offen an. Fuchs hatte offenbar wieder einflußreiche Freunde.

So hatte – wie der Zufall eben spielt – Andreas Graf von Arnim, bevor er bei der BVG landete, als freischaffender Berater für »Lexington« gearbeitet. Da paßt es auch ins Bild, daß »Spiegel«-Redakteur Sontheimer von Fuchs erfuhr, daß wiederum Fuchs es war, der Arnim als BVG-Chef ins Gespräch gebracht hatte.

Ebenfalls folgerichtig scheint es da, daß die BVG der West LB für den lukrativen Auftrag für das Personalkonzept eine Absage erteilte. Gleichzeitig rückte Arnim aber von dem Personalabbau-Projekt insgesamt ab und mußte sich auch kritische Nachfragen dazu im Wirtschaftsausschuß des Aufsichtsrates gefallen lassen. Besonders das Aufsichtsratsmitglied Rechtsanwältin Sybille Uken hinterfragte die vielfältigen Beraterverträge, besonders im Zusammenhang mit den vielen teueren Neueinstellungen, die von Arnim zum Teil am Aufsichtsrat vorbei geschlossen hatte. Doch in den Aufsichtsgremien öffentlicher Betriebe in Berlin, so mußte sie lernen, hält man lieber den Mund und winkt unkritisch durch, was der Vorstand macht. Nachdem die Amtszeit des Aufsichtsrates abgelaufen war, sorgten Thilo Sarrazin und Wirtschaftssenator Harald Wolf (PDS) dafür, daß die sozialdemokratische Rechtsanwältin nicht mehr nominiert wurde.

Bevor Arnim die scharfsinnige Aufsichtsrätin loswurde, war das Personalabbau-Projekt, an dem Niko Fuchs arbeitete, schon in ernster Gefahr. Im Februar 2004 konnte sich das Konsortium nicht mehr des Eindrucks erwehren, daß das Projekt »Antrieb« ausgebremst war. Bei einem Gespräch, behauptet Fuchs in einer Klageschrift, soll Arnim erklärt haben, es bliebe ihm keine andere Wahl, aber er könne als Kompensation vielleicht andere Aufträge erteilen. Am 12. Februar 2004 konnte von Arnim vor dem Wirtschaftsausschuß des Aufsichtsrates, in dem unter anderem Sybille Uken saß, deshalb auch wahrheitsgemäß erklären, daß er keinen Vertrag mit »Lexington Consultin« abgeschlossen habe. Gleichwohl hat von Arnim im Wirtschaftsausschuß des Aufsichtsrates erklärt, daß Lieferanten nach der gängigen Praxis das Recht hätten, für geleistete Vorarbeiten einen Ausgleich zu verlangen. Genauso sah es auch Niko Fuchs, der nicht viel später die Anwaltskanzlei Lovells mandatierte, um gegenüber der BVG seine Forderungen durchzusetzen. Die belaufen sich auf schlappe fünf Millionen Euro.

Als ich mir diese Geschichte durch den Kopf gehen ließ, hatte ich das Gefühl – und investigativer Journalismus hat auch viel mit Intuition zu tun –, daß irgendetwas noch fehlte. Es war ein Mosaikstein zu wenig da. Ich kam einfach nicht weiter, wie es so oft ist, wenn man vor einem Berg von Details sitzt. Als ich im Internet surfte, in der Hoffnung, irgendetwas Hilfreiches zu finden, landete ich zufällig auf der Homepage des »Haus- und Grundbesitzvereins Heiligensee e.V.«, einer Bürgerinitiative in Berlin, die gegen einen Autobahnzubringer kämpft. Auf dieser Homepage gab es eine Karikatur von einem Storch, der einen Frosch frißt. Der Frosch, dessen Kopf sich schon zur Hälfte im Schnabel des Storchs befindet, streckt seine Vorderbeine und würgt den Storch, so daß er ihn nicht verschlucken kann. In diesem Moment wurde mir klar, was fehlte und wo die Antwort lag.

Am nächsten Morgen fuhr ich zum Handelsregister und suchte die Akte von »Lexington Consulting« heraus. Als ich auf die erste Seite der Gesellschafterliste umblätterte, fand ich, was ich suchte: »Dr. Staffelt, Ditmar, 01.08.49, Berlin«. Ende des Jahres 2000 hatte Staffelt, damals Sprecher der SPD-Fraktion im Bundestag für Wirtschaft und Technologie, einen Geschäftsanteil mit Nennbetrag von 1900 Mark, rund zwei Prozent der Stammeinlage (58 Prozent besaß Fuchs, den Rest eine Reihe Mitarbeiter von »Lexington«, die wie Staffelt kleinere Anteile besitzen) gezeichnet. Staffelt darf Firmenanteile besitzen, so viel er will. Es stellt sich bloß die Frage, warum dieses Unternehmen so oft in merkwürdige Geschäfte mit der öffentlichen Hand in Berlin verwickelt ist …

Am 29. Januar 2004 erwarb »Lexington Consulting« den Anteil des Wirtschafts-Staatssekretärs Staffelt – zu welchem Preis, ist den Unterlagen nicht zu entnehmen – zurück. Staffelt wird sicherlich gute Gründe haben, warum er seine Anteile zu dieser Zeit veräußerte. Ein Fuchs hinterläßt Spuren.

Über zwei Brücken mußt Du gehen

Berlins Entwicklungsgebiete

In einem solchen Sturm fegt der Sand, wohin er will: in die Augen, die Nase, den Mund. Es brennt auf der Haut. Kein Wunder. Hier sind kaum Bäume, kaum Vegetation – dafür viel Sand. Ich erreiche eine Gruppe von Häusern. Alles scheint unbewohnt. Kein Mensch, nicht mal ein streunender Hund. Plötzlich donnert ein Flugzeug tief über mich hinweg. Ich drücke mich an die Wand eines Hauses – Schutz gegen den Wind, den Sand, die Sonne und den Lärm des Flugzeugs. Kein Mensch scheint sich für diesen kleinen, öden Fleck zu interessieren. Und doch befindet sich ein Vermögen unter meinen Füßen – Hunderte von Millionen. Trotzdem würde sogar George Bush für dieses öde Gebiet kein amerikanisches Leben riskieren – kein einziges. Es gibt kaum einen Menschen, der bereit wäre, den Preis dafür zu bezahlen.

Direkt über meinem Kopf bewegt sich was. Ich gehe ein paar Schritte zurück, um ein altes Transparent, das im Wind gegen die Hausmauer schlägt, zu lesen. Darauf steht: »Sonntagsbesichtigung 11.00 – 13.00 h, Info: www.spandau-terrace.de«. Willkommen im »Quartier Haveleck« des Entwicklungsgebietes Wasserstadt Oberhavel in Berlin.

Die Wasserstadt in Spandau ist das berüchtigste Entwicklungsgebiet des Landes Berlin – und davon gibt es immerhin fünf. Während Experten die sich abzeichnenden Verluste der Entwicklungsgebiete für das Land auf rund 800 Millionen Euro schätzen, kann man eher von weitaus mehr ausgehen.

Das allererste Berliner Entwicklungsgebiet war die Wasserstadt Oberhavel im nordwestlichen Bezirk Spandau, konzipiert schon vor dem Mauerfall im Jahr 1989. Der geistige Vater war der damalige SPD-Bausenator Wolfgang Nagel, und hinter ihm stand sein damaliger Staatssekretär Hans Görler, ebenfalls Sozialdemokrat. Das 206 Hektar große Wasserstadt-Gebiet liegt um eine seenartige Ausweitung der Havel nördlich der Spandauer Zitadelle – es gleicht zu jener Zeit noch einer Stadtrand-Idylle aus wildbewachsenen Uferböschungen, verstreuten Kleingewerbehöfen, Lagerplätzen und -hallen, Industriebrachen und Grundstücken von Wassersportvereinen. Eingenistet in diese Idylle befinden sich die CCC-Filmstudios von Atze Brauner.

Mit der Wasserstadt wollte sich der 1989 gekürte SPD-Senator Nagel gleich ein Denkmal setzen. Hier sollten 18 Tausend Wohnungen für 50 Tausend Bewohner, 30 Tausend Arbeitsplätze und 1,3 Millionen Quadratmeter Gewerbeflächen – ein hochwertiger und attraktiver Lebensraum mit zukunftsträchtigen Arbeitsplätzen – entstehen. Und das alles bis zum Jahr 2004. Gesamt-Investitionsvolumen: zehn Milliarden Mark. Doch dank einer Private-Public-Partnership sollten private Investoren, nicht die öffentliche Hand, die Hauptlast und Risiken tragen. »Sollten« – in Berlin ist dieser Konjunktiv besonders zu beachten.

Das Projekt war zunächst »Top Secret«. Sogar der damalige Koalitionspartner, die Grünen, wußte nichts davon. Nagels Geheimstab war eine Gruppe von fünf Architekten unter dem Decknamen »Leibnizgruppe«, da einer von ihnen sein Büro in der Leibnizstraße in Charlottenburg hatte. Schon die ersten Vorarbeiten der von Nagel angeheuerten Architekten, einschließlich eines Werbefilms und einer Werbebroschüre, kosteten beeindruckende 2,6 Millionen Mark. Ihr Entwurf sah eine enge und hohe Bebauung der Wasserstadt in der Tradition des West-Berliner innenstädtischen Wohnungsbaus vor, wobei aus einer Privatisierung der Ufer für exklusive Wohneinheiten mit Wasserzugang Kapital geschlagen werden sollte.

Weniger exklusiv ging es im Spandauer Bezirksamt zu. Ein paar Mitarbeiter, völlig unbehelligt von den gigantischen Zukunftsvisionen im Machtzentrum der Stadt, hatten sich seit 1988, also vor Nagel, Gedanken darüber gemacht, wie die nördliche Havel-Region (wozu ein Teil des späteren Wasserstadt-Gebietes zählte) in ihrem Bezirk erschlossen und entwickelt werden könnte. Ihr Konzept, »Spandau 2000 X«, sah eine lockere Bebauung mit der gewöhnlichen Berliner Traufhöhe, viel Grün und eine öffentliche Uferpromenade vor. Es war so ausgelegt, daß das große, kontaminierte Industriegebiet im nördlichen Teil der Havel nicht einbezogen war. »Das konnte nur schwierig und teuer werden«, erklärt der

Leitende Baudirektor des Spandauer Stadtplanungsamtes und Kopf von Spandau 2000 X, Walter Göllner. Er betrachtete die Einbindung dieses verseuchten Gebietes in die Wasserstadt-Planung äußerst skeptisch: »Die großen Unternehmen mit Arealen in diesem Bereich – Siemens, Shell, Esso und IVG – haben sich mit Hilfe ihrer Lobby ins Entwicklungsgebiet reingezwängt. Damit stiegen die Preise ihrer Immobilien, und sie konnten die Kosten für die Dekontamination zum Teil auf das Land abwälzen«. Diese Areale, so Göllner, brauchte man eigentlich gar nicht: »Für den entstehenden Wohnungsbedarf nach der Wende bot unser Gebiet mehr als genug Platz«.

Göllners Plan folgte nicht nur einer anderen Planungsphilosophie, sondern kostete im Gegensatz zum Millionen-Entwurf der Leibniz-Gruppe nur rund fünftausend Mark (Göllner: »Hauptsächlich für Filzstifte, Transparentpapier und Kopien.«). Dies entsprach keinesfalls Nagels planerischem Niveau. Zu den Entwürfen aus dem Spandauer Amt meinte der visionäre Senator: »Wir wollen eine Stadt erbauen, Spandau eine Siedlung.«

Nagels Planung der Wasserstadt, konzipiert, als West-Berlin noch an Wohnungsmangel litt, war wegen der Wiedervereinigung der Stadt und der Öffnung des Berliner Umlandes völlig überdimensioniert, wenn nicht überflüssig geworden. Trotzdem lief die Planung weiter, mit dem Ergebnis, daß die Wasserstadt heute außer ein paar Siedlungen die größte Entwicklungsbrache Europas und Milliarden-Kosten vorweisen kann.

Am 10. November 1990 lüftete Nagel das Geheimnis um sein Projekt. Der damalige Bausenator scheute nicht den Vergleich mit den Londoner Docklands, der Pariser Grande Bibliotheque und der Hamburger Speicherstadt und sah schon »Pilgerzüge von Fachleuten« anreisen. »Berlin gibt Impulse für den Städtebau in aller Welt.« Damit der große Wurf gelinge, müsse man eben »nicht kleckern, sondern klotzen«. Hier sollte das größte Immobilienentwicklungsprojekt Europas entstehen. »Wenn wir dieses Projekt nicht schaffen, schaffen wir auch die Olympischen Spiele nicht«, kündigte Nagel später an. Dabei bezog er sich auf Berlins damalige Bewerbung um die Olympischen Spiele im Jahr 2000. Hier hatte Nagel ausnahmsweise einmal recht: Weder die Olympia-Bewerbung noch die Wasserstadt Oberhavel wurden »geschafft«, sondern endeten mit Blamagen.

In der Aufbruchstimmung der Nachwendezeit versprach sich der Berliner Senat – der erwiesenermaßen wenig Ahnung von Wirtschaft und Finanzen hatte – von der Wasserstadt riesige Gewinne, die er nicht den Immobilieninvestoren überlassen wollte. Das Land Berlin sollte selber zum Immobilienspekulanten werden. Die neue Geheimformel hieß »Entwicklungsgebiet«.

Das Vorgehen wurde durch die Paragraphen 165 ff zu städtebaulichen Entwicklungsmaßnahmen des Baugesetzbuches ermöglicht. Das Gesetz erlaubt Kommunen, die Gewerbeparks oder Wohnungsbau auf der grünen Wiese ansiedeln wollen, Grundstücke zu marktüblichen Preisen aufzukaufen, Maßnahmen durchzuführen, um sie baureif zu machen, und mit der dadurch resultierenden Wertsteigerung mit Gewinn an Bauherren weiter zu veräußern. Mit diesem Ertrag konnte man dann die Infrastruktur-Investitionen der Kommune finanzieren. Aus Ackerland mit Preisen von zehn bis zwanzig Mark pro Quadratmeter, das dann als Bauland vermarktet werden würde, könnte ein beträchtliches Plus erzielt werden. Der Gewinn, den sonst private Immobilienentwickler kassieren würden, käme der öffentlichen Hand zugute.

Diese Rechnung konnte in einer Stadt wie Berlin und vor allem zu dem Zeitpunkt kaum aufgehen. Denn dort, wo es ja um bereits ausgewiesenes Bauland ging, hatte man durch den Preiszuschlag für die Wertsteigerung nach dieser Entwicklungsmaßnahme einfach viel zu teure Grundstücke. Warum sollte ein Investor ausgerechnet ein teures Grundstück in einem Entwicklungsgebiet kaufen, wenn ein anderes, vielleicht sogar besser gelegenes, für die Hälfte zu erwerben oder im Speckgürtel Berlins für noch weniger zu ergattern war? Das galt vor allem für die Wasserstadt Oberhavel, die am nordwestlichen Rand der Stadt in einem als wenig attraktiv geltenden Gebiet liegt.

Doch die Politiker und ihre Planer ließen sich von solchen ebenso einfachen wie schlüssigen marktwirtschaftlichen Überlegungen nicht im geringsten irritieren.

Im Juli 1992 fiel die Entscheidung für die Realisierung der Wasserstadt-Pläne: die 206 Hektar an der Havel wurden zum ersten städtebaulichen Entwicklungsgebiet Berlins deklariert. Um das Projekt privatwirtschaftlich führen zu können, wurde einen Monat später die »Treuhänderische Entwicklungsträger Wasserstadt Berlin Oberhavel GmbH« (TET) gegründet. Gesellschafter und damit Public-Private-Partner waren jeweils zu fünfzig Prozent das Land Berlin und die Landesbank Berlin. Beide strotzten keinesfalls vor privatwirtschaftlicher Kompetenz.

Die von der Berliner SPD dominierte Landesbank Berlin, die kurz zuvor aus der Berliner Sparkasse hervorgegangen war, hatte selbstverständlich so wenig Erfahrung in der Immobilienentwicklung wie das Land Berlin. Wahrscheinlich wurde deswegen diese Entwicklungsdienstleistung gar nicht erst ausgeschrieben. Die Landesbank hatte jedoch einen wesentlichen Vorteil. Sie konnte das ganze Entwicklungsgebiet – selbstverständlich mit einer Bürgschaft des Landes – vorfinanzieren. Das heißt, die Finanzierung des Projekts und vor allem die daraus entstehenden Schulden tauchten gar nicht erst im Landeshaushalt auf, sondern wurden in einen Schattenhaushalt ausgelagert – eine optimale »Lösung« angesichts der damals schon zunehmenden Haushaltsschwierigkeiten der Stadt.

Dieses Finanz-Manöver konnte man nur mit einer massiven Fehlinformation rechtfertigen. Schon im Juli 1992 schrieb die Bauverwaltung an die Mitglieder des Abgeordnetenhauses: »Die beteiligten Parteien gehen davon aus, daß sich die Kosten der Entwicklungsmaßnahmen einschließlich der Aufwendungen für Zinsen und … Grunderwerb aus der Differenz zwischen Eingangs- und Ausgangswert … decken lassen.« Also, die Entwicklung in Spandau sollte den Steuerzahler am Ende angeblich nichts kosten und den Landeshaushalt nicht belasten. Einige Monate später war jedoch ein Minus von 102 Millionen Mark im Gespräch. Die schleichende Verteuerung – ein typisches Merkmal der öffentlichen Hand – hatte begonnen.

Um diese ersten, noch positiven Prognosen zu untermauern, wurde einfach behauptet, daß die Grundstücke, die später nach den Entwicklungsmaßnahmen veräußert werden sollten, einen Durchschnittspreis von 700 Mark bringen würden, wozu dann noch weitere 700 Mark als Gegenleistung für die Wertsteigerung ans Land Berlin fließen sollten; insgesamt also 1400 Mark pro Quadratmeter. Welcher Investor solche Preise bezahlen sollte, war nirgendwo in der Planung nachzulesen.

Die Weichen waren gestellt, alle waren in ihren Startlöchern. Das Milliarden-Desaster konnte losgehen. Die Selbstbedienungssaison in der Wasserstadt Oberhavel wurde offiziell für eröffnet erklärt.

Als technischer Geschäftsführer der Wasserstadt wurde Architekt Jürgen Nottmeyer zunächst mit einem Jahresgehalt von 254 Tausend DM inklusive Nebenkosten ernannt. Als Mitglied der Leibniz-Gruppe hatte er in den Jahren 1991 und 1992 allein 940 Tausend Mark Architektenhonorar für Mitarbeit an der Projektentwicklung der Wasserstadt kassiert. Nottmeyer hatte sich in den siebziger Jahren als Referatsleiter der Berliner Bauverwaltung einen Namen gemacht. Dort war er für die Fertigstellung des ICC zuständig: zu dessen Baubeginn waren die Kosten mit 120 Millionen Mark veranschlagt worden, bis zu seiner Eröffnung neun Jahre später hatte der Prestige-Bau aber zirka 1,2 Milliarden Mark verschlungen. 1982 wurde Nottmeyer Geschäftsführer bei der Internationalen Bauausstellung in Berlin, ein Städtebau- und Stadterneuerungsprojekt, das er 1986 verließ, um im privaten Planungs- und Baubereich tätig zu werden. Dort verschwand er für ein paar Jahre. Mit der Wasserstadt begann er sein Comeback im öffentlichen Eldorado.

Den anderen Mitgliedern der Leibnizgruppe wurden Stellen als Planungsdirektoren der Wasserstadt Spandau mit einem üppigen Jahreshonorar von jeweils 114 Tausend Mark jährlich eingerichtet, wobei zusätzliche Architektenleistungen im Entwicklungsgebiet nicht ausgeschlossen waren. In den Jahren 1992 bis 1998 erhielt die Architektengruppe zusätzlich Aufträge zu ihren Vorplanungen von rund 5,9 Millionen Mark von dem Entwicklungsträger TET: alle freihändig, also ohne Ausschreibung, vergeben. In nur sieben Jahren hatten die Architekten 8,5 Millionen Mark kassiert.

Die kaufmännische Führung übernahm eine Enkelin (Tochter einer Tochtergesellschaft) der Landesbank Berlin, die »Grundstückgesellschaft Wasserstadt Berlin-Oberhavel mbH« oder einfach GEG. Diese Aufgabenübertragung erreichte man über einen Kooperationsvertrag, nach dem die GEG die Kosten für die kaufmännischen Mitarbeiter der TET in Rechnung stellte – eine Art Mitarbeiter-Leasing. Im Rahmen dieser Geschäftsbesorgung hatte die GEG eine Vielzahl von Aufgaben inne, darunter den Grundstückserwerb, wobei die GEG das rechtliche und wirtschaftliche Risiko tragen sollte. Doch bei der zu erwartenden hohen Wertsteigerung bei den Grundstücken im Entwicklungsgebiet gab es eigentlich gar kein Risiko. Man brauchte nur die Gewinne einstreichen. Dachte man.

Im Jahr 1992 sollte es in der Wasserstadt Oberhavel richtig losgehen. Es wurde tatsächlich mit einem Architektenwettbewerb für die Siedlung »Quartier Pulvermühle« begonnen. Allerdings war die Siedlung von der kommunalen Wohnungsbaugesellschaft GSW des Landes Berlin schon seit 1986 vorgesehen – Jahre bevor das Entwicklungsgebiet überhaupt konzipiert war. »Mit oder ohne Entwicklungsträger wäre diese Siedlung gebaut worden«, erzählt der damalige Chef der Wohnungsbaugesellschaft. Die Entscheidung fiel keinesfalls schwer. Über neunzig Prozent der Wohnungen wurden sozial gefördert.

Ein zweites Projekt, das anstand, war eine stillgelegte Schultheiss-Brauerei, die das Unternehmen Brau und Brunnen mit Hotel und Wohnungen samt Marina unter der Regie des berühmten Londoner Architekten Richard Rogers umbauen wollte. Dieses Projekt war schon in einer fortgeschrittenen Planungsphase. Spandaus Leitender Baudirektor Walter Göllner meint heute wehmütig: »Wir wollten das Areal aus dem Entwicklungsgebiet raushalten. Das Projekt war schon auf dem besten Weg. Wofür brauchte man das Entwicklungsgebiet? Es konnte nur alles verteuern und verlangsamen«. So ist es auch gekommen. Die Dortmunder Brau und Brunnen war keinesfalls begeistert, besonders bei dem hohen Betrag, den sie dem Land für den Wertsteigerungsausgleich (rund vierzig Millionen Mark) erstatten sollte. Schon 1993 warfen die Dortmunder das Handtuch und gaben das Projekt auf. Ein drittes Vorhaben, die vorgesehene Siedlung »Siemensspitze«, ein Gelände der Firma Siemens im Norden der Wasserstadt, kam auch nicht recht voran.

Der Startschuß wurde abgefeuert – aber die Investoren setzten sich nicht in Bewegung. Im Gegenteil. Viele Firmen auf dem

Gelände des Entwicklungsgebietes nutzten die Gunst der Stunde, um ihre Betriebe dichtzumachen. Mit dem Wegfall der alten West-Berliner Subventionen wollten sie ohnehin ihr Unternehmen schließen oder Personal abbauen. Sie gaben also ihre Grundstücke auf und erhielten dafür großzügige Entschädigung und Umsetzkosten von dem Entwicklungsträger TET. Allein für das Jahr 1994 änderten sich die Prognosen für anstehende Umlagerungen und Entschädigungen von Betrieben von nur sechzig Millionen Mark auf rund 430 Millionen. Der andere Posten, der gewaltig stieg, waren die operativen Kosten für die TET selber, die um fast fünfzig Prozent kletterten. Der Finanzplan stimmte nicht mehr.

Die »Wasserstadt« wußte die Lösung: Die erwarteten Einnahmen über die Wertsteigerungen wurden einfach per Federstrich im Wirtschaftsplan verdoppelt – auch wenn es keine absehbare Nachfrage gab. Als Sahnehäubchen wurden außerdem mit einem weiteren Federstrich die geplanten Infrastruktur-Ausgaben (unter anderem Straßen, Kitas, Wege) des Landes für die Wasserstadt um fast ein Drittel reduziert. Das Jahr 1993 war für die Wasserstadt so auf dem Papier ein blendender Erfolg, in der Realität jedoch eine Katastrophe. Potemkin ließ wieder einmal grüßen...

Trotzdem mußte die »Wasserstadt« und die GEG sich mit den Realitäten ihres Entwicklungsgebietes schnellstens auseinandersetzen. Dazu zählte die Tatsache, daß die An- und Abflugschneise für den Flughafen Tegel direkt über das Gebiet der Wasserstadt führt. Die Flugzeuge fliegen nicht nur niedrig, sie befinden sich im direkten Landeanflug, also kurz vor dem Bodenkontakt. Jeder Immobilien-Experte wird einem erzählen, daß man solche Lagen für eine »Traumwohnung im Grünen« meidet. Die Situation wirkt noch prekärer, wenn man erfährt, daß in einer solchen »Lärmschutzzone 2« Schulen, Altenheime, Krankenhäuser und ähnliches erst gar nicht gebaut werden dürfen.

Der Opposition im Berliner Parlament war offenbar schon im Jahr 1993 klar, daß die Wasserstadt Oberhavel ein Fehlgriff war. Das Wort »Pleite« fiel. Doch Geschäftsführer Nottmeyer ging in eine erkenntnistheoretische Offensive: »Pleite kann man erst sein, wenn man am Ende einer Entwicklung steht.« Vor diesem Hintergrund kann man die Wasserstadt Spandau zu einem der teuersten

Experimente der empirischen Pleiteforschung in der Geschichte der Bundesrepublik erklären.

Das Wasserstadt-Management hatte möglicherweise keine Idee, wie man ein Entwicklungsgebiet erfolgreich aufstellen kann, aber es wußte, wie ein öffentliches Projekt, das von der Abwicklung bedroht ist – und in diesem Fall auch ihre gut bezahlten Jobs – zu retten sei: Man treibt die Ausgaben so schnell in die Höhe, daß das Projekt allein wegen finanzieller Masse nicht mehr rückgängig gemacht werden kann.

Bei ihren Überlegungen zur Siedlung »Quartier Siemensspitze« erhielten sie wahrscheinlich ihre Inspiration. Hier, auf einem Industriegelände im Besitz des Siemens-Konzerns mit Uferlage, gab es eher halbherzige Vorplanungen seitens des Eigentümers, einen großen Wohnkomplex hochzuziehen. Eines der Probleme, die diese Planungen erschwerten, lag auf der anderen Uferseite: dort stand ein riesiges Öltanklager. Und die Siemens-Leute ahnten, daß die Zahl der Menschen, die bereit sind, viel Geld für eine Traum-Wohnung mit Ausblick auf ein Tanklager auszugeben, sehr gering ist.

Nun winkte die Lösung: Man könnte das Tanklager-Grundstück erwerben unter dem Vorwand, dies sei notwendig, um die Investition von Siemens zu ermöglichen. Vielleicht würde dann Siemens tatsächlich auf seinem Gelände investieren. Wenn nicht, war es auch egal. Das Land hätte damit eben ein teures Grundstück, heute bekannt als »Quartier Haveleck«, erworben. Ein Grundstück, das nun auch entwickelt werden mußte.

Die Verhandlungen wegen des Kaufs des Tanklagers mit Esso und Shell begannen also. Die Privaten pokerten brillant, den Wasserstädtlern konnte der Preis eigentlich egal sein. Das Ergebnis war atemberaubend: für das 24,5 Hektar große Areal wurden 215,6 Millionen Mark bezahlt!

Später versuchte Nottmeyer vor einem Ausschuß im Berliner Abgeordnetenhaus den hohen Preis des Tanklagers herunterzuspielen. Es gäbe, erklärte der TET-Manager, einen Einbehalt von 35 Millionen für die Bodensanierung wegen Kontamination. Dazu kam der Schrottwert (120 Tausend Mark) für die Tanks. Das sind nach Abzug dieser beiden Summen trotzdem 736 Mark pro Quadratmeter für ein Grundstück am Rande Berlins direkt in der

Lärmschutzzone 2, wo man von seiner Hollywood-Schaukel aus das Profil der Reifen der über einem fliegenden Flugzeuge bewundern kann. Man muß bedenken, daß zu dem Kaufpreis weitere rund 700 Mark für Wertsteigerung kommen sollten. Und solche gewaltigen Preise in einem Entwicklungsgebiet, wo es mehr Fischreiher als Investoren gab.

Wenn man weiter bedenkt, daß dazu jährliche Zinsen anfielen, so verteuerte sich jeder Quadratmeter um fast fünfzig Mark pro Quadratmeter jährlich. Seit dem Zeitpunkt des Erwerbs sind inzwischen zehn Jahre verstrichen. Grob kalkuliert kostet den Steuerzahler heute der Boden auf der Sandwüste »Haveleck« fast 1250 Mark pro Quadratmeter. Ein Preis, der jährlich ansteigt, da bisher kaum Grundstücke veräußert wurden.

Das Haveleck war nur der Anfang. Allein in den Jahren 1994 und 1995 hatten die TET und das Land Berlin für Grundstücke rund 280 Millionen Mark ausgegeben, die Landesbank-Enkelin GEG – vor ihrer Ablehnung weiterer Grundstückskäufe – fast 153 Millionen. Also waren insgesamt 430 Millionen Mark für Grund und Boden ausgegeben worden, ohne daß Investoren in Sicht waren!

Im Oktober 1994 hatte der technische TET-Geschäftsführer Nottmeyer Verstärkung bekommen. Der Landesbanker Joachim Berger, der auch die GEG führte, wurde zum kaufmännischen Geschäftsführer der TET ernannt. Angesichts dieser Immobilienerwerbs-Orgie zog Berger für die Landesbank die Notbremse. Mit dem Kauf des Öltanklagers und weiterer Immobilien in der Wasserstadt ohne potentielle Investoren waren Berger und die GEG keinesfalls einverstanden. Dieses und andere Grundstücke erwarb dann die TET im unmittelbaren Auftrag des Landes, jedoch von der Landesbank finanziert, die die Zinsen dafür gern kassierte.

Aus dem sich anbahnenden finanziellen Fiasko zog Berger persönlichen Konsequenzen. Vor dem Hintergrund des forcierten Schuldenanstiegs durch Aufkaufen weiterer Grundstücke und auflaufender Zinsen hierfür, des konjunktur- und strukturbedingten Preisverfalls der Immobilien und des fehlenden Investoreninteresses entschloß sich der kaufmännische Geschäftsführer der TET knapp ein Jahr nach seiner Einstellung, die Geschäftsführung der GEG auf eigenen Wunsch zum 30. September 1995 hin aufzugeben. Er blieb allerdings einige Wochen länger als geplant. Angesichts der anstehenden Abgeordnetenhaus-Wahlen im Oktober 1995 interessierte den Aufsichtsratsvorsitzenden – Bausenator Nagel – dabei nur eines: daß der Zeitpunkt des Ausscheidens von Berger nach dieser Wahl und damit möglichst ohne mediales Aufsehen erfolgte, was dann auch so geschah.

Auch das Land Berlin selbst wurde im Rahmen der Wasserstadt-Aktivitäten in ein fragwürdiges Grundstücksgeschäft verwickelt. Auf Eiswerder, einer idyllischen Insel in dem Entwicklungsgebiet, erwarb das Land im Mai 1995 ein Gewerbegelände der Rhenus AG. Nach den damaligen Plänen der TET sollte die Insel zu einem »Freizeit- und Wasser-orientierten Erlebnisraum« werden. Wohnungsbau war nicht vorgesehen. Trotzdem zahlte Berlin für das Grundstück einen Preis, der sonst nur für teure Wohnungsbaugrundstücke gilt. Zusammen mit der Entschädigung durch Enteignung brachte das Land 34 Millionen Mark (fast zweitausend Mark pro Quadratmeter) für die Immobilie auf!

Es wurden in Wasserstadt Spandau nicht nur miserable Immobiliengeschäfte abgeschlossen, sondern Unternehmen verlagert und Berliner Arbeitsplätze vernichtet – alles vom Berliner Steuerzahler subventioniert. Dreizehn der früher an der Havel ansässigen Firmen hatten das Entwicklungsgebiet in den ersten Jahren der »Entwicklung« verlassen und laut Senat 1500 Arbeitsplätze mitgenommen (die Hälfte aus Berlin). Für diese Verlagerungen hatte die TET 161,2 Millionen Mark Steuergelder ausgegeben!

Die Wasserstadt-Chefs rechtfertigten diese Großzügigkeit mit den vielen Arbeitsplätzen, die auf den Baustellen entstehen sollten, die aber als zeitlich befristete Beschäftigungen einen schlechten Ersatz darstellen. Auch die Qualität der neugeschaffenen Arbeitsplätze ließ viel zu wünschen übrig. Bei einer Razzia auf der Havelspitze im April 1997 stellte das Arbeitsamt fest, daß die dort beschäftigten tschechischen Bauarbeiter 2,58 Mark pro Stunde verdienten.

Man fragt sich hier schon, wieso die parlamentarische Kontrolle bei solchem massiven Immobilienerwerb mit öffentlichen Mitteln nicht funktionierte. Die Antwort ist ganz einfach: die Abgeordneten wurden öfters gar nicht erst informiert. Es gab nur eine lapidare Vorlage ans Parlament, daß die TET zwei Grundstücke erworben hätte und die GEG fünf. Von den fast 430 Millionen Mark war nicht die Rede. Auch wenn die Parlamentarier die richtigen Fragen gestellt hätten, wären sie der Wahrheit kaum näher gekommen. Zu dem Tanklager-Areal erklärte Nottmeyer beispielsweise, daß er auf dem Gelände mit einem Verkaufspreis von 1300 bis 1500 DM pro Quadratmeter, »teilweise auch höher«, für Wohnungsbaugrundstücke rechne. Die Parlamentarier scheinen mit der Prüfung solcher zweifelhaften Einschätzungen überfordert gewesen zu sein. Ich habe damals ein paar namhafte Immobilienmakler angerufen. Unter ihnen herrschte Konsens über das Preisniveau: 700 Mark pro Quadratmeter am Wasser, 350 dahinter, wenn überhaupt.

Ohne kräftige Rückendeckung aus den Berliner Verwaltungen wäre eine solche Informationspolitik – besser Desinformationspolitik – nie möglich. Als Jahre später die wahren Zahlen auf den Tisch kamen, konnte die Große Koalition wie erwartet nur noch so argumentieren: Es gibt wegen der immensen Grundstückskäufe kein Zurück mehr.

Bezahlen mußte der Steuerzahler die Rechnung aber nicht sofort. Darum hatte sich Berlins Finanzsenator Elmar Pieroth gekümmert. Er räumte dem Entwicklungsträger das Recht ein, Kommunalkredite (mit Bürgschaft vom Land Berlin) aufzunehmen, um seinen Geldbedarf – nicht nur für Grundstückskäufe, sondern für sämtliche Ausgaben wie Gehälter, Erschließungsmaßnahmen oder Aufträge für Gutachten abzudecken. Hier war ein Schattenhaushalt, der irgendwann auf den Steuerzahler zurückfallen würde. Doch bei den geschönten Planzahlen der Entwicklungsträger war von einem Defizit kaum etwas zu erkennen. Demnach sollten sich immer noch am Ende die Ausgaben und Einnahmen fast ausgleichen. Die operativen Zahlen erzählten aber eine andere Geschichte: Von den 341 Millionen Mark Ausgaben der TET im Jahr 1995 waren 290 Millionen durch Kreditaufnahmen finanziert.

In März 1995 konnte die TET endlich einen Erfolg melden. Siemens hatte angeblich einen Vertrag abgeschlossen und würde bald auf der Havelspitze bauen. »Wir bauen eine Vorzeigestadt« jubelte Nagel und bezeichnete das neue »Quartier Siemens Havelspitze« als »Flaggschiff« der Wasserstadt. Doch spätestens, als der Name sich in »Quartier Havelspitze« verschlankte, hätte man mißtrauisch werden müssen.

Siemens war nämlich eher ein Scheinbeteiligter. Die tatsächliche Kraft hinter dem Projekt war die Landesbank Berlin, die über einer Tochterfirma die Grundstücke von Siemens abgekauft hat. Das Projekt wurde rentabler gemacht, indem die geförderte Wohnungsbauquote von den ursprünglich geplanten vierzig Prozent auf das Doppelte erhöht wurde.

Wegen der hohen Infrastrukturkosten, die an die TET bezahlt wurden, und des mißratenen Konzepts der Stadtplaner der Leibniz-Gruppe war das Projekt trotzdem nicht wirtschaftlich. Es entwickelte sich von Anfang an zum Mißerfolg mit hohen Leerständen und hoher Fluktuation. Selbst die Anfangsmiete im Sozialen Wohnungsbau bei Erstbezug war in der Havelspitze höher, als im vergleichbaren freifinanzierten Wohnungsbau.

Die Landesbank tat das, was sie mit so vielen ihrer schlechten Immobilien damals getan hat: sie verlagerte sie in ihre Immobilienfonds. Dort blieben sie nicht lange versteckt. Mit dem Kollaps der Bankgesellschaft im Jahr 2001 gab das Land eine Bürgschaft für die Fonds ab, wobei die Mietausfälle – wie bei der Havelspitze – vom Berliner Steuerzahler ausgeglichen werden. Schlimmer noch, in weniger als zwanzig Jahren ist das Land verpflichtet, die Immobilien für den Ausgangspreis, eventuell sogar mehr, von den Anlegern zurückzukaufen.

Zusammengefaßt: Berlin hat das gesamte Risiko der Havelspitze getragen. Das Quartier, das privaten Anlegern gehört, wurde mit öffentlichen Geldern baureif gemacht, die Infrastruktur finanziert, mit geförderten Wohnungen höchstmöglich subventioniert, das Öltanklager, das den Ausblick verdarb, abgeräumt und zwei Brücken dafür errichtet. Am Schluß bezahlt das Land auch die Mietfehlbeträge an die Fondsanleger und später kauft es die Immobilien zu überteuerten Preisen zurück. So sieht Public-Private-Partnership in Berlin aus.

Die Wasserstadt Oberhavel konnte lediglich zwei Großinvestoren vorweisen, die aber beide aus dem öffentlichen Bereich kamen: eine städtische Wohnungsbaugesellschaft in der Pulvermühle und die Landesbank. Beide bauten vor allem wegen der massiven Subventionen durch den hohen Anteil an sozial-geförderten Wohnungen. Weit und breit war jedoch kein Privatinvestor zu sehen.

In der Zwischenzeit war etwas eingetreten, was bei Entwicklungsgebieten vom Gesetzgeber gar nicht vorgesehen war: die Immobilienpreise in Berlin befanden sich im freien Fall. Das finanzielle Konzept der Entwicklungsgebiete basierte jedoch schlicht und einfach auf steigenden Grundstückpreisen. Das Desaster steigerte sich. Die Grünen und die PDS liefen Sturm, doch SPD und CDU wollten keinesfalls aufgeben, es wurde weitergemacht.

Es gab zwar einen Aufsichtsrat bei der TET, aber bei näherer Betrachtung wird klar, warum der nicht allein schon aus kaufmännischer Vernunft eingriff: Vorsitzender war zunächst Wolfgang Nagel, der visionäre Bausenator und Vater des Projekts. Stellvertretender Vorstandsvorsitzender war Ulf Wilhelm Decken aus dem Vorstand der Landesbank Berlin. Decken wurde sogar später Chef der Landesbank und trägt eine wesentliche Mitverantwortung für den Niedergang des Geldinstituts. Für seine Bank war die Wasserstadt eine Cash-Maschine.

Die meisten anderen Aufsichtsratsmitglieder entstammten der Landesbank oder der Senatsverwaltung, wie Günter Fuderholz, damals Leiter der Abteilung Wohnungsbau und Stadterneuerung in der Berliner Bauverwaltung, der für die operative Kontrolle der Wasserstadt seitens des Landes zuständig war. Fuderholz war auch für den geförderten Wohnungsbau verantwortlich, womit die Wasserstadt großzügig ausgestattet wurde. Der SPD-Mann Fuderholz, den Nagel von der Kreuzberger Stadterneuerungsgesellschaft S.T.E.R.N. in die Bauverwaltung holte, kannte den Wasserstadt-Geschäftsführer Nottmeyer aus früheren gemeinsamen Zeiten bei der Internationalen Bauaußtellung.

Im Jahr 1995 gesellte sich noch eine wahrlich schillernde Figur dem Aufsichtsrat zu: Hans Görler. Görler, SPD-Mitglied, wurde 1965 Mitarbeiter der Berliner Bauverwaltung. Im Jahr 1989 ernannte Nagel seinen Parteigenossen zum Staatssekretär. Schon 1991 ließ sich Görler für zehn Jahre beurlauben (bei Beibehaltung seiner Pensionsansprüche), um es in der freien Marktwirtschaft auszuprobieren. Dort kam er nie an. Stattdessen wurde er Geschäftsführer bei der kommunalen Wohnungsbaugesellschaft »Gehag«. Dort war er für das berüchtigte Debakel um die »Gehag«-Promifonds mitverantwortlich. Görler verließ die »Gehag« 1995 – unzufrieden mit seinen Gestaltungsmöglichkeiten.

Görler kam Nagel zu Hilfe, als die Entwicklungsgebiete nicht so richtig anliefen. Er war entscheidend bei der Einfädelung des Deals, wonach das Siemens-Gelände bebaut werden könnte, und rettete somit seinen ehemaligen Chef vor einer Blamage. 1995 wurde Görler Mitglied in drei Entwicklungsgebiets-Aufsichtsräten, darunter die Wasserstadt Oberhavel. Er stieg schnell auf zum Geschäftsführer der Bankgesellschafts-Tochter IBG, die mit ihren fragwürdigen Immobilienfonds für den Kollaps der Bank verantwortlich war. Er war außerdem Geschäftsführer für andere Immobilien-Töchter der Landesbank, darunter einige, die mit der Wasserstadt befaßt waren.

Görler war ein alter Kollege von Nottmeyer aus der Berliner Bauverwaltung, er, so behaupten Insider, habe Nottmeyer sogar auf den gut bezahlten Geschäftsführer-Stuhl der Wasserstadt gehievt. Görler und Fuderholz kannten sich auch aus gemeinsamen Bauverwaltungszeiten.

Eigentlich kann man bei fast jedem Mitglied des Aufsichtsrats etwas zu seiner Einbindung in die Politik oder die Bank oder beides erzählen. Man könnte den Eindruck gewinnen, daß der Aufsichtsrat der Wasserstadt eher einer Versammlung von alten Kumpanen als einem Kontrollorgan ähnelte. Aber selbst wenn ein eher kompetenter Aufsichtsrat an seiner Stelle gewesen wäre: es gibt wenig Gestaltungsmöglichkeiten, wenn es an Investoren fehlt. Es blieb also als einzig mögliche Aufgabe, den Schaden zu begrenzen und das Entwicklungsgebiet abzuwickeln. Das tat dieser Aufsichtsrat aber nicht.

Im Sommer 1995 kam endlich der erste große Durchbruch der Wasserstadt – und der bislang letzte. Auf dem ehemaligen Schultheiss-Gelände, wo Brau und Brunnen vorher aufgegeben hatte, erwarb die Bayerische Beamtenversicherung gemeinsam mit der Immobilienentwicklungsfirma Kaaf das Gelände. Doch waren auch hier bei 661 vorgesehenen Wohnungen rund siebzig Prozent sozial gefördert. Der Preis, der für das Grundstück bezahlt wurde, entsprach nicht annähernd den von Nottmeyer prophezeiten 1400 Mark pro Quadratmeter.

Jahre später kam heraus, daß das Projekt auf dem Schultheiss-Gelände nicht ganz auf kaufmännischem Kalkül basierte. Die Chefs beider beteiligter Firmen, Berthold Kaaf und Klaus Dieter Schweickert (Bayerische Beamtenversicherung) befanden sich 1999 in Untersuchungshaft. Es ging um mehrere Vorwürfe der Bestechung. Das System war einfach: die Bayerische Beamtenversicherung unter der Führung von Schweickert hatte Bauprojekte von Kaaf mitfinanziert, wodurch Kaaf ein volles Auftragsbuch hatte und Schweickert persönlich Millionen von Kaaf bekam – eine kleine Geste der Dankbarkeit. Bei dem gemeinsamen Projekt in der Wasserstadt habe, nach Aussage von Kaaf, Schweickert rund eine Million Mark Schmiergeld gefordert. Wegen mehrerer solcher Geschäfte wurde Kaaf zu vier Jahren und zehn Monaten, Schweickert zu sechs Jahre Haft verurteilt. Nicht in Berlin, sondern in Bochum.

Es schien, als ob nichts diese »Berliner Wirtschaft« aus dem Gleichgewicht bringen könnte. Im Oktober 1995 fanden erneut Wahlen in Berlin statt mit einem Rekordergebnis für die CDU. Nun waren die Christdemokraten in der Bauverwaltung am Ruder unter dem neuen Bausenator Jürgen Klemann. Es änderte sich nichts am Vorgehen in den Entwicklungsgebieten – wie der Bau einer Brücke gut illustrierte: Im Haushalt 1995 plante die Bauverwaltung unter SPD-Führung Ausgaben für zwei Brücken (geplante Kosten rund 100 Millionen Mark) über die Havel ein, um die zwei Hälften der Wasserstadt zusätzlich zu einer schon existierenden Brücke zu verbinden. Seltsamerweise lagen die beiden geplanten Brücken nur ein paar hundert Meter voneinander entfernt und führten direkt ins Gebiet Haveleck, für das es immer noch keine Investoren gab.

Erst wurde eine zweispurige »kleine« Brücke samt Bürgersteig gebaut, die TET bezeichnete sie einfallsreich als »langsame Brücke« oder »Verweilbrücke« und erklärte: »Hier soll es keinen Durchgangsverkehr geben«. Geplant waren Kosten von 35 Millionen Mark. Diese Summe wuchs, laut TET, auf 44 Millionen an. Berlin besaß somit dank der Wasserstadt die teuerste Fußgängerbrücke der Republik. Diese war im Zusammenhang mit der zweiten Brücke außerdem völlig überflüssig und wurde wahrscheinlich deswegen als erste gebaut, damit sie später nicht gestrichen werden konnte.

Die zweite, völlig überdimensionierte Brücke – so eine Brücke kann man über die Londoner Themse lange suchen – war vierspurig mit zusätzlichem Platz für zwei Tramgleise – eine Tramlinie, die natürlich nicht gebaut wird – plus großzügig ausgelegten Bürgersteigen. Obwohl viele S- und U-Bahnhöfe Berlins keine Fahrstühle besitzen, ist diese Brücke mit gleich zweien ausgestattet, der eine bringt einen direkt in die Sandwüste des Havelecks – ein wahres Abenteuer für Benutzer von Rollstühlen und Kinderwagen.

Berlins Landesrechnungshof hatte sich schon im Oktober 1998 gegen den Bau der zweiten, der »großen«, Brücke (Kosten siebzig Millionen Mark) ausgesprochen: »Das zu entwickelnde Vertragsgebiet ist durch die ›Südbrücke‹ (die Verweilbrücke) hinreichend verkehrlich erschlossen«. Wie so oft, wurde der Landesrechnungshof einfach ignoriert. Der CDU-Senator setzte das Geschäft seines SPD-Vorgängers fort.

Die folgende Episode im Zusammenhang mit der Wasserstadt zeigt, wie Kriegsbeute in Berlin verteilt wird: Robert G. studierte Germanistik in München, wo er außerdem seine erste Medienerfahrung beim Bayerischen Rundfunk und der »Süddeutschen Zeitung« sammelte. Nach Abschluß seines Studiums im Jahr 1994 wollte er etwas anderes als München erleben und suchte Arbeit in Berlin. Dort ergriff er die Initiative. Mit einem Handbuch der Medienunternehmen in der Hauptstadt wählte er dreißig Firmen aus und schrieb Bewerbungsbriefe. Eine Firma namens »bpi« reagierte. Was der junge Mann aus München nicht wußte war, was sich hinter dem Kürzel verbarg: Die »Berliner Presse- und Informationsdienste Verlags- und Werbegesellschaft mit beschränkter Haftung«, das Medienbüro der Berliner CDU, damals unter Führung von Konrad Wilczek.

G. bekam einen Anruf von der bpi und erhielt einen Termin für ein Bewerbungsgespräch mit dem bpi-Chef Wilczek, gesucht wurde jemand für den anlaufenden Wahlkampf, der im Herbst 1995 anstand. G., der eigentlich nicht im politischen Bereich arbeiten wollte, sah darin eine befristete Arbeitsstelle, die die Rechnungen des alltäglichen Lebens bezahlte und vielleicht eine Möglichkeit bot, Kontakte zur Wirtschaft zu knüpfen. Sein Gesprächspartner spürte sein Zögern und beruhigte ihn mit dem Satz: »Wenn Sie mit der CSU klargekommen sind, werden Sie kein Problem mit der CDU haben«.

G. gab sein Bestes, die CDU erzielte ein hervorragendes Ergebnis. Nun wurden die Posten unter den Wahlkampfmitarbeitern verteilt: G.'s zwei Kollegen wurden Senatspressesprecher, Wilczek sprach auch G. an, der aber in der Wirtschaft, nicht der Politik arbeiten wollte. Kein Problem, meinte der CDU-Mann, es gäbe eine freie Pressesprecherstelle in einem Entwicklungsgebiet.

Zunächst mußte G. sich bei der Landesbank Berlin, die an dem Entwicklungsgebiet »Wasserstadt Rummelsberger Bucht« mit zirka fünfzig Prozent beteiligt war, bewerben. Er bekam einen Termin und marschierte mit seiner Bewerbungsmappe zur Landesbank in die Berliner Straße in Wilmersdorf. Die hätte er zu Hause lassen können: »So ein Bewerbungsgespräch habe ich noch nie erlebt«, erinnert sich G.: »Er fragte mich gar nichts. Es war eher ein Rekrutierungsgespräch. Er erzählte mir, wie toll meine Stelle sein wird«.

Daraufhin hatte G. einen Termin mit den damaligen Geschäftsführern des treuhänderischen Entwicklungsträgers der Rummelsburger Bucht: »Es war vernichtend, es wirkte, als ob sie mich gar nicht wollten«, meint G. heute. Als er gehen wollte, sprach ihn die Prokuristin des Entwicklungsgebietes an, er solle sich keine Sorgen machen, »alles würde laufen«. Am 1. November 1995 begann G. als Pressesprecher des Entwicklungsgebiets Rummelsburger Bucht, als Angestellter der Landesbank Berlin. G. arbeitete einige Jahre dort, auch nachdem die Entwicklungsträger der Rummelsburger Bucht und der Wasserstadt Spandau zu einer Gesellschaft fusioniert wurden.

Daß politische Parteien in Berlin Staatssekretärs- und Senatspressesprecherstellen bei einem Wahlsieg nach Parteizugehörigkeit besetzen, scheint zum politischen Alltag zu gehören. Doch daß sie bis in die Landesbank oder ein Entwicklungsgebiet hineinwirken, war mir neu. Das sind Wirtschaftsunternehmen, die öffentliche Gelder verantworten, also keine politischen Aufgaben. Mit G. hatte man jemanden mit tatsächlichen Fachkompetenzen – aber in anderen Fällen?

Kurz nach G. kam Ende März 1996 ein neuer kaufmännischer Geschäftsführer auf Vorschlag von Hans Görler zur TET: Uli Hellweg. Er war gemeinsam mit Nottmeyer und Fuderholz früher bei der Internationalen Bauausstellung beschäftigt, zuständig für die Betreuung von Selbsthilfegruppen bei der Altbauerneuerung, und später bei der Nachfolgegesellschaft S.T.E.R.N. 1992 wurde er parteiloser Stadtbaurat in Kassel auf Vorschlag der SPD. Er kehrte kurz vor Ablauf seiner Amtszeit zurück nach Berlin als Mitarbeiter der Landesbank. Hellweg ist Stadtplaner und kommt also keinesfalls aus dem kaufmännischen Bereich. Erfahrungen in der freien Wirtschaft konnte er kaum vorweisen, eher im Berliner Bau- und Verwaltungsdschungel.

Jetzt war das Wasserstadt-Ensemble komplett: Nottmeyer, Hellweg, Fuderholz und Görler. Vier Männer mit großer Erfahrung im Berliner Verwaltungs- und Baugeflecht, die jetzt das Schicksal eines Milliardenprojekts bestimmten. Kein einziger konnte die entsprechende Erfahrung für ein solches Unternehmen vorweisen. Hier waren eher Männer am Werk, die mit den entsprechenden politischen und verwaltungstechnischen Hebeln ein längst gescheitertes Projekt am Leben zu erhalten wußten.

Im Juni 1996 kam der erste Dämpfer für das Quartett. Der Senat mußte wegen der rapide steigenden Schulden des Landes die Bremse in den Entwicklungsgebieten ziehen. Es wurde beschlossen, die geplanten Maßnahmen, die auch viel Geld unmittelbar aus dem Landeshaushalt im Anspruch nahmen, bis 2010 zeitlich zu strecken. Obendrein sollte der Anteil des sozial geförderten Wohnungsbaus in den Entwicklungsgebieten auf nur dreißig Prozent heruntergefahren werden. Damit war eigentlich das Ende der Wasserstadt eingeläutet.

Wenige Monate später wurden die Mitglieder des Bauausschusses des Berliner Parlaments von der TET zu einer Herbst-Bootsfahrt durch die zukünftige Wasserstadt Oberhavel eingeladen. Bei dieser Gelegenheit erhielten sie einen kurzen Bericht: »Erläuterung zur Stadtwirtschaftlichkeit«, der TET. Daraus entnahmen die Abgeordneten zu ihrem Schrecken, daß allein die Zinskosten für die Wasserstadt bis zum Abschluß des Entwicklungsgebietes im Jahr 2010 auf über eine halbe Milliarde Mark steigen würden – und damit entgegen den ersten Berechnungen auf das Zehnfache. Das lag daran, daß der Entwicklungsträger TET ein Kreditvolumen von mittlerweile rund 600 Millionen Mark vor sich herschob. Die vorgesehene Zinszahlung für das folgende Jahr, 1997, lag allein bei 38 Millionen Mark. Weitere Kreditaufnahmen waren geplant (1997: 118 Millionen Mark).

Dadurch rechnete die TET plötzlich mit einem Gesamtverlust von rund 570 Millionen Mark statt der bisher angegebenen 102 Millionen beim Abschluß des Entwicklungsgebietes. Diese trotzdem noch optimistische Zahl beruhte einzig und allein darauf, daß das Wasserstadt-Management trotz dramatischen Verfalls der Immobilienpreise in Berlin immer noch höhere Einnahmen aus Grundstücksverkäufen einsetzte.

Zusätzlich zur zeitlichen Streckung der Entwicklungsgebiete und Reduzierung des Anteils sozial geförderter Wohnungen wollte der Senat, daß die Entwicklungsgebiete sich an die tatsächliche Wohnungsnachfrage der Stadt anpaßten: weg vom hohen, engen Geschoßbau hin zu kleineren, aufgelockerten Häuser-Ensembles mit viel Grün dazwischen. Während andere Planer wegen dieser neuen Vorgaben wahrscheinlich auf insgesamt weniger zukünftige Wohneinheiten in der Wasserstadt gekommen wären, konnten die »Wasserstädter« mit Leichtigkeit die Zahl steigern. Statt 12.700 Wohnungen sollten nun 14.209 gebaut werden. Dies sei durch die »Dichtereduzierung« möglich, wodurch die Einwohner weniger Grünflächen benötigten und damit mehr Baufläche vorhanden sei! Und wo es mehr Wohnungen gibt, fallen auch mehr Einnahmen ab – jedenfalls in der virtuellen Berechnungswelt der Wasserstadt-Manager.

Die Wasserstadt hatte in der Zwischenzeit massive Schulden wegen unnötig erworbener Grundstücke angehäuft. Es war allen, die es wissen wollten, eindeutig, daß die Wasserstadt kaum Investoren anziehen könnte. Schlimmer noch, ohne den hohen Anteil an sozial geförderten Wohnungen würde es weder in der Wasserstadt noch in den anderen Entwicklungsgebieten weitere große Wohnungsbau-Investitionen geben. Selbst in der Bauverwaltung bezeichnete man Großprojekte wie die Havelspitze als »Kathedralen in der Wüste«.

Hellweg und Nottmeyer sahen die Ursachen für das sich abzeichnende Finanzdebakel anderswo. Schuld seien der Verfall der Bodenpreise, die Verlängerung der Entwicklungszeit bis 2010 und die Senatsentscheidung, die Subventionierung von Sozialbauten zugunsten des freifinanzierten Wohnungsbaus zu reduzieren. Weitere Schuld hatten die Journalisten.

Im April 1997 erstellte ich zusammen mit Christian Booß einen Beitrag über die Wasserstadt für die politische Magazinsendung »Klartext« des damaligen ORB. Der Beitrag stellte die negative Entwicklung der Wasserstadt dar. Gleich nach der Ausstrahlung kam Post von den Anwälten der TET im Namen von Hellweg und Nottmeyer mit der Aufforderung zur Verlesung einer Gegendarstellung bei der nächsten Klartext-Sendung. Diese Gegendarstellung beinhaltete eine völlig verzerrte Interpretation der Wasserstadt-Situation. Es wurde beim ORB entschieden, diese Gegendarstellung nicht vorzulesen und Hellweg und Nottmeyer klagen zu lassen. Das wäre mit den Unterlagen, die wir besaßen, höchst interessant gewesen. Eine Klage kam nicht.

Ein Punkt, der Hellweg und Nottmeyer in unserem Bericht besonders wurmte, war jene Tatsachenfeststellung: »Bislang sind Investoren nur für ein Viertel des Geländes gefunden worden, trotz Wassernähe.« Hier wollten die beiden Manager klarstellen: Hierdurch würde »der Eindruck erweckt, daß es bei der Vermarktung der Wasserstadt Oberhavel zu zeitlichen Verzögerungen gekommen ist. Das ist unrichtig. Die Vermarktung des Geländes liegt uneingeschränkt im Zeitplan.«

Der Selbstdarstellungsbroschüre der TET vom Oktober 1996 ist zu entnehmen, daß es zu der Zeit angeblich 3524 vertraglich gesicherte Wohneinheiten – die also definitiv gebaut würden – für die Wasserstadt gab. In einem weiteren Bericht vom Dezember 2002 – also sechs Jahre später – schreibt die Wasserstadt von 3602 fertiggestellten Wohnungen. Das heißt: 78 Wohnungen oder 13 zusätzliche Wohnungen pro Jahr wurden über sechs Jahre errichtet. Keine Leistung, auf die man stolz sein sollte. In der Zwischenzeit kann die Wasserstadt Oberhavel allerdings behaupten, daß sie sogar Investoren für weitaus mehr als ein Drittel des Geländes gefunden hat. Diese günstig erscheinende Quote erklärt sich aber daraus, daß die vorgesehene Anzahl der Wohnungen von 14.209 (so die Planung 1996) im Oktober 2003 auf 9500 reduziert wurde. So schafft man Erfolge!

Einige andere Beispiele: In einem Bericht im Juni 1997 für das Abgeordnetenhaus zur Wasserstadt steht: »Weitere drei Vereinbarungen mit insgesamt 1126 Wohneinheiten stehen kurz vor der Unterzeichnung«, mit einer Wertsteigerungszahlung an die TET von 66,7 Millionen Mark. Im Wirtschaftsplan 1998 sucht man vergebens danach. Im Wirtschaftsplan 1997 ist von der Veräußerung von einem Grundstück an die Firma Terra für 12,3 Millionen Mark zu erfahren. Zwei Jahre später wird in einer Unterlage kurz erwähnt, daß Terra das Projekt zurückgezogen hat. Im Jahr 1998 wird berichtet, daß die Firma Otremba Baubetreuungs-GmbH eine Seniorenresidenz in der Wasserstadt bauen sollte. Daraus wurde auch nichts.

Im März 2000 beauftragte der Hauptausschuß im Berliner Abgeordnetenhaus den Landesrechnungshof mit der Prüfung der von den Entwicklungsgebieten angekündigten Grundstücksverkaufszahlen und Zahlungen durch Wertsteigerung in ihren Wirtschaftsplänen für das Jahr 2000. Das Ergebnis war vernichtend. Bei der Wasserstadt Oberhavel erklärte der Rechnungshof die vorhergesagten Grundstücksverkaufe von dreißig Millionen Mark für fraglich und war der Meinung, daß sie sich gar nicht materialisieren lassen würden. Bei allen fünf Entwicklungsgebieten konstatierte der Landesrechnungshof, daß von den insgesamt 193 Millionen Mark prognostizierter Einnahmen in den Bereichen Grundstücksverkäufe und Wertsteigerungszahlungen mit »lediglich 35 Millionen Mark« – nicht einmal zwanzig Prozent – fest zu rechnen sei. Im günstigsten Fall kämen 22,5 Millionen dazu.

Die an Potemkin oder an die Planerfüllungsbehauptungen der DDR erinnernde Praxis märchenhafter Erfolgsmeldungen trieb wundersame Blüten, wie Berlins Landesrechnungshof einige Jahre später feststellte. Im September 2001 hatte der damalige treuhänderische Träger des Landes im Entwicklungsgebiet Johannisthal/Adlershof im Bezirk Treptow ein Grundstück zum stolzen Preis von 5,6 Millionen Euro an den Investor Grundkonzept verkauft. Darauf sollte ein Büro- und Einkaufszentrum entstehen. Ein schöner Erfolg. Der Investor zahlte die Kaufsumme und baute zügig drauflos. Soweit der Schein.

Weniger bekannt war die Tatsache, daß der treuhänderische Entwicklungsträger selber einen Generalmietvertrag für die Bürofläche von fast neuntausend Quadratmeter und 104 Tiefgaragenstellplätze über eine Laufzeit von 65 Monaten unterschrieben hatte.

Die Ursache war einfach: der ursprüngliche Bauherr war abgesprungen und der neue Investor, die Firma Grundkonzept, mußte die Planungsvorgaben des Entwicklungsträgers übernehmen. Grundkonzept hatte keinen Mieter für die Büroflächen und hätte keinesfalls bauen können, da keine Bank ein solches Bauvorhaben ohne feste Mietzusagen finanziert. Doch das Entwicklungsgebiet brauchte eine Erfolgsgeschichte. Der Generalmietvertrag, der laut Grundkonzept Chef Wolf-Dieter Wolf angeblich auch dem ursprünglichen Bauherrn angeboten worden war, machte es möglich. Dieser Mietvertrag wurde vom damaligen Steuerungsausschuß (eine Art Aufsichtsrat) des Entwicklungsträgers unter dem Vorsitz des SPD-Staatssekretärs Frank Bielka, der im Jahr 2003 zu seinem Karrieresprung in eine städtische Wohnungsbaugesellschaft angesetzt hatte, genehmigt.

Der einzige Haken daran ist, daß der gegenwärtige Entwicklungsträger Schwierigkeiten hat, Mieter für diese Flächen zu finden. Jetzt also bezahlt das Land für den Leerstand. Es wird sich zeigen, ob die Flächen doch noch vermietet werden können. Wenn nicht, schätzt der Rechnungshof die Verluste für das Land auf 8,9 Millionen Euro, und das bei einem Grundstück, das für 5,6 Millionen veräußert wurde. Erneut konnte die Berliner Politik zeigen, wie erfolgreiches Public-Private-Partnership aussieht.

Auch die Manager der Wasserstadt schienen vom vernichtenden Urteil des Landesrechnungshofs wenig beeindruckt gewesen zu sein. In einem Bericht Ende 2002 kündigten sie an: »2003 soll mit dem Neubau eines zwölfgeschossigen Wohngebäudes« an der Havelspitze begonnen werden. Zusätzlich sollte ein Anbau bei einem Senioren-Pflegeheim im selben Jahr anfangen. Bis heute gibt es von diesen Bautätigkeiten keine Anzeichen.

Wichtige Informationen, wie die zu dem Schicksal der(ohnehin seltenen) Privatinvestoren Grobe und Granobs, die 218 Wohnungen nördlich der Havelspitze bauen wollten, aber daran pleitegingen, sucht man vergeblich in den Berichten der Wasserstadt. Auch nicht, daß das Projekt von der finanzierenden Bank, der Landesbank Berlin, fertiggestellt wurde, und damit wieder bei der öffentlichen Hand landete. Die 218 sozialgeförderten Wohnungen wurden gleich in die unglücklichen Immobilienfonds der Bankgesellschaft verlagert. Die Wohnungen hatten einen chronisch hohen Leerstand. Heute bezahlen diese Mietausfälle (über die Fondsgarantie) Berlins Steuerzahler.

Hellweg und Nottmeyer blieben jedoch stark motiviert. Eine Erklärung fand man in dem jährlichen Bericht der Berliner Finanzverwaltung über die Landes-Beteiligungen an Unternehmen des privaten Rechts aus dem Jahr 1997. Darin wurden die Jahresbezüge der beiden Wasserstadt-Geschäftsführer im Jahr 1996 mit 588.104,32 Mark angegeben. Man kann davon ausgehen, daß die technischen und kaufmännischen Geschäftsführer das gleiche Gehalt bekommen, d.h. jeder bekommt ein Jahresgehalt von rund 294 Tausend Mark oder 24.500 Mark im Monat, knapp hinter dem des damaligen Bundeskanzlers Helmut Kohl (26.468 Mark), doch höher als das eines Bundesministers (22.784 Mark). In den Nachfolge-Berichten wurden die Jahresbezüge der Geschäftsführer der Wasserstadt nicht mehr ausgewiesen, wahrscheinlich um dem Sozialneid von Bundesministern vorzubeugen.

Im Sommer 1997 kam der nächste Rückschlag für die Wasserstadt: »Vorwärts in die Pleite – Die ruinöse Investitionspolitik Berlins nach der Wende am Beispiel der Wasserstadt Oberhavel« hieß eine vernichtende Broschüre der PDS Fraktion im Berliner Abgeordnetenhaus. Auf über 32 Seiten wurde die sich anbahnende Katastrophe in der Wasserstadt minutiös analysiert.

Der Autor, Michael Breitkopf, wissenschaftlicher Assistent der PDS im Parlament, 1,90 Meter groß und Zopfträger, hat alle zugänglichen öffentlichen Unterlagen studiert und eine gründliche Recherche betrieben, um geradezu detektivisch das Geschäftsgebaren der Wasserstadt zu durchleuchten.

Breitkopf war schon damals kein Neuling in der Politik und dem anscheinend dazugehörenden Filz. Von 1990 bis 1994 zählte er zum Landesvorstand der Grünen in Nordrhein-Westfalen. Zeitgleich war er Geschäftsführer der Grünen Fraktion im Bielefelder Stadtrat. Er verließ die Grünen und kam 1995 nach Berlin, wo er in einem Unternehmensberatungsbüro arbeitete und die Berliner Verhältnisse aus erster Hand kennenlernte. Als Haushaltsexperte bemühte er sich, Einblicke in die Finanzlage Berlins zu bekommen, und stellte eine absehbare und unüberwindbare Krise fest. Er bot daraufhin seine Dienste der PDS-Fraktion im Abgeordnetenhaus an.

Es gibt in Berlin immer wieder in den Tageszeitungen Serien mit Titeln wie »Die geheimen Macher Berlins« oder »Die Strippenzieher der Stadt«. Es hat mich immer gewundert, daß Breitkopf nie darin genannt wird. Jahrelang hat Breitkopf – mit nur einer halben Stelle – mit seinen Analysen, Aufdeckungen und seiner Mitarbeit in Untersuchungsausschüssen das System von Mißbrauch und Betrug in Berlin ans Licht befördert wie kaum ein anderer.

Ich glaube, daß außer Hellweg, Nottmeyer, ein paar Mitarbeitern der Bauverwaltung und mir niemand sonst Breitkopfs Opus las, auch wenn die 700 Exemplare kostenlos verteilt wurden. Hellweg und Nottmeyer schrieben trotzdem sicherheitshalber einen Brief an die Mitglieder des Abgeordnetenhauses von Berlin, um die Broschüre zu widerlegen. Es wurde versucht, zunächst ein paar kleinere Fehler hochzuspielen, um dann die alten Behauptungen zu wiederholen: Es gibt einen Markt für die Wasserstadt; 5000 Jobs werden gesichert; 3600 Wohnungen sind unter Vertrag, die nächsten 1200 folgen sogleich (sie haben sich fast sieben Jahre später immer noch nicht materialisiert), und man kann sich kaum vor interessierten Investoren retten.

Wo Hellweg und Nottmeyer bis dahin die 110-prozentigen »Erfolgs-Manager« waren, die eines Tages schier unglaubliche Grundstückspreise in der Wasserstadt erzielen würden, mutierten sie im Laufe des Jahres 1997 zu 110-prozentigen Spar-Managern. Sie reduzierten nicht nur die Personalkosten (dank einer Fusion mit dem Entwicklungsträger Wasserstadt Rummelsburger Bucht), sondern senkten die unmittelbaren Ausgaben des Landes für die Wasserstadt radikal. Lagen diese geplanten Ausgaben 1992 bei 1,8 Milliarden Mark, waren sie Mitte 1997 auf nur 634 Millionen gesunken. Mit Sparsamkeit hatte dies aber weniger zu tun, als vielmehr mit der Tatsache, daß die Wasserstadt ohne Erfolg blieb. Da real weniger Wohnungen, Büros und Arbeitsstätten real gebaut werden würden, konnte man weniger Kosten für die Infrastruktur von Kitas, Schulen, Jugendzentren, Sportstätten und ähnlichem einplanen. Doch die tatsächlichen Ausgaben, die Kredite, die die Wasserstadt aufnahm, sanken nicht, sondern stiegen stetig weiter.

Die Absurdität eines solchen Zahlenwerks waren die Abgeordneten nicht mehr bereit hinzunehmen. Auch wurden die Angaben aus der Oberhavel immer undurchsichtiger. In einem Bericht vom Juni 1998 waren es nicht mehr 3600 Wohnungen vertraglich festgelegt, sondern plötzlich weniger. Dafür sollten weitere 3268 »realisierungsnah« sein. Nach jahrelangen Zahlenspielereien platzte den Parlamentariern endlich der Kragen. Am 25. Juli 1998 beauftragte das Abgeordnetenhaus Berlin seinen Rechnungshof, zwei Fragen zu untersuchen: Ob ein frühzeitiger Ausstieg aus den Entwicklungsgebieten zu realisieren wäre und wie die Entwicklungsgebiete am billigsten abgeschlossen werden könnten.

Der erste Bericht, zum Entwicklungsgebiet Wasserstadt Oberhavel, erschien am 18. Februar 1999. Wie Breitkopfs Broschüre war auch dieser Bericht vernichtend. Der Rechnungshof stellte die Zahlen zu Wohnungen, Gewerbeflächen und Arbeitsplätze der Wasserstadt-Manager in Frage und forderte die Landes-Verwaltung endlich auf, »eine realistische Einschätzung zu erarbeiten«. Der Rechnungshof kam zu dem Schluß, daß Angebot und Nachfrage berücksichtigt werden sollten, und bringt die Wasserstadtproblematik so auf den Punkt: »Investoren sind regelmäßig nur bereit in erfolgreiche, d.h. nachgefragte und nicht ›vorgehaltene‹ Projekte zu investieren.« Der Rechnungshof schätzte die von den Wasserstadt-Chefs prognostizierten Einnahmenzahlen für überhöht ein. Das Worst-Case-Szenario des Rechnungshofs lag 260 Millionen Mark unter den Erwartungen der TET. Heute würde die Zahl schon als Best Case betrachtet werden.

Der Rechnungshof hat in seiner Untersuchung nicht nur die Wasserstadt GmbH, wie die TET nach der Fusion mit dem Entwicklungsträger Rummelsburger Bucht hieß, unter die Lupe genommen, sondern das ganze Konstrukt, das für den Mißerfolg verantwortlich war. Die zuständige Senatsverwaltung für Bauen,

Wohnen und Verkehr wird vom Rechnungshof als mitschuldig ausgemacht: »Die Senatsverwaltung hat es versäumt, die Sinnhaftigkeit und Wirtschaftlichkeit der geplanten Maßnahmen sowie Realisierungsmöglichkeiten im Planungszeitraum ausreichend zu prüfen.«

Über die hohen Gehälter des Personals der Wasserstadt war der Rechnungshof gar nicht glücklich und forderte eine Reduzierung. Er monierte außerdem die Tatsache, daß Uli Hellweg angeblich 97 Prozent seiner Arbeitszeit bei der Wasserstadt GmbH abrechnete, doch gleichzeitig in anderen Bankgesellschaft-Unternehmen als Geschäftsführer tätig war.

Daß der Rechnungshof die reale Situation der Wasserstadt durchschauen würde, war eigentlich zu erwarten. Doch die Ober-Kontrolleure förderten zusätzlich eine Tatsache ans Licht, die verblüffend war. Die Immobilien, die die Landesbanktochter GEG auf eigenes rechtliches und wirtschaftliches Risiko erworben hatte und nicht losschlagen konnte, wurden in einer Nacht- und Nebelaktion einfach vom Entwicklungsträger und damit dem Steuerzahler übernommen. Es geht in der Zwischenzeit um rund 95 Millionen Euro. Ursache für diese seltsame Schuldenübertragung war ein unauffälliger Brief der TET an die GEG Ende 1994. Der Rechnungshof zwang das Land, dem zu widersprechen und die Übertragung rückgängig zu machen.

Heute prozessiert die GEG, Tochter der Bankgesellschaft Berlin, die zu 81,6 Prozent dem Land gehört, gegen das Land Berlin, um diese Kredite beim Land doch abzuladen. Billig sind solche Prozesse nicht. Die Ironie: Ende 2005 wird das Land im Rahmen der Bankgesellschaft-Sanierung höchstwahrscheinlich die GEG kaufen müssen. Dann kann das Land mit teurem Geld gegen sich selbst klagen.

Die Rechnungshofmitarbeiter waren fleißig. Sie gaben sich Mühe, ein einfaches Organogramm der Strukturen um die Wasserstadt GmbH und GEG zu zeichnen. Sicherlich war das für sie eine Offenbarung. Es war wie ein Spinnennetz mit vier Spinnen: das bekannte Quartett. Fuderholz hatte 1998 die Seite gewechselt, die Bauverwaltung verlassen und eine hochdotierte Geschäftsführerstelle bei einer Tochtergesellschaft der IBG, wo Görler zur Geschäftsführung zählte, erhalten. Mit einem Mal war Fuderholz in dieser Funktion für das Landesbank-Personal in der Wasserstadt zuständig.

Zwei Namen erscheinen jedoch an mehreren kritischen Stellen der beteiligten Tochtergesellschaften der Bankgesellschaft Berlin, die Miteigentümer und Geschäftsbesorger der Wasserstadt GmbH war: Hans Görler und Uli Hellweg. Es ist kein Wunder, daß der Rechnungshof-Bericht in dieser Konstruktion »die Gefahr von Befangenheit und Interessenkollision« sah.

Der Rechnungshof beging allerdings einen Kardinalfehler. Er hätte es bei seiner Kritik an der fragwürdigen Geschäftspraxis der Wasserstadt bewenden lassen sollen. Es gehörte jedoch zu seinem Auftrag, ein Szenario für einen sinnvollen Abschluß der Entwicklungsgebiete zu finden. Das muß ein einmaliger Vorgang in der Bundesrepublik gewesen sein, einer Kontrollinstanz wie dem Rechnungshof kaufmännische Entscheidungen – und in dieser Dimension – zu übertragen! Sie waren ebenso ungeeignet dafür, wie ihre Vettern aus dem öffentlichen Dienst, die die Karre in den Dreck gefahren hatten. Statt einer sofortigen Abwicklung wurden realitätsfremde Fortsetzungsszenarien entworfen.

So durfte die Wasserstadt weiter vor sich hinwirtschaften. Der stets wachsende Schuldenberg bereitet inzwischen sogar den Parlamentariern Sorgen. Ab dem Jahr 2000 begann das Land die Schulden der Wasserstadt abzubauen. Innerhalb von vier Jahren übernahm es die Schulden in Höhe von fast fünfzig Millionen Euro. Damit waren die Schulden zwar nicht mehr bei der Wasserstadt, dafür jedoch bei der Landeskasse.

Die Wasserstadt GmbH wich weiterhin keinen Millimeter von ihrem Kurs ab. Neue Erfolge wurden gemeldet oder vorgetäuscht. Für einige, wie die Familie Marschke, die im Wüstenpark »Haveleck« heute ein Haus besitzt, waren es teure Trugbilder.

Das Haus der Marschkes im Kölpinseeweg fällt gleich auf. Es ist ein Reihenhaus ohne Reihe. Es steht solitär da, einsamer Zeuge einer weiteren Pleite der Wasserstadt Oberhavel.

Die Wasserstadt, die Jahre später immer noch die entstandenen 3600 Wohnungen als Erfolg vermeldete, brauchte dringend eine Erfolgsgeschichte, ja eine Daseinsrechtfertigung. Die sollte auf dem

Haveleck stattfinden. Dort wo zwei Brücken mit Gesamtkosten von über 100 Millionen Mark ins Nichts führen und die Kosten für den Grunderwerb in der Zwischenzeit auf rund 300 Millionen gewachsen waren. Es gab jedoch kaum mehr Wohnungsbauförderung. Jetzt ging es um Wirtschaftlichkeit und Marktfähigkeit, also freifinanzierte Wohnungen. Investoren gab es wie immer, laut Wasserstadt-Geschäftsführung, viele, investiert wurde jedoch wenig.

Das Einzelbeispiel der Familie Marschke scheint das Schicksal des Entwicklungsgebietes widerzuspiegeln: »Öko-Häuser am Haveleck: anspruchsvoll und preiswert«, versprach die Wasserstadt GmbH in einer Spezial-Nummer ihres Werbeblatts »Wasserstadt Journal«. Für die Marschkes war es die Beschreibung eines Traumes: Ein Niedrigenergie-Haus, gebaut Stein auf Stein, samt begrüntem Dach und Solaranlage. Das ganze Viertel sollte unter strengsten ökologischen Maßstäben entstehen – auch nicht billig –, aber Träume, besonders mit Umweltprädikat, findet man selten auf dem Grabbeltisch.

Für die Marschkes schien das Angebot seriös. Hinter dem Entwicklungsgebiet stand der Senat von Berlin, der sich um das Wohl seiner Bürger kümmert. Deswegen, dachten die Marschkes, wurde ein Bauherrenbetreuer aus dem Umfeld der Landesregierung dazwischengeschaltet, die »BSM Beratungsgesellschaft für Stadterneuerung und Modernisierung mbH«, die sich als »Sanierungsbeauftragte des Landes Berlin« bezeichnete. Die BSM versprach im Festpreis eine Fertigstellungsgarantie, Festpreisgarantie, Termingarantie, Gewährleistungsversicherung und Qualitätskontrolle. Die Marschkes fühlten sich in sicheren Händen. Diese Tatsache spielte auch bei ihrer Entscheidung, auf dem Haveleck ihr Haus zu bauen, eine wesentliche Rolle. Mit einem Entwicklungsträger und Sanierungsbeauftragten des Landes auf ihrer Seite, was könnte da noch schiefgehen?

Die Marschkes waren allerdings irritiert, als die BSM ihnen einen seltsamen Betreuungsvertrag vorlegte. Für die Summe von 5000 Mark wollte die BSM einen Auftrag, um für die Marschkes ein Grundstück aus den 41 Öko-Parzellen auszuwählen und ihnen aus dem insgesamt vier Häusertypen umfassenden Angebot eines zu empfehlen. Die Marschkes waren empört. Parzelle und Häusertyp konnten und wollten sie selber bestimmen. Doch es gab einen Haken: Ohne Vertrag mit der BSM kein Haus, so die Regeln der Wasserstadt GmbH, die die BSM mit der Vermarktung beauftragt hatte. Wer an Schieberei denkt, denkt hier nicht anders als die Marschkes dachten. Zum Glück hatten die Marschkes einen Freund aus der Branche. Er legte den Vertrag seiner Rechtsabteilung vor und die staunte, was in Berlin alles möglich ist.

Die Marschkes gaben nicht klein bei. Die BSM sollte eine Minimumleistung für den Minimumauftrag erhalten. Der Vertrag wurde verbessert und unterschrieben.

Es durfte also weitergehen. Die Marschkes erwarben ihr Grundstück direkt von der Wasserstadt GmbH mit einem Quadratmeterpreis von 350 Mark – weit entfernt von der alten Prognose von 1400 Mark oder mehr! Doch mit der Wasserstadt GmbH wurden die Verhandlungen immer seltsamer. Plötzlich sollten die Marschkes und die weiteren drei Pionier-Hausbauer des Öko-Quartiers die Straße vor ihren Häusern als Privatstraße übernehmen. Das bedeutete nicht nur, dafür den Boden zu bezahlen, sondern auch für den Bau und die Unterhaltung zu sorgen! Das sahen die Marschkes und ihre Mitstreiter nicht ein und, da die Wasserstadt dringend Investoren brauchte, wurde das Thema nicht wieder angesprochen.

Doch das nächste Abenteuer wartete bereits vor der Haustür. Das Haveleck gilt angeblich als Wasserschutzgebiet, und so wurde den Öko-Hausbauern vorgeschrieben, besondere Abflußrohre zu verlegen. Dazu gehörte ebenso ein spezieller Revisionsschacht, der regelmäßige Prüfungen dieser Rohre ermöglichte. Allein ein solcher Schacht kostet laut Familie Marschke zwölf Tausend Mark. Um diese Kosten niedrig zu halten, sollte es einen Schacht für je vier Häuser geben. Doch bis heute haben die Marschkes wegen fehlender Kaufinteressenten keine Nachbarn. Die Wasserstadt GmbH wollte, daß die Marschkes nicht nur den Schacht alleine vorfinanzieren, sondern auch die Anschlußrohre ihrer zukünftigen, eher virtuellen Nachbarn. Doch die Marschkes wußten sich wieder zu wehren und haben auch dieses Geschäft dankend abgelehnt.

Nun war es soweit, und die BSM sollte einige Bauunternehmen zur Auswahl vorschlagen. Es gab allerdings nur eines, und bei einem blieb es. Jedoch nicht lange. Nach einem halben Jahr war die

Baufirma pleite. »Die BSM und Wasserstadt hielten sich plötzlich zurück«, erinnert sich Britta Marschke, »sie boten keinen Rat an. Nichts! Unter Baubetreuung verstanden wir was ganz anderes.« Wenigstens konnten die Marschkes auf eine Konkursausfallversicherung setzen, die im Kaufpreis beinhaltet war. Doch die Baufirma hatte die Prämie bei der Versicherung nicht eingezahlt, sondern für sich behalten, und der Baubetreuer BSM hatte sich nicht darum gekümmert.

Die Marschkes und die anderen drei Bauherren, die im Ökogebiet Häuser angefangen hatten, waren nun auf sich allein gestellt. Mit viel Mühe, Hilfe von Freunden und Familie und vor allem mit Durchhaltevermögen haben sie ihre Häuser fertigbekommen. Das vereinzelte Reihenhaus der Marschkes wartet zwei Jahre später immer noch auf Anschlußwohnungen. Vom Ökoanspruch ist nicht viel übriggeblieben. Auf dem hinteren Grundstück entstehen Häuser ohne teuren Revisionsschacht oder besondere Anschlußrohre, ohne begrüntes Dach, ohne Sonnenkollektor, ohne die hohen Energiesparverordnungen. Nichts. Schon am Ende von Marschkes Strasse wird ein Haus im völlig anderen Stil und ohne Öko-Anspruch gebaut. Damit ist es vorbei mit einer hochwertigen Ökosiedlung, die offensichtlich einer preislich niedrigeren Freestylesiedlung geopfert wird. Für Britta Marschkes Protest fühlt sich niemand verantwortlich: weder die Wasserstadt noch die Bauaufsicht.

»Auch auf der gegenüberliegenden Straßenseite wird sicherlich konventionell gebaut, sollten jemals Investoren gefunden werden«, glaubt Frau Marschke.

Statt den Rechtsweg zu beschreiten, wandten sich die Marschkes an den Petitionsausschuß des Abgeordnetenhauses und baten um eine Erklärung für das Fehlverhalten eines »Sanierungsbeauftragten des Landes Berlin«. Die Antwort war ebenso seltsam wie die Ereignisse selbst: »Nach Mitteilung der Senatsverwaltung für Stadtentwicklung ist die BSM nicht nach §§ 157 ff Baugesetzbuch als Sanierungsträger des Landes Berlin anerkannt. Sie ist aber dennoch berechtigt den Zusatz ›Sanierungsbeauftragte des Landes‹ in ihrem Firmennamen zu führen bzw. mit dieser – nicht geschützten – Bezeichnung auch zu werben. In Ihrem Vertragsverhältnis sei sie nicht als Beauftragte des Landes Berlin tätig geworden.«

In der Zwischenzeit gewöhnen sich die Marschkes an ihr einsames Siedlerdasein. Auf der anderen Straßenseite, wo weitere Öko-Häuser stehen sollten, wächst langsam ein schöner Birkenwald heran. Zwischen ihnen und der 200 Meter entfernten Havel steht ebenfalls kein Haus. Ein wenig resigniert seufzt Britta Marschke: »Das Konzept ist nicht aufgegangen.«

Der Spruch gilt für die ganze Wasserstadt Oberhavel wie auch im Quartier Havelspitze. Das Neubauviertel, kaum sechs Jahre alt, wurde Anfang 2004 vom Berliner Innensenator zu den neun »problemorientierten Kiezen« der Stadt gezählt: »Es gibt noch keine Ghettos, aber wenn wir die Situation nicht in den Griff bekommen, dann bekommen wir ein Problem.« Diese Entwicklung ist nur die Krönung einer konsequenten, systematischen, langjährigen Fehlplanung und Planumsetzung in der Wasserstadt. Das sieht auch Uli Hellweg so. Doch für ihn liegt die Schuld anderswo. Schon ein halbes Jahr vor der Feststellung des Innensenators erklärte er: »Für das Gebiet ist eine Umstrukturierung unbedingt notwendig. Nur eine bessere Infrastruktur könnte das Gebiet attraktiver machen – mehr Grünflächen, mehr Geschäfte, mehr Häuser. Doch wenn sich der Senat jetzt radikal zurückzieht, werden solche Wohngebiete jahrzehntelang nicht funktionsfähig sein.« Also weitere Millionen opfern?

In diesem Jahr sollen die versteckten Schulden der Entwicklungsgebiete endlich in den Landeshaushalt eingeführt werden. Es geht um rund 670 Millionen Euro (davon 334 von der Wasserstadt Oberhavel). Doch auch hier wird auf den alten Haushaltstrick zurückgegriffen: Laut Haushaltsplan des Landes Berlin für die Jahre 2004/2005 sind die »Kreditverbindlichkeiten der Träger [gemeint sind die Treuhänder aller fünf Entwicklungsgebiete] bis zu 670.000.000 Euro in das Schulden-Portfolio des Landes zu übernehmen.« Auf Deutsch heißt das: Diese Kosten tauchen nie im Landeshaushalt als Ausgaben auf, sondern werden klammheimlich dem Schuldenberg des Landes zugeführt. Die Katze kann das Mausen nicht lassen.

Es lohnt sich, den Gesamtschaden allein des Entwicklungsgebietes Wasserstadt Oberhavel in Augenschein zu nehmen. 334 Millionen Defizit werden nun Berlins Gesamtschulden hinzugefügt. Dazu muß man die 49 Millionen Euro Schulden der Wasserstadt, die schon in den Landeshaushalt übernommen wurden, hinzurechnen. Nicht fehlen dürfen die rund 500 Millionen Euro für Soziale Wohnungsbauförderung oder vielleicht auch nur 130 Millionen Euro (die Verwaltung war – wie so oft – nicht in der Lage, mir eine Zahl zu nennen), die das Land für Infrastrukturmaßnahmen in diesem Entwicklungsgebiet ausgegeben hat. Von allen völlig unbeachtet sind die Kosten, die die Fondsobjekte in der Havelspitze dem Land durch die Abschirmungsgarantie bescheren werden. Im Jahr 2002 waren es allein rund 7,6 Millionen Euro. Wenn es so weiter läuft – was eine optimistische Sicht wäre – sind das weitere rund 150 Millionen Euro, bis die Garantien abgelaufen sind, woraufhin das Land fast das ganze Gebiet ab dem Jahr 2022 für 215 Millionen Euro zurückkauft. Alles zusammengerechnet sind das rund 1,3 Milliarden Euro Steuergelder: für 3600 Wohnungen, eine Handvoll Gebäude, zwei Brücken und einige Infrastrukturmaßnahmen, die Berlin gar nicht braucht.

Doch damit ist alles noch nicht zu Ende, unklar ist immer noch das Schicksal der rund 100 Millionen Euro, die die Bankgesellschaft-Tochter GEG für Grundstücke ausgegeben hat. Sie befinden sich immer noch in der rechtlichen Schwebe. Eine Reihe anderer Rechtsstreitigkeiten scheinen auch anzustehen, wenn man die Liste der von der Wasserstadt in Auftrag gegebenen Rechtsgutachten für 2004 betrachtet.

Am Ende sind auch die Entwicklungsgebiete noch nicht. Die Geschäftsführer und ihre Kollegen in den Verwaltungen werden sicherlich alles tun, daß die Gelder weiter fließen. Wenn ihr Vorhaben nicht gelingt, ist eine Alternative schon vorbereitet, wie der wachsame Grünen-Abgeordnete Oliver Schruoffeneger feststellen mußte. Im Frühling befand er sich in einer eher langweiligen Ausschußsitzung, als plötzlich im Zusammenhang mit der Wasserstadt GmbH das Wort »Sozialplan« fiel. Seltsam für ein Projekt, das von Anfang an zeitlich begrenzt war. Er reichte gleich eine parlamentarische Anfrage ein und bekam die Antwort, daß tatsächlich ein Sozialplan für 22 Mitarbeiter der Wasserstadt GmbH vorgesehen sei. Die Höhe sei noch nicht festgelegt. Schruoffeneger geht von 1,5 bis zwei Millionen Euro aus. Doch der Parlamentarier wollte außerdem wissen: »Welche rechtliche Verpflichtung gibt es, aus Landesmitteln einen Sozialplan zu finanzieren?« Die Antwort war eindeutig: »Keine.« Es wäre interessant zu erfahren, ob die Landesbank Berlin, Gegenpart dieses Public-Private-Partnerships, ihren partnerschaftlichen Anteil am Sozialplan tragen wird. »Wahrscheinlich nicht«, vermutet Schruoffeneger.

Die Wasserstadt Oberhavel ist nur eines von fünf Entwicklungsgebieten und zweifelsohne das auffälligste. Doch jedes hat eine ähnliche Geschichte von Fehlmanagement und Überteuerung. Offiziell soll sich das Defizit Ende 2006 von allen fünf Entwicklungsgebieten auf insgesamt 800 Millionen Euro belaufen haben. Selbst damit sind wir noch nicht am Ende der Fahnenstange. Über die nächsten vier Jahre sind weitere siebzig Millionen eingeplant. Vorsicht: eingeplant. Der Zins der bisherigen Schulden der Entwicklungsgebiete, gegenwärtig rund dreißig Millionen jährlich, muß über Jahre vom Land bezahlt werden. Nicht zuletzt auch die vielen überflüssigen Straßen, Park- und Grünanlagen, Brücken und Ähnliches, deren Pflege und Instandhaltung bald auf die betroffenen, mittellosen Bezirke zurückfallen.

Alte Verluste in neuen Schläuchen

Die Bankgesellschaft Berlin – Eine Fortsetzung

Schon bevor man am 2. Juli 2004 in die Tagesordnung eintrat, gab es unter den anwesenden Kleinaktionären bei der Jahreshauptversammlung der Bankgesellschaft Berlin ein hörbares Murren. Nicht, daß die Kleinaktionäre viel zu melden hätten. Denn seit der gerade noch abgewendeten Schließung der Bankgesellschaft im Jahr 2001 gehören rund 81 Prozent der Aktien dem Land Berlin, elf Prozent der Norddeutschen Landesbank, 1,5 Prozent der Gothaer Beteiligungsgesellschaft, 2,75 Prozent der Bank selber. Nur 3,63 Prozent der Bankgesellschafts-Aktien befinden sich verstreut unter dem gemeinen Volk.

Viele dieser Kleinaktionäre kamen zu dieser Hauptversammlung, um ihre seit Jahren ausgefallene Dividende zumindest in Form von Naturalien (Kugelschreiber, Notizblöcke, Essen und Trinken) genießen zu können. Sogar die am Eingang bereitgelegten Papier-Tragetaschen für die Geschäftsberichte waren heißbegehrt. Als die Aktionäre dann jedoch das Foyer des Berliner Internationalen Congreß Centrums, ICC, erreichten und voller Schwung die Kaffeebars stürmten, mußten etliche feststellen, daß die Kuchenstücke schon ausgegangen waren. Von der Logistik her war das eigentlich verwunderlich, denn man hatte mit mehr als tausend Besuchern rechnen müssen, gekommen waren aber nur wenige hundert. Gut, die Bankgesellschaft war in all den Jahren nie so genau mit Zahlen gewesen, sei es bei den Risiken, Bilanzen oder beim Controlling. Warum also sollte das Geldinstitut in diesem späten Stadium ausgerechnet bei der Berechnung von Kuchenportionen damit anfangen?

Die Versammlung wurde mit einer Ansprache des neuen Aufsichtsratsvorsitzenden – der dritte in drei Jahren – eröffnet. Wie es sich bei solchen Anlässen ziemt, rief er zu einer Schweigeminute für die verstorbenen Mitarbeiter des Geldinstituts auf, wobei alle Anwesenden aufstanden. Doch womit der gesammelte Aufsichtsrat und Vorstand, die vorne in zwei Reihen auf dem Podium saßen, offensichtlich nicht gerechnet hatten, waren die anschliessenden Worte der Trauer, die der Aufsichtratsvorsitzende der Schweigeminute folgen ließ. Vielleicht hatten diese rund vierzig Aufsichtsräte und Vorstände sich vorher so energisch an die Kuchenstücke herangemacht (was die Versorgungslücke bei den Kleinaktionären erklären könnte), daß ihre Bäuche sie stark nach unten drückten. Jedenfalls setzte sich in dem Moment, als der Aufsichtsratsvorsitzende mit seiner Trauerrede begann, der erste Podiums-Häuptling wieder auf seinen Stuhl und wie die Lemminge taten es die anderen ihm gleich. Kaum aber hatte das Gesäß des Initiators dieser Bewegung seinen Stuhl erreicht, bemerkte dieser seinen Fehler und stand sofort wieder auf. Wiederum folgten ihm die anderen. Das Ergebnis ähnelte dem etwas schüchternen Anlauf zu einer Laola-Welle. Sollte diese Aktion den unbändigen Willen zum Erfolg oder eine neu gefundene Geschlossenheit zum Ausdruck bringen?

Viel Zeit hatte man nicht, darüber nachzudenken, da sogleich die Rede von Hans-Jörg Vetter, Vorstandsvorsitzender der Bankgesellschaft, folgte. Die Leistung von Vetter, seitdem er das Kommando über die beinahe gekenterte Bankgesellschaft übernahm, ist schlicht – unterwältigend. Er hatte aber Erfolg versprochen – also mußte Erfolg her.

Mit Vetter ist Berlin um einen weiteren »Sieger-Typ« reicher. Seine Erfolgsmeldung vor dieser Hauptversammlung lautete schlicht und überzeugend: »Im Ergebnis nach Steuern hat der Konzern erstmals seit 1999 aus seiner ordentlichen Geschäftstätigkeit heraus wieder schwarze Zahlen geschrieben und einen Konzernüberschuß [Unterstreichung von Vetter] von 24 Mio. Euro ausgewiesen.«

Doch dann kam das Kleingedruckte. In Wahrheit nämlich hatte die Bankgesellschaft gar keinen Gewinn für das Jahr 2003, sondern einen Verlust in Höhe von 316 Millionen Euro zu verbuchen. Vetters Erklärung: Das Minus sei das Ergebnis nach Steuern und nur durch eine unerwartete Entscheidung der EU-Kommission entstanden, eine sogenannte Notifizierung zu den von der Bankgesellschaft erhaltenen Beihilfen. Unerwartet konnte diese Entscheidung aber nicht sein. Artikel 56 der EU-Verträge, auf dessen Basis die Kommission zu entscheiden hat, regelt eindeutig und für jeden Interessierten nachlesbar, daß Subventionen, wie sie die Bankgesellschaft reichlich erhalten hatte, nicht dazu dienen dürfen, marktbeherrschende Strukturen zu stabilisieren. Wenn die Bankgesellschaft mit der Berliner Sparkasse und Berliner Bank einen Marktanteil des Retailgeschäfts – das Privat- und Firmenkundengeschäft – von fünfzig Prozent in Berlin bedient, sollte deren Vorstand eigentlich wissen, daß die Gesellschaft marktbeherrschend ist und also mit Konsequenzen von der EU rechnen muß.

Für einen Menschen, der in Wirtschaftsfragen vielleicht weniger bewandert ist, kann man Vetters Gewinnmeldung so übersetzen: Eine Fußballmannschaft führt nach der regulären Spielzeit Eins zu Null. In der Nachspielzeit schießt jedoch der Gegner zwei Tore. Danach erzählt der Trainer, man habe großartig gespielt und gewonnen, was nach der neunzigsten Minute passiert sei, sei unwesentlich. Die Fans der Mannschaft springen auf und jubeln ihren Erfolgstrainer zu.

Vetter ist ein solcher Trainer. Wenn man den öffentlich zugänglichen Geschäftsbericht der Bankgesellschaft von 2003 aufschlägt, entdeckt man als erstes die »Konzernzahlen auf einen Blick«. Die Bank führt ihre Gewinn- und Verlust-Rechnung – und das könnte einmalig sein – zweimal auf: das erste Mal bis zur neunzigsten Minute und ein zweites Mal für das gesamte Spiel, also mit und ohne Auswirkungen der EU-Notifizierung. Eine siegreiche Niederlage.

Was Hans-Jörg Vetter ungern wahrhaben will, ist die Tatsache, daß in den zwei Jahren, seitdem er Chef der Bankgesellschaft ist, diese Verluste von über einer Milliarde Euro eingefahren hat. Gut, auch hier kann man, wie bei dem Kuchen, nachsichtig sein: seine Vorgänger waren nicht viel besser. Aber auch nicht viel schlechter.

Vetter kam (wie seine Vorgänger auch schon) nach Berlin als Sanierer einer zweifelsohne heftig angeschlagenen Bank. Die Bankgesellschaft war von Anfang an eine Fehlkonstruktion der Berliner Politik, um Schieflagen ihrer landeseigenen Banken zu vertuschen. Sie diente als Geldquelle für das Land Berlin und seine fragwürdige Wirtschafts- und Haushaltspolitik. Dazu kam noch die Ausplünderung der Bank durch ihr Management, durch die Politik und deren Seilschaften.

Mittlerweile müssen Berlins Steuerzahler diese Politik teuer bezahlen. Denn öffentliche Finanzspritzen hat die Bank in den letzten drei Jahren viele bekommen – einige davon kaum erkennbar:

- Im August 2001 gab es fast zwei Milliarden Euro Kapitalerhöhung (1,755 Milliarden davon vom Land Berlin) für die Bankgesellschaft, um die Bilanz vom Jahr 2000 aufzubessern.
- Für die Bilanz des Jahres 2001 konnten nach Risikoübernahme durch das Land Berlin die gebildeten Rückstellungen von fast einer Milliarde Euro für die Risiken der berüchtigten Immobilienfonds der Bankgesellschaft schnellstens aufgelöst werden. Sie wurden der Bank als außerordentlicher Ertrag geschenkt. Dieser Betrag hätte eigentlich ans Land Berlin gehen müssen, da es seit April 2002 für diese Risiken aufkommt.
- Diese Risikoübernahme oder besser Bürgschaft für Verluste aus den Immobilienfonds und dem Immobiliendienstleistungsbereich der Bankgesellschaft in Höhe von bis zu 21,6 Milliarden Euro ist nach Ansicht der EU-Kommission als Beihilfe mit maximal 6,1 Milliarden Euro anzusetzen.
- Die Investitionsbank Berlin, die dem Land Berlin gehört, verläßt – auch dies Folge einer Entscheidung der Brüsseler Wettbewerbsbehörde – nun die Bankgesellschaft, um künftig eine saubere Trennung zwischen Geschäftsbank und staatlicher Förderbank-Tätigkeit möglich zu machen. Dazu sollte eigentlich ihr Eigenkapital, ein Sondervermögen des Landes von insgesamt 1,3 Milliarden Euro, mitgegeben werden. Doch dieses Eigenkapital hat die ganzen Jahre die Kapitalbasis der Bankgesellschaft verbessert. Geht die IBB aus dem Konzernverbund, und mit ihr das Sondervermögen des Landes, ist die Bankgesellschaft wieder durch Unterschreitung der Mindestkapitalisierung stark gefährdet. Auf Drängen der Bank hat deswegen das Land Berlin im Juni dieses Jahres entschieden, daß 1,1 Milliarden Euro, die eigentlich der Investitionsbank gehören, als stille Einlage des Landes Berlin bei der Bankgesellschaftstochter, Landesbank Berlin, verbleiben.
- Diese 1,3 Milliarden Euro der Investitionsbank Berlin, die ein Jahrzehnt bei der Bankgesellschaft lagen und ihr als billiges Geschäftskapital dienten, wurden nie marktgerecht verzinst. Diesen Zinsvorteil soll die Bankgesellschaft – wie andere Landesbanken, die vergleichbare Subventionen erhielten – nach Entscheidung der EU nun dem Land zurückzahlen. Die Summe, die noch nicht

festgelegt ist, wird von der EU mit maximal 1,8 Milliarden Euro als Beihilfe angesetzt. Sie wird aber wahrscheinlich zwischen 600 Tausend und einer Milliarde Euro liegen. Damit nun die Landesbank durch die Verpflichtung, diese Summe zu zahlen, nicht insolvent wird, hat die Berliner Regierung im Dezember 2002 schon einen Beschluß gefaßt. Das Land wird, sobald es diese Summe von der Bankgesellschaft erhält, direkt wieder einen vergleichbaren Betrag als Kapital einlegen – bis zu der Höhe des aufsichtsrechtlich notwendigen Eigenkapitals der Bankgesellschaft.

Wenn man das alles addiert, hat die Bankgesellschaft seit ihrem Absturz im Jahr 2001 eine Unterstützung von gut über zehn Milliarden Euro vom Land Berlin und seinen Steuerzahlern erhalten.

Über Vetters Behauptung, daß die Sanierung erfolgreich vorangekommen sei, kann man vor diesem Hintergrund ganz anders denken: Die Bank wird nicht saniert, sie wird mit Mitteln des Steuerzahlers auf die Privatisierung vorbereitet. Sanierung würde ja bedeuten, daß sie nicht nur Kapitalspritzen erhält, sondern insgesamt gesundet und nachhaltig ertragsfähig wird. Trotz Kapitalspritzen ist das Eigenkapital von der Kapitalerhöhung im Jahr 2001 bis Ende 2003 gesunken. Die Bank hatte im bilanziellen Ausweis 2001 4,5 Milliarden und 2003 nur noch 3,6 Milliarden Euro Eigenkapital. Ihre Gewinn- und Verlustrechnung weist für die Jahre 2001 bis 2003 einen Verlust von 2,654 Milliarden Euro aus. Versickert hier das Geld des Landes und seiner Steuerzahler?

Auch die EU hatte ernsthafte Sorge, ob die Bankgesellschaft trotz Milliarden-Beihilfen jemals wieder langfristig rentabel sein wird. Gegenüber der EU hat sich Deutschland verpflichtet, die Umsetzung der Zukunftspläne für die Bankgesellschaft sicherzustellen. Und der Gewährsmann für die Umsetzung ist Hans-Jörg Vetter. Vetter meint, die Bankgesellschaft verfüge »über eine stabile Geschäftsbasis und über eine sichere Planungsgrundlage für die kommenden Jahre«. Solche selbstsicheren Analysen hatte man auch schon von seinen gescheiterten Vorgängern Wolfgang Steinriede, Hubertus Moser und Wolfgang Rupf gehört.

Wie »sicher« der Erfolg von Vetters Sanierungsmaßnahmen bisher ist, konnte man am 18. Februar 2004 durch die Entscheidung der EU erfahren. Als einen wahren »Meilenstein« der Sanierung bezeichnete Vetter die beabsichtigte Integration der Konzernteile Berliner Landesbank und Berliner Bank. Dieses entsprach seinem Sanierungsmotto, das die Bankgesellschaft weg von den Geschäftszielen einer Großbank und hin zu einer Regionalbank für Berlin und Brandenburg führen sollte, mit Aktivitäten im Privat- und Firmenkundengeschäft, in der Immobilienfinanzierung und im Kapitalmarktgeschäft. Kern der Umsetzung war die Zusammenführung von Landesbank und Berliner Bank. Dies war der Eckstein der Sanierung.

Ohne die notwendige Genehmigung seines Sanierungs-Konzepts durch die EU-Kommission abzuwarten, schufen er und seine Bankgesellschaft vollendete Tatsachen und zogen die Zusammenführung der beiden Töchter außergewöhnlich schnell im Jahr 2003 durch.

Mit der Genehmigung der staatlichen Beihilfe im Februar 2004 forderte die EU nun den Verkauf der Berliner Bank bis spätestens zum 1. Februar 2007, was die Rückabwicklung dieser Fusion notwendig macht, denn die Bank muß für sich gesehen lebensfähig sein. Nun trägt die Bankgesellschaft nicht nur die Kosten für die Integration der beiden Banken, sondern muß auch wieder für die anstehende Auseinanderführung aufkommen. Man kann sich trefflich darüber streiten, ob dieses Vetter-typische Vorpreschen nicht im Wissen des später nötigen Rückzugs erfolgt ist, denn nun – siehe das Konzernergebnis 2003 – kann man ja die EU-Kommission dafür verantwortlich machen, daß Verluste entstehen.

Vetter versucht auch diese Niederlage – genau wie sein Jahresergebnis – in einen Erfolg umzumünzen. Er bezeichnet die Entscheidung der EU-Kommission als »grünes Licht aus Brüssel. ... Die EU-Kommission hat das Sanierungskonzept in allen Teilen als vernünftig, belastungsfähig und schlüssig bezeichnet.«

Dabei hat die EU-Kommission einzig und allein die Zerschlagung und Privatisierung der Bankgesellschaft festgelegt. Und das ist dem Begriff nach keine Sanierung. Auch die zur Landesbank gehörende Sparkasse wird verkauft, von der viele Berliner immer noch fälschlich glauben, daß sie dank ihrer Milliarden-Opfer im Besitz des Landes bleibt.

Die wichtigste Konzession der EU-Kommission war die Terminierung dieser Verkaufs- und Abwicklungsaktion bis Ende 2007 – das heißt in die Zeit nach den Wahlen zum Berliner Abgeordnetenhaus und zum Bundestag. Damit bleiben SPD und PDS von der zweiten Welle aus Verlusten der Bankgesellschaft, die auf das Land zurollt und die man spätestens erst beim Verkauf erkennen wird, verschont, also so lange, wie aus kurzfristiger Politiker-Sicht nötig. Die nicht sichtbaren Verluste oder zusätzlichen Risikoübernahmen beim zukünftigen Verkauf werden erst öffentlich, wenn die Kreditportfolios und Buchwerte neu bewertet werden.

Bis dahin lebt Hans-Jörg Vetter von der Substanz. Während die Bankgesellschaft Berlin im Jahr 2000 eine Konzernbilanzsumme von fast 205 Milliarden Euro auswies, liegt sie heute bei rund 153 Milliarden – eine Reduzierung von fast einem Viertel. Bis zum Jahr 2006 soll die Bilanzsumme weiter auf 130 Milliarden sinken. Die Bank verschlingt Geld, und wird durch Schrumpfung auf den Verkauf vorbereitet. Die bei weitem wichtigste Frage ist, ob die Risiken mitschrumpfen. Zweifel sind angebracht. Das hochproblematische Geschäft mit gewerblichen Immobilienkrediten macht immer noch gut 28 Milliarden Euro aus. Und obwohl die Immobilien- und Sicherheitenwerte schwinden und andere Banken ihre Risikovorsorge erhöhen, werden in der Bankgesellschaft Jahr für Jahr geringere neue Wertberichtigungen ausgewiesen. Eine Berliner Sonderentwicklung? Mit einem besonders guten Risikomanager an der Spitze? Ein ebenso exzellenter Mann, wie es Steinriede, Moser oder Rupf in den Jahren vor ihrem Fall waren?

Substanz ist schon verkauft. Die Bankgesellschaft konnte aus der Veräußerung von Beteiligungen (unter anderem die Zivnostenska Banka in Prag oder die Allbank) im Jahr 2003 einen Gewinn von 120,8 Millionen Euro erzielen. Doch es wird langsam eng mit den attraktiven werthaltigen Unternehmensteilen – den sogenannten Assets. Die Weberbank, an sich eine attraktive und gut positionierte Bank für vermögende Privatkunden, wird wohl kaum ihren Buchwert von geschätzten 300 Millionen Euro erzielen. Die Bankgesellschaft Polen konnte man gar nicht erst verkaufen; sie wird mit einer Abschreibung von fünf Millionen Euro liquidiert.

Ihre Immobiliendienstleistungstöchter muß die Bankgesellschaft nach einer EU-Bestimmung bis Ende des Jahres 2005 veräußert haben. Die meisten befinden sich immer noch in einem so erbärmlichen Zustand, daß das Land, mit wenigen Ausnahmen, sie als Ganzes oder ihre Risiken wird übernehmen müssen, da sich ansonsten kein Käufer findet. Um dem Land die Verluste auszugleichen, die diese Gesellschaften danach verursachen werden, wird die Bank einen »negativen Kaufpreis« zahlen müssen – also dem Land Geld mitzugeben haben. Für die aufgrund der EU-Entscheidung anfallenden Aufwendungen für die Restrukturierung der IBAG-Gruppe und den erwarteten negativen Kaufpreis an das Land Berlin rechnet Vetter mit 99 Millionen Euro. Für den negativen Kaufpreis der IBG plant die Bank 81 Millionen Euro. Es stellt sich die Frage, ob das reicht. Auch für die von der EU geforderte Veräußerung der Berliner Bank spätestens bis 1. Februar 2007 hat die Bankgesellschaft 177 Millionen Euro für die Umstrukturierung und Ausgliederung des Geldinstituts als Rücklage gebildet.

Vetter rühmt sich, seine Sanierungsziele hinsichtlich des Kostenabbaus erreicht zu haben. Allein im Jahr 2003 wurde das Personal der Bankgesellschaft um dreitausend Mitarbeiter reduziert (über die Hälfte davon entfällt auf die beiden veräußerten Banken, weitere tausend auf das krisengeschüttelte Immobiliendienstleistungsgeschäft). Die Personal- und Verwaltungskosten reduzierten sich 2003 um 150 Millionen Euro. Dazu gehörte die Gehaltsreduzierung der Arbeitnehmer seit Mai 2002 in Höhe von etwa acht Prozent. Von den gegenwärtig 11.000 Mitarbeitern, die übriggeblieben sind, sollen bis Ende 2005 weitere viertausend Arbeitsplätze abgebaut werden, dann aber in den eigentlichen Kernbanken, in denen bisher wenig geschehen ist. Man wird sehen, ob Vetter mit diesem Personalbestand seine angeblich »stabile Geschäftsbasis« halten kann.

Während die Mitarbeiter Opfer bringen, werden selbstverständlich die Gesamtbezüge des Vorstands und des Aufsichtsrats erhöht. Der Vorstand erhielt 2003 fast sechs Millionen Euro, rund 1,4 Millionen mehr als im Vorjahr. Die Bezüge des Aufsichtsrats wurden verdreifacht auf 474 Tausend Euro. Die Pensionszahlungen der ausgeschiedenen Vorstandsmitglieder, die den Niedergang der

Bankgesellschaft zu verantworten haben, stiegen 2003 auf 9,3 Millionen Euro.

Für dieses Geld arbeitet man gern an weiteren Erfolgen. Die Berlin-Hannoversche Hypothekenbank AG, besser bekannt als die Berlin Hyp und zu neunzig Prozent im Besitz der Bankgesellschaft, weist für das Geschäftsjahr 2003 einen Jahresüberschuß von 4,3 Millionen Euro aus. Ganz richtig ist das aber eigentlich nicht. Wie so oft in der Geschichte der Bankgesellschaft – offensichtlich auch bei Vetter – stimmen Schein und Sein nicht überein. Die EU-Entscheidung bedeutete für die Berlin Hyp, daß sie Rückstellungen von rund 30,3 Millionen Euro, wegen ihrer Beteiligung an der IBG, hätte bilden müssen. Damit wäre aus der schwarzen Null ein zweistelliges tiefrotes Millionen-Minus geworden. Ein so hoher Jahresfehlbetrag hätte aber negative Auswirkungen auf die Emissionsfähigkeit dieser Pfandbriefbank gehabt. Um diese zu vermeiden, hat die Bankgesellschaft diese Zahlung garantiert. Daraufhin konnte sie in einer Presse-Erklärung behaupten: »Berlin Hyp: Operative ›schwarze Null‹ im Geschäftsjahr 2003 – Sanierung zeigt Erfolge«. Diesen IBG-Beitrag werde die Berlin Hyp übrigens auch im Jahr 2004 nicht zahlen, sondern über drei Jahre verteilt. Auch das zeugt nicht gerade von einer gutgehenden Bank.

Seit dem Bericht der Europäischen Kommission zu Umstrukturierungshilfen zugunsten der Bankgesellschaft vom Februar 2004 sind die Probleme der Berlin Hyp bekannt. Der EU-Vorschlag an das Land, die Bankgesellschaft Tochter Berlin Hyp sofort zu verkaufen, wurde seitens des Landes abgelehnt. Die Begründung: »… ein sofortiger Verkauf der Berlin Hyp [könnte] für die Bank nicht tragbare Konsequenzen nach sich ziehen.«

Gibt es denn überhaupt Kaufinteressenten für die Berlin Hyp? Im EU-Bericht erfährt man, daß die Berlin Hyp nur überleben kann, wenn der Käufer die bisherige »konzerninterne Refinanzierung zu vergleichbaren Konditionen weitestgehend übernehmen» kann. Die Refinanzierung der Berlin Hyp läuft gegenwärtig über das noch hervorragende Rating der Landesbank Berlin, doch es läuft bald aus. Dieses Rating, aufgrund der staatlichen Gewährträgerhaftung, hat keine Privatbank. Außerdem, argumentierte das

Land Berlin, »müßte der Käufer mindestens den Buchwert der Berlin Hyp als Kaufpreis bieten«, weil sonst eine Buchwertabschreibung bei der Bankgesellschaft resultieren würde, »die die Lebensfähigkeit des Restkonzerns gefährden könnte». Die Diskrepanz zwischen Buchwert und Marktwert der Berlin Hyp muß bedrohlich hoch sein, wenn sie den Bestand der Bankgesellschaft gefährden kann.

Ein kurzer Blick in den Geschäftsbericht der Berlin Hyp für das Jahr 2003 zeigt, daß das Geldinstitut tatsächlich noch immer krank ist. Das Volumen im Hypothekengeschäft sank im Jahr 2003 von 276 auf 233 Millionen Euro. In den Jahren vor dem Absturz der Bankgesellschaft lag diese Summe jährlich um ein Vielfaches höher, bei zwei oder drei Milliarden Euro. Wegen dieses enttäuschenden Neugeschäfts und der hohen Risikokosten mußte für das Jahr 2003 eine Buchwertabschreibung von rund 115 Millionen Euro vorgenommen werden. Nach Gesamtabschreibungen der letzten Jahre von 430 Millionen Euro lag der Buchwert der Berlin Hyp in den Büchern der Bankgesellschaft Ende 2003 bei 630 Millionen Euro. Damit ist die Talsohle der Bank wahrscheinlich nicht erreicht, denn sie finanziert ein Immobilienportfolio, das zu über sechzig Prozent in Berlin und den neuen Bundesländern liegt. Vetters Sanierung hat bei der Berlin Hyp keine Wirkung gezeigt, und auch für die Zukunft sieht es schlecht aus, weil der Altbestand an Darlehen in Immobilienmärkten ausgegeben wurde, für die keine Besserung angenommen werden kann.

Womit verdient denn dann die Berlin Hyp Geld? Im Geschäftsfeld Immobilienfinanzierung verbuchte sie im Jahr 2003 einen Fehlbetrag von 37 Millionen Euro, im Zinsmanagement jedoch einen Jahresüberschuß von sechzig Millionen. Das ist vielleicht für eine Geschäftsbank normal, aber ungewöhnlich für eine Hypothekenbank. Wenn man bedenkt, daß die Berlin Hyp im Jahr 2003 ihre Verbindlichkeiten gegenüber verbundenen Kreditinstituten (die Landesbank und Bankgesellschaft) um fünfzig Prozent auf fast 3,4 Milliarden Euro erhöhte, sieht es eher so aus, als ob die Berlin Hyp die Billigkredite von Berlins Landesbank weiterleiht, um zu überleben. Das würde erklären, warum ein zukünftiger Käufer der Berlin Hyp, wie es in der EU-Notifizierung heißt, die »konzerninterne Refinanzierung zu vergleichbaren Konditionen weitestgehend übernehmen« müßte. Auch die Gewinne im Zinsmanagement sind also kein Zeichen für eine gelungene Sanierung, sondern einer Subventionierung im Konzern.

Die Raffinessen bei der Berlin Hyp im Großen finden sich wieder im Kleinen. Ein Beispiel: Der Kredit einer Grundstücksgesellschaft, die von der Bank der »Klaus Groth Berlin Gruppe« zugerechnet wird, auf das Bürogebäude Torstrasse 6 in Berlin Mitte erforderte 2001 eine Wertberichtigung von 2,278 Millionen Euro, der Abschlußprüfer war die KPMG. Eine Wertberichtigung muß eine Bank dann bilden, wenn sie erkannt hat, daß der Kredit notleidend ist, weil der Kunde seine Darlehen wahrscheinlich nicht mehr zurückzahlen kann. Die Torstraße ist so ein Fall, die Bank machte eine Wertberichtigung und gewährte dem Kunden die Tilgungsaussetzung bis 2006. Das Haus, die Sicherheit für den Kredit, hatte schon 2001 Leerstand, und er liegt immer noch bei dreißig Prozent. Sie schreibt zwar über den Verfall der Mieten und über den Leerstand wegen Überangebot an Büroflächen Ende 2003, sie gibt dem Objekt wie 2001 ein schlechtes Rating, aber sie will die Wertberichtigung auflösen, so als könnte sie 2003 davon ausgehen, daß nun der Kredit nicht mehr notleidend ist und auch nicht sein wird. Die Bank stellt von einer Absicherung durch das Haus auf eine Absicherung durch sonstiges Vermögen des Kunden um. Sie umgeht damit die Wertberichtigung ihrer Forderungen. Jedenfalls geht aus Unterlagen der Berlin Hyp eindeutig hervor, daß von 2001 bis 2003 die bewertete Immobiliensicherheit mit 12,5 Millionen Euro den Kredit von 14,8 Millionen Euro absichert. Es besteht also eine Sicherheitslücke von 2,3 Millionen Euro, die fast ganz durch die Risikovorsorge als Wertberichtigung in der Bilanz abgedeckt ist. Ab 2003 will die Berlin Hyp diese Wertberichtigung auflösen.

Der zuständige Bankmanager begründet das so: »Der Risikoüberhang kann auf die Bonität des Gesellschafters Dieter Graalfs« abgestellt werden. Auf den anderen Besitzer der Immobilie, Klaus Groth mag man nicht abstellen, denn der hat, laut Wertberichtigungsbeschluß zum 1. Januar 2003 bereits ein negatives Vermögen von 20,1 Millionen Euro und »Bürgschaftsübernahmen« von weiteren 290 Millionen zu tragen. Sein Mitgesellschafter Dieter Graalfs hingegen verfügt nach dieser Quelle noch über ein Nettovermögen von 52,2 Millionen Euro. Auch wenn das so stimmen mag: In einer gutgeführten Hypothekenbank werden Immobilienkredite auf jeden Fall und zuallererst auf die Immobiliensicherheiten abgestellt. Wertberichtigungen werden bei dauerhaftem Leerstand und Verfall der Mieten nicht aufgelöst, sondern erhöht. Vermeidet die Berlin Hyp Wertberichtigungen, weil sie eine positive Bilanz darstellen mußte, um verkäuflich zu sein? Die Antwort kennen nur die Bankmanager und deren Wirtschaftsprüfer. Im Hintergrund ist wichtig zu wissen, daß nicht mehr die KPMG die Bilanz der Berlin Hyp prüft, sondern jetzt »Price Waterhouse Coopers«, die für die Konzern-Bilanzprüfung zuständig war, als die Bankgesellschaft 2001 in das Desaster schlidderte. Es wäre sicherlich spannend zu wissen, ob die Prüfer von »Price Waterhouse Coopers« der Auflösung dieser Einzelwertberichtigung zustimmten.

Wie realistisch beurteilen die Berlin Hyp und die anderen Banken der Bankgesellschaft jetzt ihre Risiken? Nach den neuen Bilanzierungsvorschriften für börsennotierte Kapitalgesellschaften müßte die Bankgesellschaft ab dem Geschäftsjahr 2005 nach den strengeren »International Accounting Standards« bilanzieren, und nicht mehr nach dem Handelsgesetzbuch, das die Bankgesellschaft bis zur Aufdeckung 2001 jahrelang mißbrauchen konnte. Insbesondere müßten dabei die Immobilien, die als Kreditsicherheiten dienen, nach aktuellen Marktpreisen neubewertet und also deutlich abgewertet werden. Diese Umstellung könnte im Geschäftsjahr 2005 zu einer ähnlichen Risiko-Offenbarung werden, wie es die Neubewertungen der Immobiliendienstleistungs-Risiken der Bankgesellschaft im Jahr 2001 waren.

Um solches zu vermeiden, gibt es eigentlich nur den Ausweg, die Bankgesellschaft vom Kapitalmarkt zu nehmen – also runter von der Börse. Praktisch umsetzbar wäre ein solch drastischer Schritt nur durch eine Zusammenführung der Bankgesellschaft auf ihre Tochterbank, die Landesbank Berlin. So absurd das klingen mag – es gibt schon klare Anzeichen dafür. Geschäftssegmente und Risiken werden in der Bank hin- und hergeschoben. Das Geschäft mit den gewerblichen Kunden war mit ein Grund für die

Schieflage der Bank 2001. In 2003 vermindert sich das Segment Firmenkundengeschäft um 9.293 Milliarden Euro; 5,6 Milliarden werden auf Zinsmanagement und Kapitalmarktgeschäft übertragen. Teile der Gewerbekunden wurden auf die LBB übertragen. Das hat dann die EU untersagt.

Die Bankgesellschaft nennt ihr Konzept zur weiteren Konzentration der Bankaktivitäten das »Eine-Bank-Konzept«. Beabsichtigt ist die Zusammenführung der Geschäftstätigkeit der Bankgesellschaft Berlin AG und der Landesbank Berlin möglichst in einer juristischen Person zum Ende des Jahres 2005. Die Projektarbeiten wurden schon aufgenommen und die ersten erforderlichen Umsetzungsschritte sollen im Jahr 2004 vollzogen werden. Schön für Hans-Jörg Vetter, wenn es klappt. Dann hätte er nur noch eine Begegnung mit den murrenden Kleinaktionären der Bankgesellschaft vor sich. Auch schön, da man so um eine korrekte Bewertung der Kreditrisiken der Bankgesellschaft herumkommen könnte. Damit würde sich die Tragödie ihrem letzten Akt nähern können. Sämtliche Privatbank-Bereiche der Bankgesellschaft wären damit aufgelöst, und wenn dann auch noch die Sparkasse verkauft ist, bleibt ein ausgehöhlter, mit nicht privatisierbaren Risiken überfrachteter Mantel der Landesbank übrig, der erneut zu Lasten der Steuerzahler abgewickelt werden muß.

So richtig scheinen auch die internationalen Finanzmärkte nicht an »das Wunder von Berlin« zu glauben. Die Bank hat immer noch Refinanzierungsprobleme und konnte 2003 nicht im geplanten Umfang die fälligen Passiva durch entsprechende langfristige Emissionen ersetzen. Sie mußte stattdessen weiterhin kurzfristig Geld aufnehmen. Diese Situation wird sich keinesfalls entspannen, wenn im Juli 2005 die »Gewährträgerhaftung« – die staatliche Garantie – für die Landesbank Berlin, der wichtigste Teil der Bankgesellschaft, ausläuft. Vetter, der Sanierer, hatte für das Rating der internationalen Agenturen, das über die künftigen Refinanzierungskosten entscheidet, die gute und noch billige Stufe »A« fest in seinem Prognose-Blick. Die ersten Schattenratings, die kürzlich von den Agenturen vorgestellt wurden (und so heißen, weil sie derzeit unter dem noch bestehenden staatlichen Schutz nicht wirklich greifen), qualifizieren das Risiko der Landesbank jedoch in der BBB-

Kategorie und das wird sehr, sehr teuer. Man sollte wissen, daß ein »BBB«-Rating das Risiko-Niveau von mexikanischen Staatsanleihen oder Junk Bonds hat, das sind »Müllanleihen«, Wertpapiere mit schlechter Bonität, die Anleger mit hohen Renditen locken müssen.

Hans-Jörg Vetter, der effiziente Sanierer, kompetente Risikomanager und sichere Prognostiker, hat außerdem in naher Zukunft ein unerwartetes Problem aus einer noch nicht allzu fernen Vergangenheit: ein Problem mit den Immobilienfonds. Und das droht von einem kleinen Personenkreis, den er gar nicht identifizieren kann. Auf der Suche danach verlassen wir Berlin und wenden unsere Aufmerksamkeit dem Lande Hessen zu.

Die zwölf Herren, die sich um den dunklen, ovalen Holztisch in Bad Homburg setzen, haben zwei Gemeinsamkeiten: Sie gelten auf ihren Gebieten – Wirtschaft, Steuern und Recht – als hochkompetent, und sie besitzen millionenschwere Anteile an den Geschlossenen Immobilienfonds der Bankgesellschaft Berlin. Dieser »Think Tank«, auch bekannt als der »Bad Homburg-Kreis«, versammelte sich zum ersten Mal um zehn Uhr am 15. November 2003, einem Samstagmorgen, um Lösungen für ihre schwer angeschlagenen Geldanlagen zu suchen. Seitdem hat dieser Kreis eine Reihe von Entwicklungen in Bewegung gesetzt, die das Land Berlin und die Bankgesellschaft samt ihren Rechtsbeiständen in Atem halten.

Entstanden ist dieser effektiv arbeitende Kreis, als im Verlauf des Jahres 2003 eine negative Meldung nach der anderen über ihre Fonds durch die Medien jagte. »Zunächst recherchierten wir vereinzelt und merkten, daß vieles im Argen lag«, erinnert sich ein Mitglied des Kreises. Als sie sich das erste Mal in Bad Homburg trafen, »wurde uns allen das wahre Ausmaß des Desasters erst klar.«

Die 14 betroffenen Fonds mit den nüchternen Bezeichnungen LBB 3 bis 13 und IBV 1 bis 3, deren Anteile sie zwischen 1993 und 2001 erworben hatten, galten als absolut sicher, denn die Bankgesellschaft garantierte die Miete für die Wohnanlagen, Einkaufszentren, Seniorenheime, Lagerhallen und andere Immobilien auf 25 Jahre. Zudem sicherte das Kreditinstitut den Anlegern zu, ihren Anteil nach 25 Jahren zum Einkaufspreis zurückzuerwerben – nach dreißig Jahren sogar zu 115 Prozent. Dazu kam eine ganze Reihe weiterer komfortabler Garantien seitens der Bank. Und hinter dem Garanten Bankgesellschaft stand das Land Berlin. In der Branche hießen diese Fonds vollkommen zu Recht »Sorglos-Fonds«.

Mit diesem ungewöhnlichen und konkurrenzlosen Zuschnitt, der den Zeichnern natürlich auch steuerliche Vorteile bringen sollte, wurden Fonds mit einem Anlagevolumen von rund zehn Milliarden Euro, wovon ungefähr ein Drittel Eigenkapital war, aufgelegt und von 55 Tausend Anlegern erworben. Die Bankgesellschaft wurde damit der größte Initiator von Geschlossenen Immobilienfonds der Bundesrepublik.

Die Anleger aus dem Bad Homburg-Kreis entdeckten im Laufe ihrer Recherchen, daß ihre Fonds eine Cash-Kuh der Berliner Politik waren, womit die marode Landeskasse und die ebenso marode Bankgesellschaft jahrelang Milliarden kassiert hatten. Über Jahre konnten das Land und die Bank schlechte Immobilien, zum Teil zu überteuerten Preisen, in die Fonds verlagern. Außerdem verdiente das Geldinstitut noch an den hohen »weichen«-Kosten, die den Fonds aus Prämien für die gegebenen Garantien, für Tätigkeit der Treuhandbank, für die Fondskonzeption und für ähnliche Dienstleistungen mehr entstanden. Der Fremdkapitalbedarf der Fonds generierte Milliarden-Kredite für die Bankgesellschaft und ihre Tochterbanken, die zudem vielen Zeichnern dann auch noch Kredit für den Erwerb ihrer Fondsanteile gaben. Das Geldinstitut wies hohe Gewinne aus, das Land kassierte. Die Gemolkenen sind am Ende die Berliner Steuerzahler und die Fonds-Anleger.

Dann, im Jahr 2001, kam der Zusammenbruch der Bankgesellschaft und ihres Fondsgeschäfts. Auslöser waren die Risiken in den Immobilienfonds, vor allem durch die überteuerten, verlagerten Immobilien. Das Land Berlin sprang ein und sicherte die Fondsgarantien bekanntlich bis zu einer Höhe von 21,6 Milliarden Euro ab. 300 Millionen Euro jährlich müssen die Berliner Steuerzahler nach Berechnungen von Experten dafür aufbringen, dreißig Jahre lang – wenn sich die Lage nicht weiter verschlechtert.

Die Anleger hatten zwar großzügige Garantien von der Bank erhalten, bloß, wie der Bad Homburg-Kreis feststellte, waren diese Rundumgarantien nicht ganz so sorglos, wie sie im Fondsprospekt dargestellt wurden.

Andere Anleger, wie ein rheinländischer Kaufmann, machten diese Erfahrung in der Praxis. Als er im Jahr 2003 seine Fondsanteile bei einer Niederlassung der Bankgesellschaft beleihen wollte, wurde ihm nur ein Drittel des Anteilswertes angeboten. »Sorry, bankinterne Richtlinie«, erklärte der Sachbearbeiter.

Bei dem Bad Homburg-Kreis es hat die Bankgesellschaft nicht mit Amateuren oder »Leichtmatrosen« wie der Berliner Staatsanwaltschaft oder den Berliner Abgeordneten, die die Abgründe der Bankgesellschaft untersuchen, zu tun. Diese Anleger stoßen gleich auf ein Dokument, das ihnen große Sorgen bereitet. Es war eine Stellungnahme der Anwaltskanzlei Clifford Chance Pünder, die sich die Prospekte im Jahr 2001 anläßlich einer Risikoprüfung der Bankgesellschaft eingehend vorgenommen hatte. »Im Notfall«, heißt es darin, verbleibe der Bankgesellschaft die Möglichkeit, bei den Fonds »durch einen Insolvenzantrag ein unübersehbares Anwachsen der Verbindlichkeiten zu verhindern.« Der Kreis hat die Passage so interpretiert, daß ihre Fonds jeder Zeit wertlos werden könnten.

Der folgende Versuch des Bad Homburg-Kreises und anderer Fondsanleger, den wahren Zustand und Wert ihrer Investition bei der Bankgesellschaft festzustellen, erweist sich als äußerst schwierig. Mit ihren Fragen, so beschweren sich Anleger, stoßen sie auf eine Phalanx der Desinformation und des Schweigens. Die Bankgesellschaft hatte sich in einen Gegner verwandelt. Die geschäftsführende Kommanditistin und damit Verwalterin der Fonds, die IBV, gab eher widersprüchliche, zum Teil falsche, jedenfalls verwirrende Angaben über die Fonds. Kein Zufall. Sie ist eine hundertprozentige Tochter der Bankgesellschaft-Holding. Die Arbeitsstellen des Personals hängen von der Gnade der Bankgesellschaft ab. Damit ist ein Interessenskonflikt vorprogrammiert.

Nach Ansicht der Mitglieder des Bad Homburg-Kreises geht es der IBV bei dieser Politik des Blendens und der Desinformation um Zeitgewinn. Über die wahre Lage ihrer Fonds sollen die Anleger so wenig wie möglich erfahren. Doch die Wahrheit läßt sich kaum noch verbergen. Weil wohl zu viele problembehaftete Immobilien aus dem Bankgeschäft in die Fonds verlagert worden sind, laufen die Fonds schon in einer frühen Phase schlechter, als man es sich jemals vorstellte. Viele Fonds hatten im Jahr 2002 Ausfälle zwischen zwanzig und vierzig Prozent bei den prospektierten Mieteinnahmen. Beim Fonds IBV Deutschland 1 lag der Fehlbetrag laut Bericht des von den Anlegern gewählten Verwaltungsrats sogar bei über vierzig Prozent.

Im April 2003 informierte die IBV die Anleger des Fonds LBB 11 vom Ausfall der Ausschüttung für das Geschäftsjahr 2002. Der Grund: Eine drohende Insolvenz des Fonds. Die Deutsche Hypothekenbank AG (heute Teil der Eurohypo AG) in Hannover hatte im März 2003 ihren Kredit von rund 15 Millionen Euro für ein Einkaufszentrum in Sangerhausen in Sachsen-Anhalt gekündigt. Die Immobilie lief schlecht, brachte nicht annährend die prospektierte Miete. Deshalb schätzen die Hannoveraner den Wert der Immobiliensicherheit weitaus geringer ein. In einem weiteren Fall weigerte sich die Deutsche Bank, einen Kredit für ein schlecht laufendes Logistikzentrum in Rodgau in Hessen zu verlängern. Das Objekt stand zu 67 Prozent leer. Das Frankfurter Kreditinstitut wollte den riskanten Kredit keinesfalls zu den alten Bedingungen verlängern, forderte statt fünf Prozent Zins nun 7,5 Prozent. Solche Entwicklungen belasteten den Fonds, dessen prospektierter Zinsaufwand schon um 21,3 Millionen Euro überschritten war.

Dem Fonds fehlte jedoch die entsprechende Liquidität, um die Kredite abzulösen. Gemäß Prospekt sind die Fonds für eine solche Situation zwar mit Wertpapier- und Liquiditätsrücklagen gerüstet, im Fall LBB 11 sind es fast 35 Millionen Euro. Zu ihrem Erstaunen mußten die Anleger aber erfahren, daß diese Rücklagen bereits den finanzierenden Banken, vor allem aus der Bankgesellschaft, als Sicherheit verpfändet sind und deswegen nicht mehr eingesetzt werden können.

Im Januar des Jahres 2004 ist der Fonds IBV Deutschland 1 in eine ähnlich schwierige Lage geraten. In Kreditverträgen mit der Deutschen Hypothekenbank AG und Deutschen Kreditbank AG war der Fonds Sanierungsverpflichtungen für die von den Geldinstituten finanzierten Immobilien eingegangen. Beide Geldinstitute, offensichtlich wegen des mittlerweile fragwürdigen Wertes der von ihnen finanzierten Fondsimmobilien, setzten die IBV nun massiv unter Druck und forderten die sofortige Sanierung der Immobilien, anderenfalls drohten sie, ihre Kredite in Höhe von 79 Millionen zu kündigen. Die Sanierungskosten belaufen sich auf 17,8 Millionen Euro. Geplant waren nur 9,5 Millionen. Wie beim Fonds LBB 11 ist das Geld nicht da. Also gibt es zunächst keine Ausschüttungen.

Die Liquidität der Fonds ist jedoch nicht nur durch Verpfändungen bedroht, sondern auch durch die schleppenden Garantiezahlungen. Die Anleger sind vor allem Opfer von Desinformation des Fondsverwalters, der Bankgesellschaft-Tochter IBV.

Obwohl die Abschirmungsvereinbarung für die Immobilien-Fonds zwischen Bankgesellschaft und Land Berlin im Jahr 2002 abgeschlossen wurde, war vertraglich vorgesehen, daß die erste Auszahlung seitens des Landes Berlin am 1. Juni 2004 erfolgen sollte. Die Bankgesellschaft hatte Rücklagen in Höhe von 100 Millionen Euro, die bis dahin für Garantie-Auszahlungen an die Fonds ausreichen sollten.

Diese Summe reichte für die rasant steigenden Garantieansprüche jedoch keineswegs aus. Die Bank konnte lediglich eine Abschlagszahlung in Höhe von achtzig Prozent der eigentlich fälligen Mietgarantien für das Geschäftsjahr 2002 anweisen. Andere Garantien wurden auch nur teilweise oder gar nicht bedient. Viele Anleger waren immer noch des Glaubens, daß die Garantien vollständig an ihre Fonds gezahlt wurden. Von Änderungen oder Abschlagzahlungen erfuhren sie von der IBV lange nichts.

Auch Berlins Steuerzahler wurden Opfer solcher Falschinformation. Am 3. Dezember 2003 erschien ein Artikel im Berliner »Tagesspiegel« mit der Überschrift »Bankgesellschaft: Sarrazin zahlt heute nicht«. Darin kündigte der Finanzsenator der Hauptstadt, Thilo Sarrazin, an, daß die vorgesehenen 300 Millionen für Fondsgarantien im Jahr »2003 voraussichtlich nicht in Anspruch genommen« würden. Höchst merkwürdig! Laut Abschirmungsvereinbarung war es gar nicht vorgesehen, daß Berlin im Jahr 2003 überhaupt bezahlen sollte. So schaffen Berliner Politiker Erfolge.

Wovon die Fondsanleger erst spät erfuhren, war die lange Prozedur, die ihre Garantiezahlungen im Rahmen der Abschirmungsvereinbarung nun nehmen sollten. Erst mußten die Garanten, also die Tochter-Gesellschaften der Bankgesellschaft, alle Garantienansprüche der Fonds an eine dafür zuständige Prüfstelle der Bankgesellschaft namens LPFV einreichen. Die LPFV kontrolliert die Ansprüche. Wenn sie legitim sind, werden sie ans Land Berlin weitergereicht.

Das Land Berlin bezahlt klugerweise nicht gleich, sondern prüft auch noch einmal. Eine gute Idee. Dafür haben Sarrazin und das Land ein Prüfunternehmen, die »Berliner Gesellschaft zum Controlling der Immobilien-Altrisiken mbH« (BCIA) geschaffen. Gut für Sarrazins ehemaligen Kollegen aus der Treuhandliegenschaftgesellschaft, Peter Hohlbein, daß er zum Geschäftsführer ernannt wurde. Noch besser für Hohlbein, daß die BCIA, die eigentlich nur das Zahlenwerk nachrechnet und keine repräsentative Funktion hat, nicht in wenig attraktive leerstehende Büroräume des Landes einziehen mußte. Stattdessen wurde die Beletage in dem schicken, frisch modernisierten, denkmalgeschützten »Geschäftshaus Tietz« in der Klosterstraße 64 angemietet. Billig ist es nicht, mit einer Bruttokaltmiete von rund achtzehn Euro pro Quadratmeter (laut Vermietungsprospekt). Für die notwendigsten Bedürfnisse der ansonsten sich gern »arm« nennenden Stadt scheint also immer noch Geld vorhanden zu sein.

Die BCIA ist sehr korrekt bei ihren Berechnungen – man könnte sagen: auffallend korrekt. Es wird penibel jeder Fehlbetrag analysiert und auf seine Anspruchsberechtigung begutachtet, man fordert neue und neue Belege, man legt die »Detailvereinbarung«, mit der das Land die Haftung für die Fondsgarantien übernommen hat, buchstabengetreu aus – das heißt, man findet fast immer einen Grund, gar nicht, noch nicht oder zumindest nicht in der beantragten Höhe zu bezahlen. Oft greifen Garantieansprüche an das Land auch erst dann, wenn jahrelange Prozesse mit den Bauunternehmen und Handwerksbetrieben auf mögliche Schadensersatzverpflichtungen von deren Seite abgeschlossen sind. Durch bürokratische Zeitverzögerung entsteht ein Verrechnungsstau, der für die Fonds lebensbedrohlich wird. Mit anderen Worten: Garantie ist nicht gleich Garantie. Ob die BCIA wirklich besonders sorgfältig ist, weil es um das Geld der Steuerzahler geht, oder ob sie nur so wenig Geld auszahlen soll wie unbedingt nötig, um den Landeshaushalt zu schonen und Berlins Finanzsenator Erfolgsmeldungen zu bescheren, ist unklar. Tatsache ist, Thilo Sarrazin scheint es zu schaffen, Tausende von Fondsanlegern auf die Barrikaden zu bringen oder mindestens zu einer Zivilklage zu motivieren. Sie sehen nur, daß einige ihrer »garantierten« Fonds ihre Rendite nicht ausschütten und andere Fonds kurz vor der Insolvenz stehen.

Doch es geht nicht nur um die schleppende Bezahlung der Garantien, sondern auch die Höhe. Der Bad Homburg-Kreis hat festgestellt, daß die Generalmietverträge, worauf die Mietgarantien zum großen Teil beruhen, eine Klausel beinhalten, die Mietminderungen einräumen. Das klingt ganz anders als die Angabe des Generalmietvertrages im Verkaufsprospekt der Fonds, worin steht, der Generalmietvertrag garantiere »der Fondsgesellschaft den Eingang der prospektierten Miete über eine Laufzeit von 25 Jahren«. Reduzierte Mietzahlungen können natürlich schwerwiegende Auswirkungen auf die Wirtschaftlichkeit der Fonds haben.

Viele Anleger sind nicht bereit, die Taktik der Landesregierung und der Bankgesellschaft einfach hinzunehmen. Sie reichten die ersten Klagen ein, auch wenn ihnen seitens des Geldinstituts und des Landes keine Aussicht auf Erfolg eingeräumt wurde.

Doch dann geschah das völlig Unerwartete. Richter im Berliner Landgericht verurteilten am 7. Januar 2003 die IBV, die Fondstochter der Bankgesellschaft, dazu, zwei Zeichnern des Fonds »IBV Deutschland 3« den Kaufpreis ihrer Fondsanteile in Höhe von insgesamt 70 Tausend Euro zu erstatten, weil die Inhalte des Verkaufsprospekts nicht gestimmt hatten. Im Gegenzug soll die IBV die Fondsanteile zurückbekommen. Die IBV-Anwälte legten Berufung gegen das Urteil ein. Die Selbstsicherheit des Landes und der Bankgesellschaft geriet ins Wanken.

Der Schock der Niederlage saß offenbar tief. Die Bankgesellschaftstochter IBV ließ es in einem zweiten Verfahren von einem weiteren Anleger des Fonds »IBV Deutschland 3« erst gar nicht zu einer richterlichen Entscheidung kommen. Kleinlaut stimmten sie einem Vergleichsvorschlag des Gerichts vom 27. Februar 2003 zu.

Der Kläger erhielt siebzig Prozent seines Fondsanteils von 15 Tausend Euro plus Zinsen zurück. Bereits kassierte Ausschüttungen durfte er behalten.

Die IBV konnte sich trösten, da es bei den ersten beiden Klagen nur um den Fonds IBV Deutschland 3 und kleinere Summen ging. Am 23. Juni dieses Jahres erlitt die Bankgesellschaft-Tochter jedoch eine weitere, weitaus schwerwiegendere Niederlage. Vor dem Landgericht Berlin ging es diesmal um den Fonds IBV Deutschland 2 und einen Anleger, der Anteile mit einem Wert in Millionenhöhe besitzt. Gleich zu Prozeßbeginn ließ der Richter wissen, daß das Gericht eher im Sinne des Klägers entscheiden werde. Ein Vergleich wurde erneut abgeschlossen, wobei der Kläger siebzig Prozent seiner Anlage zurückerhielt und bisherige Ausschüttungen behalten durfte.

Während in den Gerichtssälen alles für die Bankgesellschafts-Tochter schief lief, kam es zu einem regelrechten Aufstand bei den Anlegern. Auf Initiative des Bad Homburg-Kreises gab es im März und April 2004 eine Abstimmung unter den Anteilsinhabern der großen Publikumsfonds. Sie sollten entscheiden, ob in einer Sonderprüfung von unabhängigen Wirtschaftsprüfungsgesellschaften geklärt werden sollte, ob die Bankgesellschaft überteuerte und riskante Immobilien in die Fonds überführt und damit verbotenerweise Risiken der Bankgesellschaft auf Anleger abgewälzt hatte. In der Beschlußvorlage zur Sonderprüfung hieß es, daß nach Vorlage der Prüfergebnisse schnell Versammlungen einberufen werden sollen, so daß »im Fall eines Beschlusses einer Klageerhebung die Klage noch vor dem 31. Dezember 2004 eingereicht werden kann«, da zum Jahresende die Verjährung möglicher Ansprüche droht. Danach könnten Klagen erheblich schwieriger oder unmöglich werden.

Zusätzlich sollte über eine weitere Prüfung des Jahresergebnisses der Fonds für das Geschäftsjahr 2003 entschieden werden.

Die hohe Beteiligung an der Abstimmung, zwischen fünfzig und 68 Prozent je nach Fonds, war völlig unerwartet, ebenso wie die fast einstimmige Zustimmung für beide Prüfungen. Es gab also eine klare Reaktion auf die Informationspolitik der IBV und auf einige Fonds-Informationen für die Anleger, daß es zunächst keine

Ausschüttung für das Geschäftsjahr 2003 mangels ausreichender Liquidität geben würde.

Die Bankgesellschaft, die eher an hilflose, pauschale Kritik oder an folgenlose Deklamationen der Staatsanwaltschaft oder parlamentarischer Untersuchungsausschüsse gewöhnt war, wurde auf dem falschen Fuß erwischt. Laut Michael Lange, Verwaltungsratsvorsitzender (die Verwaltungsräte werden von den Anlegern gewählt um ihre Interessen zu vertreten) fast aller betroffenen Fonds, schaltete die IBV auf stur und weigerte sich, den Wirtschaftsprüfungsgesellschaften die Aufträge zu erteilen. »Sie mauerte und sprach von juristischen Bedenken hinsichtlich der Beschlußtexte«, erinnert sich Lange. Die Verwaltungsräte ergriffen allerdings erneut die Initiative und beauftragten die Sonderprüfer auf eigene Faust.

Doch offensichtlich setzt die IBV ihre Desinformation fort. Am 28. Juni 2004 schrieben die Wirtschaftsprüfer von »Kiefer & Stubben«, die die Sonderprüfung des Fonds LBB 13 durchführt, an die IBV-Geschäftsführung. Sie beschwerten sich über einen Brief der IBV an die Fondszeichner vom 11. Mai 2004. Darin heißt es: »Die IBV beauftragte die ersten Wirtschaftsprüfer für die Prüfung der Jahresabschlüsse 2003 am 06.04.2004 … Von daher könnten die Vorarbeiten zur Prüfung der noch nicht erstellten Jahresabschlüsse geleistet bzw. begonnen werden. Derzeit beschäftigen sich die Prüfer jedoch fast ausschließlich mit der jeweiligen Sonderprüfung.« In ihrem Brief weisen die Prüfer von Kiefer & Stubben jedoch darauf hin, »daß die Wirtschaftsprüfer mit der Prüfung der Jahresabschlüsse … 2003 mangels Zustandekommen eines gesellschafterversammlungsbeschlußadäquaten Prüfungsvertrags nicht tätig werden können.«

Was die Sonderprüfungen angeht, sieht es, so Keiffer & Stübben, nicht anders aus. Laut dem IBV-Anlegerbrief solle »es nunmehr seitens der Wirtschaftsprüfer, mit denen wir im Rahmen der Sonderprüfung im täglichen Kontakt stehen, keine Kritik an der Zulieferung von Unterlagen und Daten« geben. Im Gegensatz dazu schreiben eben jene Wirtschaftprüfer aber, daß »die von Ihnen praktizierte Zulieferung von Unterlagen und Daten Gegenstand massiver Kritik von uns war und ist.« Es folgt im Brief ein Beschwerdekatalog. Die IBV steht offensichtlich mit dem Rücken zur Wand.

Wenn die Sonderprüfer den Anlegern bei den vorgesehenen außerordentlichen Gesellschafterversammlungen im Herbst 2004 berichten, wird es sicherlich eine Bombenstimmung geben. Denn viele Anleger stehen schon vor der persönlichen Insolvenz wegen der Immobilienfonds der Bankgesellschaft. Viele haben ihre Fondsanteile mit Krediten finanziert. Genaue Zahlen gibt es nicht, Schätzungen liegen bei der Hälfte aller Fondsbeteiligten. Eine nicht unerhebliche Anzahl von ihnen erhielt diese Finanzierung über Tochterbanken der Bankgesellschaft Berlin. Und da fangen Hans-Jörg Vetters Probleme an.

Mit Recht konnte Vetter behaupten, daß seine Bank mit den Risiken der Immobilienfonds nichts mehr zu tun hat. Die Garantien für die Fonds trägt einzig und allein das Land Berlin. Auch für die Kredite in Milliardenhöhe, womit die Bankgesellschaft die Immobilienkäufe der Fonds finanzierte, garantiert das Land Berlin.

Doch der Bankgesellschaft droht ein anderes Problem, so Andreas Gründel von der Rechtsabeilung der Bankgesellschaft: »Aufgrund der fehlenden bzw. verzögerten Ausschüttung bei mehreren Fondsgesellschaften können bzw. wollen die Zeichner ihre Zins- und Tilgungsraten bei diesen Fonds nicht leisten«, offensichtlich unter dem Motto »Keine Ausschüttung – keine Bedienung des Darlehens«. Der Lösungsvorschlag der Rechtsabteilung der Bankgesellschaft: »Aufgrund der Tatsache, daß es sich bei diesen Finanzierungen voraussichtlich um sogenannte verbundene Geschäfte im Sinne des Verbraucherkreditrechts handelt, ist es aus Sicht des Bereiches Recht der Bankgesellschaft Berlin nicht sinnvoll, mit Nachdruck die Bedienung der Darlehen einzufordern, da anderenfalls unnötig Prospekthaftungsklagen provoziert werden. Vielmehr sollten mit den Kreditnehmern wohlwollende Individuallösungen vereinbart werden«.

Wen wundert's? Laut Bundesgerichtshof, besteht ein »verbundenes Geschäft« nach dem Verbraucherkreditgesetz, wenn eine Fondsbeteiligung nebst Fremdfinanzierung über den gleichen Anlagevermittler läuft. Nur zu gern haben die Tochterbanken der Bankgesellschaft beide Geschäfte abgeschlossen, um gleich die doppelten Prämien zu kassieren. Wegen solcher Geschäfte ist das Kreditinstitut verpflichtet, den Anleger so zu stellen, als wäre er dem Fonds nie beigetreten und als hätte er daher den Kreditvertrag nie abgeschlossen. Die Strategie der Bankgesellschaft: Vergleiche mit den Anlegern abzuschließen. Der Grund ist einfach. Bei dem Rückkauf eines Fondsanteils muß das Land laut Abschirmungsvereinbarung zahlen, damit ist der umstrittene Privatkredit des Anlegers – und damit das Risiko – nicht länger in den Büchern der Bank. Erneut lädt die Bankgesellschaft ihre Probleme beim Steuerzahler ab.

Sollten sich die Fondsanleger weigern, ihre Kredite bei der Bankgesellschaft, womit sie ihre Fondsanteile erwarben, zu bedienen, und das die Oberhand gewinnt, würde sich diese Problematik als Risiko in der Jahresbilanz der Bankgesellschaft niederschlagen. Damit könnte es mit dem Erfolgsversprechen von Hans-Jörg Vetter etwas schwieriger werden.

Umso überraschender war ein Brief von der Leiterin für Unternehmenskommunikation der Bankgesellschaft, Christine Peters, nach einem Artikel von Jonas Hetzer und mir zu diesem Thema im »Manager Magazin«, der Mitte Mai 2004 erschien. In dem Brief vom 21. Mai schrieb Frau Peters: »Der Vorstandsvorsitzende der Bankgesellschaft hat zu keinem Zeitpunkt irgendeinen Einfluß auf die Geschäftstätigkeit der IBV, welche mit diesen Sachverhalten befaßt ist, ausgeübt.« Offensichtlich hat der Vorstandsvorsitzende Hans-Jörg Vetter einen »Persönlich-vertraulichen« Brief, datiert auf den 4. Mai 2004, von seiner Rechtsabteilung an ihn Frau Peters nicht gezeigt. Darin heißt es »Nach Abstimmung mit der IBV, der LPFV und der IBG werden sämtliche Prospekthaftungsklagen – auch wenn die Bankgesellschaft und die Landesbank Berlin nicht betroffen sein sollten – vom Bereich Recht der BGB mitbegleitet, überwacht und koordiniert.« Auch angesichts drohender Klagen der Anleger gegen die Bankgesellschaft wegen verbundener Geschäfte schreibt die Rechtsabteilung: »Eine einheitliche Strategie zum Umgang mit diesem Problem ist im Konzern der Bankgesellschaft noch abzustimmen.«

Die Rechtsabteilung der Bankgesellschaft hat guten Grund, Prospekthaftungsklagen vermeiden zu wollen. Im Gegensatz zur

Bank, der Berliner Staatsanwaltschaft und dem parlamentarischen Untersuchungsausschuß haben die Anleger gute Aussichten auf Klageerfolg wegen Prospekthaftung und eventuell Prospektbetrug.

Bei dem von den Anlegern gewonnenen Prozeß im Januar 2004 ging es um Seniorenwohn- und -pflegeheime, die an den »Deutsche Seniorenförderung und Krankenhilfe e.V. (DSK)« vermietet sind. Im Urteil heißt es, daß die DSK im September und Oktober 2001 keine Miete bezahlt hat. Die Anleger, die ihre Fondsanteile im Dezember 2001 erwarben, waren der Meinung, daß der Fondsinitiator, die Bankgesellschafts-Tochter IBV, unrichtige und unvollständige Angaben im Prospekt gemacht habe, indem sie die DSK zu Unrecht als »stabile und ertragsstarke Gesellschaft« dargestellt habe. Dabei seien die wirtschaftlichen Probleme der DSK, über die die Bankgesellschaft bestens informiert war, verschwiegen worden.

Interessant ist die Tatsache, daß die finanziellen Schwierigkeiten der DSK nicht erst im Herbst 2001 begannen, wie bislang von der IBV behauptet wird. In einer Aktennotiz aus dem Tochterunternehmen der Bankgesellschaft, der »Berlin Immobilien und Baumanagement der Bankgesellschaft Berlin GmbH« (IBG) Anfang Januar 2000, wurde berichtet: »Im zweiten Halbjahr 1999 sind beim DSK e.V. erstmals größere Mietrückstände aufgetreten, die gegen Ende Dezember 1999 auf rund 20,4 Millionen Mark aufgelaufen sind.« Die Krise konnte nur dadurch überwunden werden, indem die DSK zehn Millionen Mark Rückstände beglich und der Rest über verschiedene Verrechnungen und Miet-Erlasse abgebaut wurde. Im Bericht heißt es weiter, da mit einer Ausnahme »für alle in 2000 in Betrieb gehenden Objekte Preopening- und Einrichtungskostenzuschüsse bereits geflossen sind, ist zu befürchten, daß der DSK e.V. unsere Fonds erneut an möglichen Liquiditätsengpässen beteiligen will, indem Mietzahlungen unterbleiben.«

Der Aktennotiz ist außerdem zu entnehmen: »Denkbar sind zwei negative Entwicklungen des DSK e.V.«. Die eine wäre die weitere Nichtzahlung oder Rückstände bei den DSK-Objekten, die andere bedeutet die »Insolvenz der DSK e.V.« In die Rubrik

»weitere Vergehensweise« der IBG gehört ein Gespräch mit dem Chef der DSK, zur »Offenlegung der tatsächlichen wirtschaftlichen Verhältnisse der DSK-Gruppe«. Fast gleichzeitig mit der Erstellung dieser Aktennotizen wird der Fonds IBV Deutschland 3 emittiert, und im Prospekt hat die IBV keine Scheu, von der DSK als einer »stabilen und ertragsstarken Gesellschaft« zu schreiben!

Im April 2000 herrscht helle Aufregung in der Bank wegen der DSK. Keine weiteren DSK-Objekte sollen finanziert werden. Die, die schon im Immobilienfonds sind, sollten von anderen Banken endfinanziert werden. Doch den Fondsverkauf samt DSK-Immobilien betreibt die Bankgesellschaft weiter.

Man muß bedenken, daß diese Krise der DSK Mitte 1999 auftrat. Zu der Zeit und danach werden die Fonds IBV 1, 2 und 3 mit einem Gesamtvolumen von fast dreieinhalb Milliarden Mark, und alle mit jeweils zwei Seniorenheimen der DSK ausgestattet, vertrieben. Diese Fonds werden im Prospekt als »werthaltige Vermögensanlage, insbesondere zur privaten Vermögensbildung und zum Auf- bzw. Ausbau einer attraktiven Altersvorsorge« beschrieben. Wer in den Prospekten dieser betroffenen Fonds die Rubrik »Chancen und Risiken« aufschlägt, sucht umsonst nach Risiken im Zusammenhang mit dem Mieter DSK.

Was es jedoch gab, war eine Broschüre der IBG-Tochter »Bavaria Objekt- und Baubetreuung GmbH« mit dem Titel »Erfolgreicher Betrieb von Sozialimmobilien am Beispiel der pro seniore Unternehmensgruppe«. »Pro seniore« ist der Markenname der DSK. Das Heft mit »Stand: August 1999« – also zu einer Zeit, als die DSK in akute Schwierigkeiten geriet – ist eine Lobeshymne auf die DSK. Wer trotzdem immer noch verunsichert war, findet in der Broschüre eine 16-seitige »Stellungnahme zur Bonität des Deutsche Seniorenförderung und Krankenhilfe e.V. Worms« vom 16. August 1999 von der BDO »Deutsche Warentreuhand Aktiengesellschaft Wirtschaftsprüfungsgesellschaft« für das Geschäftsjahr 1998. Die Schlußbemerkung zur DSK heißt »Die Bonität kann als gut eingeschätzt werden.«

Die BDO war übrigens an einer Reihe von fragwürdigen Operationen und Testaten für Jahresabschlußberichte im Zusammenhang mit der Bankgesellschaft beteiligt. Sogar soweit, daß die

Bankgesellschaft sich veranlaßt fühlte, wegen Schadensersatzansprüchen gegen die BDO vorzugehen. Vor Einleitung einer Klage seitens der Bank gab es außergerichtliche Verhandlungen, woraus eine Vergleichsvereinbarung in Höhe von angeblich zwölf Millionen Euro entstand. Bei dieser, angesichts des benannten Schadensvolumens auffällig niedrigen Summe wäre es sicherlich nicht unangebracht, wenn die Berliner Staatanwaltschaft von Amts wegen ermitteln würde, ob mit der Zahlung der BDO an die Bankgesellschaft weitere Überweisungen an Vorstände oder Rechtsanwälte des Geldinstituts verbunden waren.

Die DSK war kein Ausnahmefall. Es tauchen immer neue Unterlagen auf, die die Werthaltigkeit der Fondsimmobilien und Bonität ihrer Mieter in Frage stellen. Die Mietausfälle der garantierten Fonds liegen 2004 bei rund 100 Millionen Euro, Tendenz steigend, weil die ersten Mietverträge auslaufen und es könnte schwerfallen Nachmieter für die eher unattraktiven Immobilien zu finden.

Auch in der Bankgesellschaft selbst herrscht die Überzeugung, daß bei den Fondsimmobilien nicht alles mit rechten Dingen zuging, wie zum Beispiel beim Erwerb von 3470 Wohnungen aus den Beständen der Deutsche BauBeCon im Jahr 1999 für rund 270 Millionen Mark. Zu dem Kaufpreis des Zwischenerwerbers, eines Unternehmens der Bankgesellschaft, meint Klaus Hansen, heutiges Vorstandsmitglied der Bankgesellschafts-Tochter IBAG und Aufsichtsratsvorsitzender der IBV: »Wer 1999 die Bestände der BauBeCon für, sagen wir einmal praeter procter – im Einstand 1200 Mark gekauft hat, der muß mit dem Klammerbeutel gepudert gewesen sein.« Doch, wie Hansen ergänzt, »Der Quadratmeter Einstand BauBeCon für die Fonds dürfte bei etwa 1350 DM liegen. Das ist verrückt.« Hansen sollte es wissen. Er führt heute die Immobiliendienstleistungen der Bankgesellschaft samt dem operativen Fondsgeschäft.

Solche Urteile zu Fonds-Immobilien sind bei Hansen nicht selten. Zum Mutschler-Einkaufszentrum in Neu-Ulm, das sich in dem Fonds LBB 13 befindet, meint der IBAG-Chef, »Mutschler ist – jetzt muß man den Begriff einmal ganz klar sehen – von vornherein ein Scheiß-Objekt. Da hätte man sofort mit dem Bagger durchfahren müssen und sagen: ›So nicht. So baut man kein Einkaufszentrum!‹« Für das »Scheiß-Objekt« mußten die Fondszeichner 240 Millionen Mark aufbringen.

Der Vorstand der IBAG sieht die Verpfändung der Wertpapier- und Liquiditätsrücklagen der Fonds ebenso kritisch. Rund achtzig Prozent solcher Rücklagen der großen Publikumsfonds sind verpfändet – hauptsächlich bei Banken der Bankgesellschaft. Diese Tatsache haben die Verwaltungsräte erst Anfang 2003 »mit Entsetzen« erfahren. Diese Rücklagen waren der Notgroschen, womit finanzielle Wogen geglättet werden sollten. Bei dem Fonds LBB 10 fand eine solche Verpfändung zugunsten der Landesbank Berlin in Höhe von 26 Millionen Euro bereits am 22. Dezember 1997 statt: schon vor der Fondsschließung. In den Fondsprospekten wird dieses Risiko gar nicht erst erwähnt. Findet eine solche Verpfändung statt, »muß man aber ab diesem Zeitpunkt einen Flyer, eine Ergänzung in diesen Prospekt hineinlegen, damit der jeweilige Zeichner informiert ist, und ich muß auch die bereits geworbenen Zeichner entsprechend informieren«, sagt Reinhardt Gennies, Vorstandssprecher der IBAG. Erst Mitte 2002 sind die Verpfändungen in der IBAG bemerkt worden, meint Hansen, der der Meinung ist, daß Verpfändungen dieser Größenordnung bei einer Kommanditgesellschaft wie den Fonds ohne Zustimmung der Gesellschafterversammlung nicht wirksam sind.

Dann gibt es noch die Frage der Fondsprospektprüfung durch eine unabhängige Wirtschaftsprüfungsgesellschaft. In dem Fall der großen Publikumsfonds war der Prüfer in der Regel »Arthur Andersen«. Diese Wirtschaftprüfungsgesellschaft wurde wegen des Enron-Skandals abgewickelt, ein Unternehmen, das Arthur Andersen angeblich kontrollieren sollte. Auch bei den Immobilienfonds der Bankgesellschaft gab es merkwürdige Vorgehensweisen.

Zum Beispiel bei dem Fonds LBB 11 heißt es im Vertriebsprospekt »Das diesem Fondsangebot zugrundeliegende Konzept wird durch gutachterliche Stellungnahmen von namhaften Steuerexperten und unabhängigen Wirtschaftsprüfungsgesellschaften bestätigt«. Man kann laut Prospekt sogar ein Exemplar des Prüfberichts auf Wunsch zugesandt bekommen. Er würde voraussichtlich drei Monate nach Prospektherausgabe vorliegen. Bei dem Fonds

LBB 11, der Anfang 1997 aufgelegt und zum 31. Dezember desselben Jahres geschlossen wurde, wurde jedoch der Prüfungsbericht von Arthur Andersen erst am 31. Juli 1998 beendet – acht Monate nach Schließung des Fonds. Dabei stellten die Prüfer eine ganze Reihe von Abweichungen fest. Den Anlegern wurde durch den Text des Prospekts glaubhaft gemacht, daß die Fondskonstruktion bei Zeichnung schon vollständig geprüft worden sei, was offensichtlich nicht der Fall war.

Bei vielen Anleger-Klagen geht es tatsächlich um Kapitalanlagebetrug durch Fehlangaben seitens des Fondsauflegers aus der Bankgesellschaft. Sollte den Fondsanteilinhabern vom Gericht rechtgegeben werden, kann man schlußfolgern: Wo es Betrug gab, müßten auch Betrüger am Werk gewesen sein. Damit hat man eine merkwürdige Situation.

Fast täglich werden neue Aspekte gefunden, die auf eine düstere Zukunft der Immobilienfonds der Bankgesellschaft hinweisen. Während im Geschäftsjahr 2002 nur bei ein paar Fonds die Ausschüttung zunächst ausgesetzt wurde, um dann doch verspätet ausgezahlt zu werden, sind es für das Geschäftsjahr 2003 schon eine ganze Reihe mehr, die zunächst gar keine Ausschüttung erhalten oder nur einen kleineren Anteil.

Ende Juni 2004 erhielten jedoch die Anleger gute Nachricht von der IBV. Das Land hatte endlich die ersten Garantiezahlungen geleistet. Damit, meinte die IBV, seien sie allen ihren Pflichten nachgekommen. Die IBV schrieb dazu: »Wir wollten nicht versäumen, Ihnen diese positive Nachricht, die nunmehr auch manchen inneren Zweifel auf Ihrer Seite neutralisieren dürfte, umgehend zukommen zu lassen«. Genaue Zahlen enthielt der Brief nicht.

Der Grund dafür wurde Ende August eindeutig, als erneut Post von der IBV bei den Anlegern einging. Das Land hat bei fast allen Fonds sehr wenig oder gar nichts gezahlt. Die meisten Ausschüttungen für das Geschäftsjahr 2003 sind entweder entfallen oder weit unter Plan ausgefallen. Die IBV hat jedoch wieder eine gute Nachricht. Die Landesbank Berlin habe versprochen, die verpfändeten Rücklagen wieder freizugeben.

Die Frage ist, ob die IBV und die Bankgesellschaft überhaupt Glaubwürdigkeit bei den Anlegern genießen? Das wird man bald wissen. Ab Mitte Oktober 2004 sollen bei den Fonds außerordentliche Gesellschafterversammlungen stattfinden. Sie könnten wohl in die Geschichtsbücher eingehen.

Das wird allerdings Hans-Jörg Vetter nicht stören. Er kann sich eigentlich nur freuen, wenn es eine Klagewelle seitens der Anleger gibt, dann wird es nämlich zu einer Sache des Garanten – des Landes Berlin. Wichtig ist nur, daß die Schäden beim Steuerzahler landen und keinesfalls bei seiner Bank.

Filz rostet nicht

Die Tempodrom-Affäre

Um bekannte Gäste braucht sich das Palace Hotel am Europa-Center nicht zu sorgen. Hollywood-Stars wie Julia Roberts oder John Travolta sind hier im Herzen West-Berlins abgestiegen, auch der russische Präsident Wladimir Putin logierte schon in der Nobelherberge. Im Vergleich zu solchen Gästen war die Gesellschaft, die sich am frühen Abend des 21. August 2001 im Raum »Romanee-Conti« versammelte, doch eher zweitklassig, eben berlinisch.

Eine Initiative »Unternehmer für Klaus Wowereit« hatte zu einem Fund-Raising-Dinner mit Bundesfinanzminister Hans Eichel geladen. Es gab Champagner der Marke Ruinart »R« Brut, Salat von der Bresse Wachtel mit Pfifferlingen – und Parteispenden. Erschienen waren knapp zwanzig Vorstände und Geschäftsführer Berliner Unternehmer und einflußreiche Strippenzieher der Hauptstadt.

Bahn-Vorstand Hartmut Mehdorn war da; Thies-Martin Brandt, Vorstand der landeseigenen Wohnungsbaugesellschaft DeGeWo; Nikolaus Fuchs, der allgegenwärtige Geschäftsführer der »Lexington Consulting«. Eine Reihe hochrangiger Vertreter Berliner Wirtschaftsunternehmen wie Gegenbauer-Bosse, Deutsche Bank AG und Immobilienfirmen wie Groth und Graalfs oder Grundkonzept standen auf einer Liste von zugesagten Gästen, wollten, mit Ausnahme von Lothar Wulf (Fa. Groth und Graalfs), aber ihre Teilnahme nicht bestätigen.

Eingeladen hatten Karl Kauermann, Vorstandsvorsitzender der Berliner Volksbank, und der Berliner Baulöwe Roland Specker. Von den Teilnehmern der exklusiven Speisung wurde eine Spende von 2500 Euro für den Wahlkampf der Berliner SPD verlangt. Die Rechnung über knapp zweitausend Euro für die Sozi-Sause wurde von der dem Land mehrheitlich gehörenden Berlinwasser-Holding AG beglichen, also gewissermaßen aus der Landeskasse.

Daß dieses Dinner am Europa-Center zweieinhalb Jahre später überhaupt der interessierten Öffentlichkeit bekannt wurde, war zwei »Spiegel«-Journalisten zu verdanken, die in der Tempodrom-Affäre recherchierten. Dieser Skandal um die Finanzierung eines angeblich alternativen Veranstaltungstempels in Kreuzberg beleuchtet wie kein anderer noch einmal den Berliner Sumpf, jene unselige Verquickung von Politik und Geschäft, die gewöhnlich die Verschleuderung oder Privatisierung öffentlicher Mittel zum Ergebnis hat. Im Zentrum standen beim Tempodrom nicht mehr die CDU-Filzokraten unter Führung von Klaus Landowsky und Eberhard Diepgen, sondern einer der letzten SPD-Vertreter des West-Berliner Ancient Régime, Peter Strieder.

Vor allem Strieders nachhaltiger Einsatz für das Tempodrom sorgte dafür, daß zirka 32 Millionen Euro öffentlicher Gelder in ein Projekt flossen, das von Anfang an unseriös kalkuliert war; die Trägerstiftung mußte im Frühjahr 2004 Insolvenz anmelden.

Nachdem Strieder die Große Koalition mit der CDU geschickt hatte platzen lassen, war der ehemalige Arbeitsrichter der mächtigste Mann in der Berliner SPD und mußte sich als solcher natürlich Gedanken darüber machen, wie er nach dem Zwischenspiel des rot-grünen Übergangssenats seine Partei dauerhaft in der Landesregierung etablieren konnte. Die Parole war klar. Um sich von der CDU abzusetzen, propagierte die SPD den »Mentalitätswechsel«. Nach dem Desaster des Bankenskandals sollten den Berlinern transparente Verhältnisse vorgetäuscht werden. Die Parole nach außen: Endlich Schluß mit der Selbstbedienung der Parteien, der Vetternwirtschaft und der Privatisierung öffentlicher Gelder.

Doch ein Wahlkampf kostet Geld, und finanziell betrachtet sind Parteien gewöhnlich wie trockene Schwämme. Was Strieder sich zusammen mit dem SPD-Wahlkampfleiter und späteren Senatssprecher Michael Donnermeyer sowie dem Baulöwen Roland Specker zur Geldbeschaffung ausdachte, sprach leider einem »Mentalitätswechsel« Hohn. Da die Akteure dies auch so sahen, starteten sie eine einigermaßen verdeckte Aktion.

Solch ein Dinner wie im Palace Hotel nennt man »Fund-Raising«, auf Deutsch »Geldsammeln«, in diesem Fall Spenden für die Partei. Diesen Begriff freilich vermieden die Organisatoren tunlichst, denn Spenden haben zwar für diejenigen, die sie leisten, den Vorteil, daß sie eine Quittung bekommen und den gespendeten Betrag von der Steuer absetzen können. Doch es gibt auch gravierende Nachteile: Die profitierende Partei muß Spenden offiziell als solche verbuchen und offenlegen. Unternehmen haben von Spenden keinerlei Steuervorteile. Das wiederum ist ungünstig für Vorstandschefs oder Geschäftsführer, die generös als Spender auftreten, das Geld aber nicht so gern der eigenen Tasche, sondern lieber der Firmenkasse entnehmen.

Diese Regeln gelten allerdings nicht, wenn es um »Sponsoring« geht. Sponsoring ist eine Spende, jedoch mit einer Leistung und Gegenleistung verbunden. Man bezahlt vielleicht die Druckkosten für ein Plakat, worauf – und das ist angeblich die entscheidende Gegenleistung – oft klein und kaum lesbar in einer Ecke gedruckt steht: »Ermöglicht durch die großzügige Unterstützung von …«. Der Sponsoringbetrag wird bei der Partei als ganz normale Werbeeinnahme verbucht. Und bei der geldgebenden Firma läuft der Betrag unter »Betriebsausgabe«, normalerweise für Werbung. Glücklicherweise können Betriebsausgaben von der Steuer abgeschrieben werden. Bis zum Juni 2002 spielte es auch für die begünstigten Parteien keine Rolle, ob das Geld von Privatunternehmen kam oder von Firmen, die teils oder vollständig staatlich sind – und von der Partei kontrolliert werden sollen, die von ihren Spenden profitiert.

Es wäre sicherlich spannend zu wissen, wie bei diesem »Sponsoring-Abendessen« Leistung und Gegenleistung aussahen und wie die großzügigen Herren ihre Ausgaben verbuchten. Es drängt sich die Frage auf, ob es bei dem Event überhaupt mit rechten Dingen zuging oder Berlin vor einer neuerlichen Spenden-Affäre steht.

Nach einer Novellierung des Parteiengesetzes dürfen Parteien inzwischen keine Spenden mehr von Unternehmen annehmen, die zu mehr als einem Viertel in Staatsbesitz sind – und etliche Gäste des Sozi-Dinners im Palace Hotel können von Glück sagen, daß dieses Gesetz erst ein halbes Jahr nach ihrem Stelldichein in Kraft trat. Ungewiß ist allerdings, ob eine solche Spende eines Unternehmens jenseits des Parteiengesetzes schlicht und einfach Untreue ist.

Sogar die Berliner Staatsanwaltschaft bekam in einer Sternstunde diesen Verdacht. Ende August 2004 durchsuchte sie das Büro von Bahnchef Hartmut Mehdorn. Die Ermittler sind der Meinung, daß zu den Aufgaben öffentlicher Unternehmen keinesfalls das Alimentieren von politischen Parteien zählt – auch schon vor Juni 2002. Die Erklärung der Bahn dazu verursacht mehr Fragen als sie beantwortet: »Die erbetene Spende in Höhe von 5000 Mark wurde im Anschluß an das Sponsoring-Abendessen veranlaßt. Der Betrag wurde von der Deutschen Bahn AG gespendet und direkt an den SPD-Landesverband, Charlottenstraße 57, überwiesen. Zeitgleich hat Herr Mehdorn veranlaßt, denselben Betrag an den Landesschatzmeister der CDU zu überweisen, um Gleichbehandlung der beiden großen Parteien sicherzustellen. Laut Deutsche Bahn hat »der SPD-Landesverband der Deutschen Bahn unaufgefordert eine Zuwendungsbestätigung übersandt.« Egal, wohin Mehdorn oder die anderen Esser außerdem noch gespendet haben – laut Bundesministerium für Finanzen »dürfen Spendenquittungen in solchen Fällen von einer Partei nicht ausgestellt werden.«

Thomas Mecke, Vorstand der Berlinwasser-Holding AG, meinte, das Sponsorentreffen sei eine gute Gelegenheit, die beiden Herren, Wowereit und Eichel, im kleinen Rahmen zu treffen und politische Informationen zu erhalten. Die Kosten übernahm er auf Vorschlag des Tempodrom-Förderers Roland Specker, der bei deren Tochterfirma, den Berliner Wasserbetrieben, im Aufsichtsrat saß.

So ganz geheuer war die Freigiebigkeit seines Unternehmens Mecke offenbar doch nicht. Verbucht wurde das Dinner dezent als »Unternehmertreffen Politik am 21.08.2001«. Die Leiterin der Konzernkommunikation, aus deren Etat die Rechnung beglichen wurde, beteuert, daß sie nicht informiert worden sei, daß es sich um eine Wahlkampfveranstaltung handelte – offenbar ging es auch anderen Teilnehmern so, denn sie wollten auf meine Anfrage keine Stellungnahme abgeben.

Bei der Berlinwasser-Holding gab es laut Buchführung nicht nur dieses eine »Unternehmertreffen Politik«. Im Etat der Konzernkommunikation taucht mit Datum 8. Oktober 2001 ein vergleichbarer Posten auf, ebenso mit einer Rechnung in Höhe von rund zweitausend Euro.

Es lohnt sich, sich die Dinner-Gäste ein wenig genauer anzusehen: Specker und Kauermann gehören zu den Protagonisten, die im Berliner Sumpf eher im Hintergrund agieren. Zusammen mit dem Unternehmensberater Nikolaus Fuchs und dem ehemaligen IHK-Präsidenten Werner Gegenbauer sind sie eine ausgesprochen einflußreiche Combo in der Stadt.

Kauermann, SPD-Mitglied, wurde 1997 von Annette Fugmann-Heesing nach Berlin geholt, um die Privatisierung der Berliner Gasbetriebe abzuschließen. Er wurde Chef der angeschlagenen Grundkreditbank und nach der Fusion auch der Berliner Volksbank. Heute ist Kauermann außerdem Aufsichtsratsratsvorsitzender bei der städtischen Wohnungsbaugesellschaft »DeGeWo« und Berlins privatisiertem Gasversorger »Gasag«. Er ist auch Mitglied des Aufsichtsrats von »Vivantes«, die viele der defizitären öffentlichen Krankenhäuser in Berlin betreibt, der BETA Systems Software AG, der TLG Immobilien GmbH, K.M.T. Immobilien AG in Wiesbaden und zusammen mit BVG-Chef von Arnim und Gegenbauer bei der Stadtmarketing-Gesellschaft »Partner für Berlin«. Der Multifunktionär ist zudem seit einiger Zeit zusammen mit Roland Specker (der ging im April 2004) und Werner Gegenbauer im Aufsichtsrat der Specker Bauten AG, im April 2004 in Cenda Invest AG umbenannt. Und Kauermann ist Mitglied im »Golf- und Land-Club Berlin-Wannsee«.

Dieses Hobby verbindet ihn mit dem stets wohlgebräunten Roland Specker, der sich heftig müht, das Image eines dem Gemeinwesen verpflichteten Geschäftsmannes zu pflegen. Bei der Bewerbung Berlins für die Olympischen Spiele 2000 war der gebürtige Stuttgarter bereit, für einen Dollar als Geschäftsführer zu dienen. Man wollte ihn jedoch nicht. Im Jahr 1995 organisierte der Schwabe dann für dieses symbolische Honorar als Geschäftsführer die überaus erfolgreiche Reichstagsverhüllung von Christo und Jeanne-Claude.

Im Oktober 2000 wurde er in den Aufsichtsrat der Berliner Wasserbetriebe berufen, später in das Aufsichtsgremium der damals kommunalen Wohnungsbaugesellschaft GSW. Im Gegenzug ließ er sich auch die politische Landschaftspflege etwas kosten. Specker und Firmen, die seinen Namen tragen, haben in den vergangenen Jahren zahlreiche, gemeldete Spenden an die SPD in Berlin geleistet: jeweils zehntausend Mark in den Jahren 1998 und 1999, achttausend in 2001 und 6250 Euro in 2002. Doch wie es unter Berliner Baulöwen Tradition ist, spendete er auch für den Fall, daß die Regierung mal wieder wechselt, und ließ FDP und CDU nicht leer ausgehen.

Im Gegensatz zu den meisten Lokalmatadoren der West-Berliner Bauszene war der Schwabe so schlau, kurz vor dem Beginn des Niedergangs des Berliner Immobilien-Marktes Ende 1993 den größten Teil seiner Firma zu verkaufen. Gleichwohl hießen bis zum 1. April 2004 die drei Aufsichtsratsmitglieder der Specker Bauten AG Roland Specker (Vorsitzender), Werner Gegenbauer und Karl Kauermann. Nicht nur Specker war an der AG beteiligt (24 Prozent), sondern auch Gegenbauer mit rund zwanzig Prozent.

Eine »Taskforce Engagements« in der Bankgesellschaft Berlin, die sich um die Sanierung maroder Kreditnehmer bemüht, interessiert sich für eine »Specker/Klussmann-Gruppe«. In einem bankinternen Bericht findet man unter deren Rubrik laufende Kredite in Höhe von rund 130 Millionen Euro, fast alle von der Berlin Hyp, die bis zum Jahr 2001 unter der Führung von Klaus Landowsky stand. Weitere 13 Millionen Verbindlichkeiten bestehen bei der Landesbank Berlin. Sicherheiten haben die Banken der Bankgesellschaft nur für achtzig Prozent dieser Kredite, der Rest – ohne Sicherheiten – ist das, was man »Blanko« nennt. Dafür haben die Banken schon zwölf Millionen Euro wertberichtigt. Man erfährt zu der Gruppe in einem Bericht vom Dezember 2003: »Unverändert seit Jahren unzureichende wirtschaftliche Verhältnisse, auch nicht durch Gesellschafterbeitritt von H. Gegenbauer nachhaltig verbessert.«

Specker und Gegenbauer, die seit einigen Jahren eine Art Privatier-Existenz führen, teilen sich ein Büro am noblen Gendarmenmarkt. Sie sind Mitglieder des exklusiven Berliner Tennis-Clubs Blau-Weiß und gehören zum Freundeskreis des Hebbel-Theaters und der Berlinischen Galerie. Specker, Gegenbauer und Kauermann zählen auch zum Förderkreis der Deutschen Oper. Wie Kauermann, spielen Specker und Gegenbauer Golf, Specker leidenschaftlich. Specker ist außerdem Vorstandsvorsitzender des »Golf- und Land-Club Berlin-Wannsee«, in dem auch Gegenbauer Mitglied ist, die letzte Bastion des West-Berliner Filzes. Der Club, sehr zum Ärger des Landesrechnungshofes, bezahlt (auch schon in der Ära vor Specker) eine niedrige Pacht an das Land Berlin, die der oberste Prüfer als »verdeckte Subventionierung« bezeichnet. Seit 1997 bemüht sich der Landesrechnungshof darum, daß Konsequenzen gezogen werden.

Werner Gegenbauer ist Honorarkonsul des Großherzogtums Luxemburg. Außerdem ist er Mehrheitsinhaber einer der größten Dienstleistungsfirmen der Hauptstadt, »Gegenbauer Bosse«, Ehrenpräsident der Industrie und Handelskammer Berlin (von 1997 bis 2004 war er Präsident). Er saß und sitzt seit einigen Jahren auch in einer Reihe von Aufsichtsräten, beispielsweise bei Berlins öffentlicher »Wohnungsbaugesellschaft Mitte«, davor in der »Gehag«, der Königlichen Porzellan-Manufaktur Berlin, deren Niedergang er offensichtlich nicht verhindern konnte, der »Ideal Lebensversicherung AG« und der »Georg Seil Consulting GSC AG«. Er zählt auch zum Beraterkreis der IKB Deutsche Industriebank und bis Februar 2004 war er im Beirat zur Hauptverwaltung der Deutschen Bundesbank in Berlin (ehemals Landeszentralbank). Er sitzt im Rundfunkrat des Rundfunks Berlin-Brandenburg und im Aufsichtsrat von Hertha BSC, ist stellvertretender Vorsitzender der Stadtmarketing-Gesellschaft »Partner für Berlin«, Vorstandsmitglied der »Ernst-Reuter-Gesellschaft« zur Förderung der Freien Universität Berlin, Sprecher des Bewerbungskomitees für die Leichtathletik-Weltmeisterschaft 2009 (und soll angeblich im Erfolgsfall zum Vorsitzenden des künftigen Organisationskomitees aufsteigen), ist Mitglied der »Gesellschaft der Freunde der Akademie der Künste«, Schatzmeister des Museumsvereins des Deutschen Historischen Museums, Vorstandsmitglied im Förderverein der Kunsthochschule Weissensee und Vorstandsmitglied des Fördervereins der Berlinischen Galerie, als dessen Vorsitzende die einstige SPD-Finanzsenatorin Annette Fugmann-Heesing fungiert, um nur einige seiner Aktivitäten zu nennen.

Es gibt ein paar ehemalige Aufsichtsratsämter, die Gegenbauer gerne vergessen möchte. Er war Mitglied des Aufsichtsorgans bei der Landesbank Berlin von November 1994 bis Ende des Jahres 2001. Zu seinen Weggefährten zählten Ditmar Staffelt und Annette Fugmann-Heesing. In dieser Periode ereignete sich der Aufstieg und Niedergang der höchst dubiosen Immobilienfonds der Bank.

Bis heute ist ungeklärt, warum der Aufsichtsrat diese Abenteuer zugelassen hat. Klar hingegen ist, daß die Aufsichtsratsmitglieder die so eklatant in ihrer Kontrollpflicht versagt haben, strafrechtlich und finanziell dafür nicht zu Rechenschaft gezogen werden.

Gegenbauer war auch jahrelang im Aufsichtsrat der skandalträchtigen Immobilienfirma Aubis. Deren Geschäftsführer, die CDU-Politiker Klaus Wienhold und Christian Neuling, fügten mit ihrer Geschäfts- und Spendenpolitik nicht nur der Bankgesellschafts-Tochter Berlin Hyp hohe Verluste zu, sondern stürzten durch eine Spendenaffäre ihren Vorsitzenden, Berlins mächtigen CDU-Politiker, Klaus Landowsky. Doch die Beziehungen zwischen dem vormaligen Kripo-Mann Wienhold und Gegenbauer begannen schon lange vor dem Berliner Bankenskandal.

In den Jahren 1991 bis 1994 arbeitete Wienhold im Management bei Gegenbauers Konzern. Kurz nachdem Wienhold, CDU-Abgeordneter für Spandau, die Firma Gegenbauer verließ, erhielt eine Firma, an der Gegenbauer beteiligt war, den Zuschlag für die begehrte Parkraumbewirtschaftung in Spandau – obwohl der damalige Spandauer Baustadtrat die Firma mit der Begründung »Keine Ansätze von praktischen oder theoretischen Kenntnissen in der Parkraumbewirtschaftung« abgelehnt hatte.

Gegenbauer war seit der Gründung der Aubis Immobiliengesellschaft im November 1998 in deren Aufsichtsrat und blieb dort, bis 2001 die Firma in die Bankgesellschafts-Turbulenzen geriet. Gegenbauers Konzern hat von Aubis viele Aufträge erhalten – zu überhöhten Preisen, meinen Kritiker. Während der Bankenskandal die Stadt erschütterte, blieb Gegenbauer seltsamerweise außen vor. Erst im August 2004 mußte er vor dem Untersuchungsausschuß zur Bankgesellschaft erscheinen – im Zusammenhang mit seiner Aufsichtsratstätigkeit bei der Landesbank.

Speckers und Gegenbauers frechster Coup war wohl im Januar 2000 der, zusammen mit Nikolaus Fuchs (auch Mitglied im »Golf- und Land-Club Berlin-Wannsee«), realisierte Erwerb der Rechte für das Logo der mißglückten Berliner Olympia-Bewerbung für die Spiele 2000: Ein minimalistisch grinsendes Bärchen-Gesicht, das aus zwei Punkten, einem komma-ähnlichen Strich und einem längeren gebogenen Strich besteht. Der Kaufpreis soll bei 25 Tausend Mark und weniger als zehn Prozent Gewinnrechten fürs Land gelegen haben.

Merkwürdig nur, daß, als Berlin als Kandidat für die deutsche Bewerbung um die Olympischen Spiele 2012 auftauchte, sich Gegenbauer, Specker und Fuchs für die Finanzierung der Bewerbung anzudienen versuchten. »Wir bieten dem Land Berlin an, die nationale Bewerbungstour Berlins privat zu finanzieren«, prahlte Gegenbauer in der Öffentlichkeit. Ähnliche Töne kennen die Berliner noch von vor zehn Jahren. Damals hatte Nikolaus Fuchs parallel zum öffentlichen Bewerbungsbüro ein privates Bewerbungsbüro gegründet. So sollten Gelder gesammelt werden, die der öffentlichen Bewerbung zugute kämen. Am Schluß stellte sich leider heraus, daß das Geld eher in die entgegengesetzte Richtung floß. Nach der jämmerlich gescheiterten Olympia-Bewerbung hatten die Berliner eine Rechnung über 86 Millionen Mark – und Sporthallen, die die Stadt zum Teil bis heute subventionieren muß.

Bei der Olympiabewerbung führte die Liaison von sportbegeisterten Politikern und zum geschäftlichen Eigennutz verpflichteten Unternehmern zum Aderlaß der öffentlichen Kassen. Und in dem Geflecht von Politik und Wirtschaft ist eine Spende von 2500 Euro für ein Dinner mit Wowereit und Eichel eine Investition, die märchenhafte Renditen abwerfen kann.

So kam denn auch Wolf-Dieter Wolf, Chef der Immobilienfirma Grundkonzept, bald nach dem Dinner in den Genuß von öffentlichen Geldern. Knapp einen Monat später schloß er mit einem vom Senat eingesetzten Treuhänder einen Mietvertrag für die oberen Stockwerke des von ihm erbauten Einkaufszentrums Adlershofer Tor. Ein Geschäft, das der Landesrechnungshof heftig rügte, weil die Büroräume leer stehen und dem Träger, das heißt dem Land Berlin, ein Schaden von bis zu 8,9 Millionen Euro entsteht. Zur Einweihung des abgelegenen Gebäudes erschienen nicht nur Werner Gegenbauer, sondern auch Berlins Regierender Bürgermeister Klaus Wowereit und Schulsenator Klaus Böger.

Wolf, Vorstandsvorsitzender des Fördervereins des Staatsballets, zählt auch zum Förderkreis der Staatsoper Unter den Linden und der Deutschen Oper Berlin und wurde im Jahr 2003 Mitglied des Verwaltungsrates im neuformierten Rundfunk Berlin-Brandenburg. Als er sich zur Wahl vorstellte, erklärt der Immobilien-Mann freimütig, daß er vom Rundfunk keine Ahnung habe. Laut einem Bericht des Evangelischen Pressedienstes »habe er vor allem über sein Engagement beim Golfclub Bad Saarow gesprochen, ein Hobby, das er mit einigen Politikern in der Region teile: Pikanterweise war Wolf von IHK-Vertreter Werner Gegenbauer und SPD-Fraktionschef Michael Müller vorgeschlagen worden.« Es stellt sich die Frage, ob Berlins öffentlich-rechtlicher Sender jemals aus der Kuratel der politischen Klasse befreit wird, um ein unabhängiges, seriöses Medium zu werden. Wolf spielt nicht nur Golf im Sporting Club Berlin e.V. in Bad Saarow. Er ist dessen Präsident. Trotzdem pflegt Wolf zusätzlich eine Mitgliedschaft bei dem »Golf- und Land-Club Berlin-Wannsee«. Eins wird klar: wer Golf spielt und gute Beziehungen zur Berliner SPD pflegt, findet manche Türen der Stadt weit offen.

Auch die Firma Groth und Graalfs, vertreten durch Lothar Wulf, hatte gute Gründe, beim Dinner im Palace Hotel Präsenz zu zeigen und die SPD zu alimentieren. Klaus Groth, an sich Großspender der CDU, der aber stets darauf hinwies, daß er an alle Volksparteien Gelder verteile, brauchte den Einsatz der Sozialdemokraten. Er war gerade dabei, den öffentlichen Auftrag für den Bau einer neuen Universitätsbibliothek in Berlin zu verlieren, da die Vergabe wegen Unregelmäßigkeiten seitens der Verwaltung für Stadtentwicklung zugunsten Groths angefochten wurde. Der damalige Stadtentwicklungs-Senator, Peter Strieder, hat mit öffentlichen Geldern gegen Berlins Vergabekammer, die die ordnungsgemäße Vergabe von Landesaufträgen prüft, diese Entscheidung angefochten, bis das Kammergericht endgültig gegen Groth und Strieder entschied. Für Groth stand aber eine weitere Entscheidung an. Er wurde Mitglied eines Bieter-Konsortiums für den Erwerb eines Filetgrundstücks der Bundesanstalt für Arbeit im alten Diplomatenviertel in Berlin, direkt gegenüber der CDU-Bundeszentrale, die Groth ebenfalls bauen durfte. Den Zuschlag bekam das Konsortium von Groth.

So hatte nahezu jeder, der im Palace Hotel erschien, zwar nicht unbedingt ehrenwerte, aber doch leicht nachvollziehbare Motive. Um die geneigte Leserschaft nicht über Gebühr zu strapazieren, sei nur noch ein Name erwähnt, denn er spannt einen Bogen in die tiefsten Niederungen des Berliner Sumpfes der achtziger Jahre: Silva Franke. Es war der Kalender ihres Mannes, des inzwischen verstorbenen Baulöwen und Hoteliers Kurt Franke, der mit der exakten Auflistung von illegalen, in Gestalt von Briefcouverts mit Barem persönlich überreichten Spenden an Berliner CDU- und SPD-Größen den größten Polit-Skandal West-Berlins ausgelöst hatte: Der Antes-Skandal. In den achtziger Jahren hatte er für die kurzfristige Abwahl der CDU unter Eberhard Diepgen gesorgt.

Der erste große Rückschlag für Specker, Gegenbauer, Kauermann und Fuchs war die Tempodrom-Affäre. Zum ersten Mal waren die vier eindeutig als Seilschaft samt Verbindungen in die SPD sichtbar.

Das Tempodrom war ein Projekt, wie es nur in West-Berlin gedeihen konnte – und das bis heute gerne als Variation des Grimmschen Märchens vom Sterntaler erzählt wird. So machte die Krankenschwester Irene Moessinger, mütterlicherseits eine geborene von Lynar, unerwartet eine erhebliche Erbschaft. Die aktive Hausbesetzerin erfüllte sich einen Traum. Moessinger kaufte 1980 ein großes Zirkuszelt und stellte es auf der surrealen Brache am Potsdamer Platz im Schatten der Mauer auf, wo alsbald alternative Kultur aller Couleur aus dem sandigen Boden sproß. 1984 wanderte das Zelt in den Tiergarten unweit der Kongreßhalle. Dort veranstaltete das Tempodrom bemerkenswerte Konzertreihen wie »Umsonst und Draußen« und »Heimatklänge« und brachte so Weltmusik in die Mauerstadt.

Im Jahr 1999 allerdings mußte das Tempodrom, in dessen unmittelbarer Nähe das neue Kanzleramt ausbetoniert wurde, sein Zelt abbrechen. Der Bau- und Hausherr in spe (seine Hoffnung trog allerdings), Helmut Kohl, wollte keine lärmenden Toten Hosen oder andere ruhestörenden Rockgruppen als Nachbarn. Für den Abzug der Dauer-Zelter erstritt ihr Anwalt Reiner Geulen (übrigens auch unter den zugesagten Teilnehmern des SPD-Sponsoring-Dinners, der übrigens auf meine Anfrage nicht reagierte) eine Entschädigung von sechs Millionen Mark. Schon damals machte sich Peter Strieder als Kreuzberger Bürgermeister dafür stark, daß die allseits anerkannte Kulturinstitution in seinem Bezirk eine neue Heimat finden sollte. Nach dem ständigen Ärger wegen des Lärmschutzes für Anwohner sollte das Tempodrom statt des Zeltes nun ein festes Haus bekommen.

Irene Moessinger und ihr Partner Norbert Waehl gründeten eine Stiftung Neues Tempodrom, im Stiftungsrat engagierte sich unter anderen der ehemalige CDU-Senator Volker Hassemer. Der wiederum holte Roland Specker ins Boot, weil der was vom Bauen verstehe. Specker wurde Vorsitzender des Tempodrom-Freundeskreises, der zwei Millionen Mark Sponsoren-Gelder sammeln wollte und verkündete laut »Berliner Zeitung«: »Ich kenne die Bankvorstände und alle Klippen, die ein Bauvorhaben umschiffen muß.« Er soll, laut Staatsanwaltschaft, außerdem die Auswahl von Bauunternehmen für den Neubau mitbestimmt haben.

Als das Bauprojekt dann unter Zeitdruck geriet und ein für die Projektsteuerung vorgesehener Architekt ausstieg, ging auf seine Empfehlung hin die Projektsteuerung, mit einem Auftragsvolumen von 812 Tausend Mark, an die »Specker Plantec GmbH«, eine Tochtergesellschaft der »Specker Bauten AG«. Specker war mit rund 24 Prozent an der Specker Bauten AG beteiligt und Aufsichtsratsvorsitzender des Unternehmens. Das Ingenieurbüro Specker, so hieß es später in einem Gutachten zum Neuen Tempodrom, »wird die Bauüberwachung vornehmen und zeichnet verantwortlich für die Planungs- und Kostensicherheit«.

Es wäre sicherlich spannend, zu erfahren, wie die anderen beteiligten Firmen ausgewählt wurden. Dazu gehört die »BAL Bauplanungs und Steuerungs Aktiengesellschaft«, die mit der Bauleitung beauftragt wurde. Diese Aufgabe hatte einen Wert von 1,5 Millionen Mark. Ihr stellvertretender Aufsichtsratsvorsitzender hieß damals Karl Kauermann, später, wie schon bekannt, zusammen mit Roland Specker Gastgeber beim Fund-Raising-Dinner für Klaus Wowereit und später Mitglied des Aufsichtsrats der Specker Bauten AG.

Die Finanzierung des Neuen Tempodroms war typisch berlinisch: Die sechs Millionen Entschädigungsgelder wegen Räumung des alten Standorts in Kanzleramtsnähe, sechs Millionen von Berlins Landespolitikern kontrollierten Lotto-Stiftung, 9,8 Millionen aus einem EU-Umweltförderprogramm wegen der vorgesehenen umweltschonenden Gebäudetechnik des Neubaus und vor allem ein durch das Land Berlin abgesicherter Kredit über 25 Millionen Mark von der Landesbank Berlin. Dazu sollten die von Specker in Aussicht gestellten Sponsorengelder kommen.

Die Finanzierung sah solide aus, auch wenn fast alles von der öffentlichen Hand kam und das Eigenkapital nur aus 100 Tausend Mark bestand. Dieses Geld war die Einlage der Tempodrom-Gründer und Geschäftsführer Irene Moessinger und Norbert Waehl in die Stiftung Neues Tempodrom, die das neue Veranstaltungsgebäude errichten sollte. Unter dem Mantel einer privaten Stiftung wurde also ein Gebäude mit öffentlichen Geldern finanziert. Selbstverständlich ist es merkwürdig, daß bei einem Eigenkapital von 100 Tausend Mark ein 25-Millionen-Mark-Kredit fließt. Besonders, wenn man bedenkt, daß das Grundstück dem Land Berlin gehört und nur per Erbbaurecht an die Stiftung Neues Tempodrom überging.

Aber Irene Moessinger war eben in der Lage, die Politiker – einerlei ob Hassemer, Diepgen, Töpfer oder Strieder – von ihren Plänen zu begeistern. Und wenn der politische Wille da ist, sprudelt das Geld der landeseigenen Banken. Allein die Gewährung der Kreditbürgschaft des Landes Berlin ist atemberaubend. Der Bürgschaftsausschuß des Landes, eine Ansammlung von Senatsbeamten und jeweils einem Vertreter der Industrie und Handels- und Handwerkskammer, bekam eine 64-seitige Stellungnahme mit Datum vom 13. Juni 2000 von der Wirtschaftsprüfungsgesellschaft »Price Waterhouse Coopers«, PWC. In der Einleitung des Gutachtens heißt es: »Wir haben dieses Material aufgrund eines uns erteilten Auftrages kritisch durchgesehen und zweckentsprechend ausgewertet, ohne es jedoch auf seine Richtigkeit und Vollständigkeit anhand der Bücher und Schriften des Kreditnehmers geprüft zu haben«. Man fragt sich, welche Relevanz ein Dokument, das offensichtlich jeglicher Kontrolle der Zahlen entbehrt, haben kann, und wie man darauf eine Entscheidung aufbauen konnte.

Man muß dazu noch wissen: Der Senat hatte einen Vertrag mit Price Waterhouse abgeschlossen, der eine Prüfung aller anstehenden Landesbürgschaften durch diese Wirtschaftsprüfungsgesellschaft vorsieht. Dafür bekommt PWC jährlich eine Provision in

Höhe von 0,8 Prozent – aller vergebenen Bürgschaften des Landes. Bei dem Tempodrom-Kredit bedeutet das, 82 Tausend Euro jedes Jahr bis zum Ablauf des Kredits fließen automatisch, sozusagen per Dauerauftrag. Selbstverständlich hat die Wirtschaftsprüfungsgesellschaft unter solchen Bedingungen Interesse daran, daß die Bürgschaft durchkommt. Ausschlaggebend war offensichtlich nicht so sehr, ob das Gutachten stimmte, sondern daß es nicht negativ war.

Der Inhalt des PWC-Gutachtens zum Tempodrom ist bemerkenswert: Auf Seite sieben belaufen sich die Baukosten des Neuen Tempodroms auf 43,6 Millionen Mark. Bis Seite 36 klettern die Baukosten bereits auf fast 45 Millionen Mark. Über Sponsoringverträge sollten laut Gutachten sechs Millionen Mark – von zwei Millionen war nicht mehr die Rede – bis zum 1. Juni 2000 eingesammelt sein. Doch einige Seiten weiter liest man im Bericht, der am 13. Juni 2000 fertiggestellt wurde, daß nur 480 Tausend Mark Sponsoren-Gelder eingeworben wurden und auch die unsicher seien. Die Einwerbung von Sponsoren-Geldern war also zur Zeit der Bericht-Erstellung schon mit 5,5 Millionen Mark im Verzug.

Dafür erfährt man, daß das Tempodrom in seinem Jahresabschluß 1998 (der von 1999 war offensichtlich noch nicht fertiggestellt) mit fast 200 Tausend Mark bilanziell überschuldet war! Trotzdem schließen die Wirtschaftsprüfer mit der Beurteilung: »Wir halten daher nach Abwägung der Chancen und Risiken dieses Einzelfalles die Übernahme der beantragten Bürgschaft aus betriebswirtschaftlicher Sicht für vertretbar.« Jetzt versteht man vielleicht besser, warum Price Waterhouse, als einer der wesentlichsten Wirtschaftsprüfer der Bankgesellschaft, bei dem Zusammenbruch des Geldinstitutes keine Vorwarnung gegeben hatte.

Es ging jedoch beim Neuen Tempodrom lange nicht mehr um kaufmännische Vorsicht – die Politiker hatten Sachzwänge geschaffen. Am 22. Mai 2000 war der Grundstein für das Neue Tempodrom bereits gelegt, und Berlins Stadtentwicklungssenator Peter Strieder ließ es sich nicht entgehen, sich bei dieser Gelegenheit auf einem Zirkuselefanten fotografieren zu lassen.

Auf Basis des skandalösen PWC-Berichts wurde die Bürgschaft genehmigt, woraufhin die Landesbank im September 2000 den

Kredit vergab. »Hier war eindeutig ein Gefälligkeitsgutachten produziert, um ein von der Regierung gewolltes Projekt zu unterstützen«, meint der Grünen-Abgeordnete Oliver Schruoffeneger heute.

Das Konstrukt des Tempodrom sah sehr nach einem In-Sich-Geschäft aus. Der Vorstand der Stiftung bestand aus Irene Moessinger und ihrem Partner Norbert Waehl. Für ihre Vorstandstätigkeit erhielten sie jeweils ein Monatsgehalt von 16 Tausend Mark. Gleichzeitig sind die beiden Geschäftsführende Gesellschafter der Tempodrom GmbH, die über die Räumlichkeiten rund 280 Tage im Jahr verfügt und der das Recht für die lukrative Getränkegastronomie übertragen wurde. Es kam dabei zu absurden Situationen, wo bei schriftlichen Vereinbarungen zwischen Stiftung und GmbH Frau Moessinger für die Stiftung unterschrieb und Herr Waehl für die GmbH.

Später bezeichnete ein Mitarbeiter der Senatsverwaltung für Finanzen das Konstrukt des mit Steuergeldern finanzierten Neuen Tempodroms, worin die Stiftung und Pächter zu einem wesentlichen Teil personenidentisch waren, als »Moessinger'sches Steuer-Durchlauf-Modell« – zu Ehren der Tempodrom-Chefin Irene Moessinger. Der Verwaltungsmitarbeiter machte gleichzeitig eine Bemerkung bezüglich der Höhe der Pachtverträge des Neuen Tempodrom: »Es steht zu befürchten, daß die bisher zugrunde gelegten ›Kalkulationen‹ mit derselben Professionalität vorgenommen wurden wie die beim Neubau des Tempodrom; d.h. extrem zu tief angesetzt.«

Mit Recht fragt man sich, wo die Kontrolle lag und wer die Interessen des Landes – inzwischen mit rund fünfzig Millionen Mark dabei – vertrat. Es gab zwar einen Stiftungsrat, doch in ihm dominierten die Tempodrom-Fans Volker Hassemer und Arnulf Rating.

Der erste Hinweis, daß die Finanzierung des Neuen Tempodroms nicht in Ordnung war, erhielt der damaligen CDU-Finanzsenator Peter Kurth. In einer Notiz über ein Gespräch mit Irene Moessinger, eine der beiden Geschäftsführer des Tempodroms, vom 26. Februar 2001, schreibt Kurth: »Fr. M. kündigte an, daß nach Baufertigstellung im Dez. 2001 die Betriebskosten im nächsten Jahr auf ca. 12 Mio. DM steigen werden. Der Zuschuß des

Jahres 2000 sei damit nicht ausreichend, sondern müsse um 2 – 2,5 Mio. erhöht werden.«

Knapp fünf Monate später, am 15. Juli 2001, erhielt Berlins Bausenator Peter Strieder Post von Moessinger. Es war gekommen, wie es immer kommt in Berlin – beim Tempodrom-Neubau gab es Baukostensteigerungen von 8,1 Millionen Mark. Zwei Wochen später erfuhren Mitarbeiter der Investitions Bank Berlin von Moessinger und Waehl, daß die Baukosten sogar schon um zwölf Millionen überschritten waren. Peter Strieder ergriff erneut die Initiative.

Am 17. August gab es eine Sitzung des zuständigen Ausschusses der Investitionsbank Berlin (IBB). Er besteht aus Mitgliedern des Aufsichtsrats der Landesbank Berlin, des Mutter-Konzerns der IBB. Der Vorsitzende war – glücklicher Zufall – der damalige Bausenator Peter Strieder, der stellvertretende – zweiter glücklicher Zufall – Ditmar Staffelt, an diesem Tag aber entschuldigt. Zu dem Gremium zählte – glückliche Zufälle scheinen in Berlin im Dreierpack daherzukommen – auch Werner Gegenbauer, damals noch IHK-Präsident. Die IBB war, wie die Lottostiftung, eine prallgefüllte Schatulle, aus der die Politik gerne ihre Klientel bediente.

In der Sitzung referierte der damalige Chef der IBB, Bernd-Peter Morgenroth, über die zwölf Millionen Kostensteigerung beim Neuen Tempodrom und meinte: »Bis zur Schließung der Finanzierungslücke beziehungsweise Klärung der Situation sieht sich die IBB nicht in der Lage, weitere 3,5 Millionen Fördermittel auszuzahlen.« Es ging um eine Tranche aus dem 9,8 Millionen Mark EU-Umweltförderprogramm, das die IBB verwaltete. Strieder widersprach Morgenroth. Der Senator zweifelte offensichtlich, ob ein Großteil der Rechnungen gerechtfertigt waren, und ging deswegen von einer Finanzierungslücke in Höhe von nur zwei Millionen Mark aus. Die restliche Summe sei »nicht berechtigt«, so der Bausenator – also irrelevant.

Am Schluß des Protokolls heißt es: »Herr Senator Strieder bittet Herrn Morgenroth um nochmalige Prüfung, da das Zurückhalten von Fördermitteln durch die IBB nicht dazu führen darf, daß die Bautätigkeit am Tempodrom eingestellt wird«. Im Protokoll ist weiter zu lesen: »Herr Morgenroth sagt die nochmalige Prüfung zu.« Das hat trotzdem Strieders Problem nicht gelöst.

Vier Wochen später gab es eine Krisensitzung zum Tempodrom im Haus der Senatsverwaltung für Stadtentwicklung mit Strieder, den Geschäftsführern des Tempodroms, für die Roland Specker und der Geschäftsführerin der »Specker Plantec GmbH« für die-Projektsteuerung, zwei Wirtschaftsprüfern von Price Waterhouse, Vertretern der IBB und vielen Anwälten. Strieder räumte nun eine Finanzierungslücke des Neuen Tempodroms von inzwischen 14 Millionen Mark ein, wollte aber unbedingt weitermachen. Der Bausenator drohte der IBB sogar mit einer »fachaufsichtlichen Weisung«, sollte die IBB sich weigern, eine Zahlungsförderung in Höhe von 2,7 Millionen Mark fürs Tempodrom zu bedienen.

Strieder bekommt volle Rückendeckung vom rot-grünen Übergangssenat. Am 9. Oktober 2001 entscheidet er, daß, um das Finanzdesaster des Tempodroms zu lösen, die Lottostiftung weitere vier Millionen Mark, die IBB sechs Millionen Mark und der Senat 3,5 Millionen ins Projekt reinpumpen müssen. In die Annalen der unendlichen Tempodrom-Geschichte wird dies als die sogenannte »Erste Rettungsaktion« eingehen.

Daß auch die Senatoren der Grünen nicht nur Strieders Tempodrom-Abenteuer brav abnickten, sondern auch die Risikoabschirmung der Bankgesellschaft Berlin auf Kosten der Steuerzahler mitbeschlossen, wirft ein schlechtes Licht auf die Partei, die sich so gerne als über den Berliner Sumpf erhaben darstellt. Doch es standen Neuwahlen vor der Tür, nach denen die SPD sich einen neuen Regierungspartner suchen konnte. Anscheinend liegt es in der Natur der parlamentarischen Demokratie, daß Junior-Koalitionsparteien – wie die PDS es bald demonstrieren sollte – zu fast allem bereit sind, nur um an der Macht zu bleiben.

In einer Vorlage für die neue Finanzsenatorin Christiane Krajewski (SPD) empfahl eine Sachbearbeiterin der Finanzverwaltung, die Rettung des Neuen Tempodroms abzulehnen. Die Begründung war ernüchternd: »Die Finanzierung ist nicht gesichert«, die wirtschaftliche Berechnungen seien »nicht realistisch«, die »Vertragsgestaltung mit den Nutzern birgt weitere Risiken« und die Bauleitung sei »unzureichend«.

Am Tag nach dem Senatsbeschluß entscheidet der Vorstand der Landesbank Berlin, daß »auf Bitten des Senates sich die IBB an der

Schließung der Finanzierungslücke in Höhe von 6 Millionen Mark (zuzüglich gesetzliche Umsatzsteuer)« beteiligt. Der Modus war noch völlig unklar – aber auch unwesentlich. Wichtig war nur, Peter Strieders Prestige-Projekt irgendwie zu retten.

Am darauffolgenden Tag, dem 11. Oktober, liegt die Vorlage bei einer wegen der Dringlichkeit einberufenen außerordentlichen Sitzung des Investitionsbankausschusses vor. In dem Kreis sitzen unter anderem Strieder als Vorsitzender, sein Stellvertreter Ditmar Staffelt und Werner Gegenbauer. Es wird zugestimmt, einen Sponsoringvertrag über sechs Millionen Mark plus Umsatzsteuer mit der Stiftung Neues Tempodrom abzuschließen. Dem Protokoll ist nicht zu entnehmen, ob Gegenbauer sich seiner Stimme enthielt. »Das hätte man von ihm erwarten müssen, da eine Firma, die Specker Plantec GmbH, an der er mit seinem Anteil an der Specker Bauten AG beteiligt war, Auftragnehmer des Tempodroms war«, meinte der Abgeordnete Schruoffeneger.

Am 18. Oktober 2001 wurde der Sponsoringvertrag zwischen IBB und der Stiftung Neues Tempodrom, Tempodrom am Anhalter Bahnhof GmbH und der Kunst und Kultur GmbH (alle drei von Moessinger und Waehl) unterzeichnet. Dieses Dokument enthält wahrscheinlich einen der seltsamsten Sponsoringverträge, die jemals unterschrieben wurden. Die IBB darf auf der einen Seite keinesfalls den Verdacht aufkommen lassen, daß es sich hier um eine Subvention und nicht um ein Geschäft handelt. Eine entsprechende Gegenleistung muß her. Auf der anderen Seite darf die Gegenleistung dem immer noch finanziell angeschlagenen Tempodrom kaum Kosten verursachen. Also soll eine Tafel, die auf die Unterstützung des Sponsors hinweist, im Neuen Tempodrom aufgehängt werden. Das Logo des Sponsors erscheint ferner auf allen offiziellen Druckmaterialien und auf der Tempodrom Homepage. Und die IBB erhält, je nach Verfügbarkeit, fünf Karten pro Veranstaltung, die sie jedoch zwei Wochen vorher abrufen muß.

Niemand scheint die Frage zu stellen, wofür eine Bank, deren Aufgabe es ist, die Landeswirtschaft zu fördern, Eintrittskarten oder eine solche schlichte Tafel für die Erfüllung ihrer Aufgaben braucht. Erst zwei Jahre später moniert der Landesrechnungshof in einem Bericht: »Eine für ein Sponsoring übliche Gegenleistung der Stiftung im Bereich der Förderung von Marketingzielen der IBB ist allerdings nur schwer erkennbar und steht in keinem angemessenen Verhältnis zur Leistung der IBB.«

An Sponsoren-Exklusivität denkt die IBB gar nicht erst. Im Gegenteil. Selbstverständlich sind im Vertrag weitere Sponsoren explizit erwünscht. Sogar weitere Kreditinstitute dürfen Sponsor werden, solange ihre Darstellung nicht die der IBB überlagert. Doch die Sicherungen der Banker in der IBB brennen durch: Eine Rückführungsklausel wird in den Vertrag eingeführt, wonach das Tempodrom zwanzig Jahre später den Sponsoringbeitrag der IBB zurückzahlen soll. – Also doch ein verstecktes Darlehen.

Es stellt sich die Frage, ob die IBB dem Tempodrom überhaupt einen solchen Zuschuß geben durfte. Laut dem Gesetz zur Schaffung der IBB heißt es, die Bank habe das Land Berlin nur bei der Erfüllung öffentlicher strukturpolitischer Aufgaben zu unterstützen, insbesondere im Wohnungs- und Städtebau, Umweltschutz sowie in der gewerblichen Wirtschaft- und Infrastruktur. Im Fall des Tempodrom wurde ein Privatunternehmen subventioniert. Das gehört nicht zur Aufgabe der IBB, meint der Landesrechnungshof.

Im Senat war es längst ein offenes Geheimnis, daß das Neue Tempodrom finanziell völlig außer Kontrolle war. Auf einer Kopie seines Briefs vom November 2001 zu der am 9. Oktober verabschiedeten »Ersten Rettungsaktion« an die Finanzverwaltung fügte der Autor – der damalige SPD-Finanzstaatssekretär Frank Bielka – handschriftlich hinzu: »Das ganze Projekt ist weiterhin unverantwortbar«.

Was kaum jemand gemerkt hatte, war die Tatsache, daß es vom Senat vorgesehen war, die sechs Millionen Mark Sponsoring-Gelder der IBB gleich wieder aus dem Landeshaushalt zurückzuerstatten. Die IBB hatte sich im Jahr 2001 zur Entlastung des Landeshaushaltes bereit erklärt und wollte einen jährlichen »Bankbeitrag« (Geldzahlung ans Land) von bis zu rund 100 Millionen Mark leisten, sofern ihre Ertragslage dies zuließ. Dieser Bankbeitrag war für das Jahr 2002 schon für die Finanzierung von Schul- und Sportanlagen bereitgestellt. Damit sollten nun die Sponsoring-Millionen der IBB ans Tempodrom verrechnet werden, wobei diese Summe für Schulen und Sport verlorenging. Doch die IBB hatte im Jahr 2002 gar keinen Gewinn – der »Bankbeitrag« entfiel also und die Tempodrom-Abgabe blieb bei der IBB hängen, was auch zu ihrem schlechten Ergebnis 2002 beitrug.

Als Voraussetzung für die Rettungsaktion wurde der Stiftungsrat vom Senat beauftragt, Moessinger und Waehl durch zwei neue Vorstände abzulösen. Gleichzeitig wurde der Pachtvertrag zwischen Stiftung Tempodrom und Tempodrom GmbH verändert. Auf Betreiben der IBB, die das Projekt Tempodrom-Neubau unter ihre Fittiche nehmen mußte, wurden ein Bau-Vorstand und ein Vorstand für den kaufmännischen Bereich benannt. Sie sollten das Vorhaben erfolgreich und innerhalb des vorgesehenen Kostenrahmens zu Ende führen und Licht in den Finanzdschungel des Tempodroms bringen. Der alte Tempodrom-Stiftungsrat wurde aufgelöst und mit Vertretern des Senats und der IBB neu besetzt.

Die Operation schien vorerst zu gelingen. Das Tempodrom wurde am 1. Dezember 2001 feierlich eröffnet. Peter Strieder, der große Macher Berlins, konnte sich gemeinsam mit Irene Moessinger feiern lassen.

Doch im Mai 2002 kommen schon wieder Hiobsbotschaften von den Geschäftsführern der Tempodrom-Betreibergesellschaften. Das Catering läuft schlecht, und die Eröffnung des Spaßbades »Liquidrom« hat sich verzögert. Beides führt zu hohen Pachtausfällen. Ein Jahresfehlbetrag von 1,8 Millionen Euro wird erwartet. Dabei wurde noch mit neuen Sponsoringverträgen von 360 Tausend Euro gerechnet, die aber nicht in Sicht waren. Ein seit Monaten verhandelter Contractingvertrag mit der Berliner Energie Agentur (BEA) wird zwar unterzeichnet, bringt aber nicht die vereinbarten 480 Tausend Euro zur Sicherung der laufenden Liquidität für die Stiftung, da die BEA das Geld Monat um Monat zurückbehält. Schlimmer noch, der Kultursenator will die wichtigsten Förderungen (z.B. Heimatklänge-Festival) für Kulturveranstaltungen im Jahr 2003 vollends streichen.

Am 19. August 2002 trifft sich Strieder mit den Verantwortlichen der Tempodrom-Stiftung, um die Lage zu besprechen. Es kristallisiert sich heraus, daß die Stiftung Neues Tempodrom weitere 1,5 Millionen Euro braucht, »um die Gefahr der Illiquidität für die nächsten Jahre ausschließen zu können«. In einem anschließenden

Vieraugen-Gespräch mit dem Stiftungsratsvorsitzenden, der gleichzeitig IBB-Abteilungsleiter ist, läßt Strieder wissen, daß die IBB das Geld aufbringen sollte. Das will er mit Finanzsenator Sarrazin und Wirtschaftssenator Harald Wolf (PDS) am Rande einer Senatssitzung »klarmachen«. Er erwarte, daß die Landesbank auch bei der Lösung hilft, »indem beispielsweise die Zinsen für das LBB-Darlehen gestundet werden«. Jetzt soll die Landesbank die Sünden des Senats büßen.

Ende des Monats dann erhält Strieder grünes Licht von seinem Senatskollegen Sarrazin und dem Staatssekretär für Wirtschaft, Volkmar Strauch. Dieser mußte für den in Ostasien weilenden Senator Harald Wolf (was ihm vielleicht sein Amt gerettet hat) einspringen und unterzeichnen. Strieder gibt die Weisung an die Landesbank Berlin, daß die IBB das Neue Tempodrom erneut zu retten habe. Die IBB muß das auch tun, jedoch warnen die Banker in einem Brief an Strieder, daß, wenn die Veranstaltungsförderung für das Tempodrom vollends gestrichen würde, der kommerzielle Niedergang des Veranstaltungsortes sich fortsetze und neue Sponsoren nicht gefunden werden könnten, die 1,5 Millionen Euro also lange nicht das Ende der Fahnenstange seien.

Die IBB hatte Unrecht. Die Realität war längst weiter. Auch unabhängig von diesen negativen Entwicklungen war die Stiftung Neues Tempodrom schon überschuldet. Die entsprechende Warnung wurde am 25. September bei einer Sitzung des Tempodrom-Stiftungsrats vom neuen kaufmännischen Geschäftsführer der Tempodrom Stiftung abgegeben. Danach betrug der vorgesehene Liquiditätsbedarf der Stiftung bis Juni 2003 allein 2,1 Millionen Euro. Damit waren die 1,5 Millionen Euro von der IBB schon bis zum Ende des Jahres aufgebraucht. Frisches Geld mußte her. Nicht nur die Stiftungsbuchhaltung befand sich in einem desolaten Zustand, stellte der kaufmännische Geschäftsführer fest, sondern es tauchten beinahe täglich neue Baukosten-Rechnungen auf, die wegen leerer Kasse nicht beglichen werden konnten. Es gab keine Übersicht über die Verbindlichkeiten und man lebte sozusagen »von der Hand in den Mund«.

Trotzdem schließt die IBB Anfang Oktober 2002 nun einen zweiten, völlig widersinnigen Sponsoringvertrag, eigentlich nur eine Verlängerung des ursprünglichen Vertrags, mit dem Tempodrom ab – über weitere 1,5 Millionen Euro. Dabei ging es allen Beteiligten ausschließlich darum, die Stiftung Tempodrom vor der Insolvenz zu bewahren. Denn die IBB hatte einen Auftrag, der lautete: Das Gebäude ist sauber fertigzustellen und die Stiftung vom Schlingerkurs zu befreien. Aber erneut wurde die Farce fortgeschrieben, indem die IBB weitere fünf Karten pro Veranstaltung erhielt und der Vertrag um fünf Jahre, bis 2036 (!), verlängert wurde. Auch dieses Geld sollte von der Stiftung Neues Tempodrom nach ein paar Jahrzehnten zurückgezahlt werden. Erneut stimmte der Investitionsbank-Ausschuß, zu dem Strieder und nun auch Sarrazin zählten, zu. Die »Zweite Rettungsaktion« war vollendet.

Auch in diesem Fall sollte, laut einem Brief von Strieder, die IBB den 1,5 Millionen-Beitrag mit dem jährlichen Bankbeitrag für das Land Berlin verrechnen – also auf Kosten des Landeshaushalts und am Parlament vorbei. Wegen des Gewinnausfalls der IBB im Jahr 2002 war das nicht möglich, und die IBB mußte die Kosten selber tragen. Der Landesrechnungshof faßte dieses Manöver so zusammen: »Es war beabsichtigt, die wirtschaftlich zu Lasten Berlins wirkenden Zahlungen an die Stiftung ohne Nachweisung auf der Ausgabenseite im Haushalt Berlins vorzunehmen. Stattdessen wäre auf der Einnahmeseite ein entsprechend reduzierter Betrag erst nachträglich nachgewiesen worden, ohne daß der Bezug zu den Zahlungen an die Stiftung erkennbar gewesen wäre.« Hierin läge eine eindeutige Umgehung des Parlaments und eine Verheimlichung einer beträchtlichen Ausgabe. Das hat zwar Tradition in der Berliner Politik, gehört jedoch nicht gerade zur feinen Art der Demokratie.

Man sollte keinesfalls glauben, daß die Senatoren der SPD und PDS nicht wußten, was sie taten. Kurze Zeit danach schrieb Sarrazin an seinen PDS-Kollegen Wolf: »Desweiteren halte ich es für erforderlich, daß zur Umsetzung unserer bildungspolitischen Schwerpunktsetzung eine ausschließliche Bindung des Bankenbeitrages an das Schul- und Sportanlagensanierungsprogramm vorgesehen wird. Beliebige Finanzierungen von anderen Sachverhalten aus dem Bankenbeitrag, wie zum Beispiel die Finanzierung des Tempodroms, müssen aus meiner Sicht zukünftig ausgeschlossen werden.« Anlaß des Briefes übrigens war der Versuch Wolfs, sich für eines seiner Projekte auf ähnliche Weise am IBB-Bankenbeitrag zu bedienen.

Ende Oktober 2002 erscheint ein vernichtender schriftlicher Bericht vom kaufmännischen Geschäftsführer, den die IBB bei der Tempodrom-Stiftung eingesetzt hatte. Die 1,5 Millionen Sponsoring-Beitrag der IBB reichten überhaupt nicht, schreibt er: »Wegen der noch nicht abschließend aufgearbeiteten Buchhaltung, die in einem desolaten Zustand von den Initiatoren des Projekts übernommen wurde, sind Verbindlichkeiten aus der Bauphase in existenzgefährdender Höhe verborgen geblieben«, heißt es im Bericht. Die bisherigen Verlustvorhersagen waren viel zu optimistisch, vor allem wegen überhöhter Ertragserwartungen. Das Tempodrom, erklärt der Berichterstatter, brauche über die nächsten Jahren weitere Gelder in Millionenhöhe, da es »unter den gegenwärtigen Voraussetzungen nicht wirtschaftlich tragfähig« sei und der Stiftung, trotz des neuesten Sponsoring-Vertrags mit der IBB, »ab Dezember Zahlungsunfähigkeit« drohe.

Es herrscht Panik in der Bank und im Senat. Anfang November wird die Steinbacher Treuhandgesellschaft mbH aus Bad Homburg vom Tempodrom Stiftungsrat beauftragt, Klarheit über den finanziellen Zustand und Rettungsmöglichkeiten des Tempodroms zu eruieren. Für die ersten fünf Arbeitswochen wird ein Honorar von 120 Tausend Euro genehmigt. Anschließend sind es weitere Neunzigtausend. Die Zahlungen setzen sich immer fort, doch eine Lösung ist nicht in Sicht. Am Schluß waren es rund 400 Tausend Euro. Außerdem bestanden weitere Ansprüche in Höhe von 350 Tausend Euro.

Erst im Januar 2003 hatte eine beauftragte Wirtschaftsprüfungsgesellschaft die ersten Ergebnisse zum Jahresabschluß 2001 der für den Neubau verantwortlichen Tempodrom-Stiftung zusammengestellt. Die damaligen Vorstände Moessinger und Waehl mit ihrem alternativen Lebensstil hatten offensichtlich Schwierigkeiten mit den steifen deutschen Geschäftsgepflogenheiten. Denn laut Bericht der Wirtschaftsprüfer war die Buchhaltung nicht ordnungsgemäß erfolgt, die Belegfunktion nicht immer erfüllt, die Ordnungsmäßigkeit der Geschäftsführung nicht gegeben, kein Organisationsplan für Arbeitsbereiche und Zuständigkeiten des Stiftungsrates vorhanden, das Planungswesen entsprach nicht den Bedürfnissen der Stiftung, es lag kein Plan zur Erhaltung des Stiftungsvermögens vor und zuguterletzt wurden »Mittel in Höhe von 245 Tausend Mark nicht ordnungsgemäß verwendet«. Also zweckentfremdet und nicht für Aufgaben der Stiftung ausgegeben. Trotz alledem sollte offensichtlich diese Wirtschaftsprüfer, wie PWC vor ihnen, am Ende grünes Licht für das Tempodrom geben. Immer ihre eigene Haftung vor Augen, brauchten die Wirtschaftsprüfer schließlich Monate, um den Bericht zu testieren und der Stiftung ein »going concern«, also ein Überleben, zu bescheinigen.

Probleme gab es auch im Baucontrolling der dafür verantwortlichen »Specker Plantec«. »Price Waterhouse Coopers« hatte im Juni 2000 versichert, in einem persönlichen Gespräch mit Matthias Klussmann, Vorstandsvorsitzender der Specker Bauten AG, und mit der Geschäftsführerin der »Specker Plantec GmbH«, einer hundertprozentigen Tochter der Specker AG: »... wurde uns anhand detaillierter Unterlagen dargelegt, daß durch ein tagaktuelles Kostencontrolling die Wahrscheinlichkeit von Kostenerhöhungen nahezu gegen Null tendiert«. Am Schluß werden die Kostenüberschreitungen für den Neubau wahrscheinlich bei acht Millionen Euro, bei rund dreißig Prozent, liegen.

Ende Januar 2003 gibt es einen dritten und letzten Rettungsversuch seitens des Senators Thilo Sarrazin. Es soll ein weiterer Landeszuschuß, dieses Mal in Höhe von 900 Tausend Euro, fließen. Allerdings muß nun doch das Parlament einbezogen werden. Der Vorschlag wird jedoch vom Hauptausschuß des Berliner Abgeordnetenhauses abgelehnt. Stattdessen baten die Parlamentarier den Landesrechnungshof, den Fall zu untersuchen.

Es blieb dem Land nichts anderes übrig, als das Tempodrom zu verkaufen oder Insolvenz anzumelden. Doch die Kaufangebote waren lächerlich, und die Rechnungen der Steinbacher Treuhand stiegen ins Unermeßliche, ohne eine greifbare positive Entwicklung. Parallel dazu stürzten sich die Berliner Journalisten genußvoll auf das Thema Tempodrom und förderten täglich neue Ungereimtheiten zutage.

Die Farce nahm eine letzte Wende, indem mithilfe der Sanierer das Gebäude an den Tempodrom-Mitbetreiber, Liquidrom-Besitzer Klaus Dieter Böhm, für wahre Peanuts verscherbelt werden sollte und somit das bewährte Triumvirat vom Anhalter Bahnhof weiter an den Schalthebeln belassen würde. Nur mit dem komfortablen Unterschied, jetzt ein vom Steuerzahler entschuldetes Gebäude im Wert von zirka 32 Millionen Euro zum Schnäppchenpreis von 2,5 Millionen zu besitzen.

Das ging sogar für Berliner Verhältnisse zu weit. Am 30. März 2004 entließ der Senat das Tempodrom in die Insolvenz. Damit war die Landesbürgschaft fällig, der Landesbankkredit gefährdet und alle Zuschüsse und Sponsoringverträge der IBB vielleicht für die Katz. Es bestand auch die Möglichkeit, daß die EU ihren Anteil der Umweltförderung (2,3 Millionen Euro) zurückforderte.

Bei vielen Berlinern, die nach dem Kollaps der Bankgesellschaft an Verluste in Milliardenhöhe gewöhnt waren, wäre der Millionen-Fall Tempodrom wahrscheinlich als Bagatelle durchgegangen, hätte die CDU nicht Strafanzeige gestellt und so die Berliner Staatsanwaltschaft ins Spiel gebracht. Und die in der Mehrzahl konservativen Staatsanwälte hatten bei ihren Bemühungen, den Bankenskandal (mit erheblicher CDU-Beteiligung) strafrechtlich aufzuarbeiten, ein derart erbärmliches Bild abgegeben, daß sie jetzt gegen den SPD-Mann Strieder umso eifriger losmarschierten.

Dabei lieferte ihnen Strieder selbst hervorragende Steilvorlagen. So hatte die Berliner SPD am 21. Oktober 2001 ihre Wahlparty zur Abgeordnetenhauswahl im Atrium des DaimlerChrysler Centers am Potsdamer Platz gefeiert. Eine gesonderte Fläche im Atrium diente als VIP-Bereich. Dafür gab es ein anderes Catering, das am Ende des Abends eine Rechnung von 10.864,70 Mark hinterließ. Diese wurde von der »Roland Specker Wirtschaftsberatung GbR« beglichen, auf der Rechnung stand die handschriftliche Anmerkung »Sponsoring Olympiabewerbung 2012«. Eine Überprüfung der Partei-Buchführungsunterlagen ergab, daß die SPD vergessen hatte, die Kosten für das Catering beim SPD-Landesverband zu buchen. Kein Wunder. Sie haben die Rechnung auch nicht bezahlt. Das dafür zuständige Wahlkampf-Büro der Berliner-SPD wußte auch nicht mehr, wie die Rechnung an Specker weitergereicht wurde.

Die Staatsanwaltschaft interpretierte das so: Specker, als Vorsitzender des Freundeskreises der Stiftung »Neues Tempodrom«, war an der Planung, Durchführung und dem Zustandekommen der Finanzierung dieses Bauvorhabens maßgeblich beteiligt. Auf Speckers Vorschlag war insbesondere die »Specker Plantec GmbH«, an der er mittelbar beteiligt war, mit der Projektsteuerung beauftragt worden, so daß Specker ein Interesse (auch wirtschaftlicher Art) an der Fertigstellung des Tempodroms hatte, die ohne öffentliche Unterstützung nicht möglich wäre. Am 9. Oktober 2001 beschloß der Senat, dem Tempodrom eine finanzielle Unterstützung von 13,5 Millionen Mark zu geben. Dafür habe Specker am 21. Oktober – zwölf Tage später – die Rechnung für das VIP-Catering übernommen. Damit sollte Strieder sich laut Staatsanwaltschaft wegen Vorteilsgewährung schuldig gemacht haben.

So einfach läuft es allerdings nicht. Die sumpfigen Geschäfte der Berliner Seilschaften sind weniger simple Einzelgeschäfte als ein kunstvolles work in progress, ein ständiger Prozeß, in dem sich Geben und Nehmen in einem langfristigen Verrechnungssystem organisieren.

Dieses komplexe System versuchte die Staatsanwaltschaft breitflächig aufzurollen und weitete ihre Ermittlungen beständig aus. Zunächst waren nur Strieder, Specker, Moessinger und Waehl beschuldigt. Dann werteten die Staatsanwälte die Erweiterung des Sponsoring-Vertrages im Oktober 2002 als Untreue und bezogen Thilo Sarrazin und den Staatssekretär für Wirtschaft, Volkmar Strauch, mit ein. Die beiden hatten in einem Umlaufverfahren dem von Strieder angeregten zweiten Sponsoringvertrag zugestimmt. Schließlich kamen noch zwei Wirtschaftsprüfer von »Price Waterhouse Coopers«, die das unpräzise Gutachten für die Bürgschaft im Jahr 2000 zusammengeschrieben hatten, zum Club der Tempodrom-Beschuldigten hinzu, sowie zwei ehemalige CDU-Staatssekretäre, Volker Liepelt und Hugo Holzinger, die die Genehmigung der Bankbürgschaft mitverantworteten.

Der sich gern für unfehlbar haltende Sarrazin ließ prompt eine Dienstaufsichtsbeschwerde gegen den Oberstaatsanwalt Bernhard Brocher los, die allerdings folgenlos zu den Akten genommen wurde. Seltsam ist: Als Brocher der Bankgesellschaft-Ermittlung beträchtlichen Schaden zugefügt hatte, indem er einer der wichtigsten Spuren nicht nachging, interessierte das Sarrazin nicht weiter.

Das Regieren im nahezu bankrotten Berlin ist mühselig genug. Da sind kleinliche Staatsanwälte nicht nur ein Ärgernis, sondern müssen möglichst ausgeschaltet werden. So ließ die SPD-Justizsenatorin Karin Schubert der Generalstaatsanwaltschaft schriftlich mitteilen, daß die Rechtsauffassung der gegen Strieder, Sarrazin und andere ermittelnden Staatsanwälte »nicht tragfähig begründet« sei. Eine bizarre Aktion: Zwar hatte früher auch ein CDU-Justizsenator während des Antes-Skandals massiv auf die Staatsanwaltschaft Einfluß genommen, doch schlauerweise nur mündlich.

Die ständigen Negativ-Schlagzeilen über das Tempodrom waren einem Beschuldigten und seinen Geschäftspartnern auf die Dauer peinlich. Die Firma »Specker Bauten AG« wurde in »Cenda Invest AG« umbenannt. Gleichzeitig legte der Mäzen seinen Aufsichtratsvorsitz nieder und verkaufte – mindestens laut Zeitungsberichten – auch seine Aktien an dem Unternehmen.

Es gibt noch ein paar fehlende Steine in dem Mosaik. Während der Tempodrom-Affäre beispielsweise trat Peter Strieder dem Tennis-Club »Blau-Weiß« bei. Eigentlich bekannt als »Club der Kaufleute«, paßt der Arbeitsrichter kaum ins Grunewald-Milieu. Doch wer die Unterstützung von zwei stimmberechtigten Mitgliedern hat, kann sich bewerben. Es wäre interessant zu wissen, wer für Strieder gebürgt hat. Zu den Mitgliedern jener Zeit zählten Specker und Gegenbauer, aber auch die damaligen Chefs der IBB, Bernd-Peter Morgenroth, und der Bankgesellschaft Berlin, Wolfgang Rupf und andere einflußreiche Berliner.

Etliche von ihnen haben, während sie ihre üppigen Pensionen verzehren, jetzt auch reichlich Zeit zum Tennisspielen. Der Fall Neues Tempodrom markiert nämlich auch das Ende einer weiteren West-Berliner Seilschaft, die sich immerhin noch mehr als zehn Jahre nach dem Fall der Mauer an der Macht halten konnte. Doch die Strukturen, in denen Politiker die Vorstände und Aufsichtsräte der öffentlichen Unternehmen besetzen und bei Bedarf diese Unternehmen für sich funktionalisieren – und umgekehrt –, bestehen weiter.

Die Affäre um das Neue Tempodrom hat eine fast tragische Seite: Eine kreative Institution hat einen mehr als schalen Beigeschmack erhalten; was als »alternatives« Vorzeigeprojekt begann, landete im typischen Berliner Sumpf. Sicherlich darf man diese Affäre – allein wegen ihrer finanziellen Dimensionen – nicht auf eine Stufe mit größeren Finanzskandalen stellen. Trotzdem – auch in diesem relativ »bescheidenen« und eigentlich kreativen Projekt greifen die gleichen Strukturen und Mechanismen wie in anderen öffentlichen Bereichen dieser Stadt.

Desaster mit Zukunft

»Was ist denn ›BISI‹?«, fragte ich.

Ich war mir eigentlich sicher, die meisten Gesellschaften des Landes Berlin zu kennen. Doch ein »BISI« war mir völlig neu. Es gibt zwar die »BCIA«, die die Ansprüche an die Immobilienfonds-Garantien des Landes kontrolliert, und die »BIM«, die für Berlin die Benutzung der landeseigenen und angemieteten Gebäude optimieren soll, »BISI« jedoch sagte mir gar nichts.

Ich saß erneut beim wissenschaftlichen Assistenten der PDS, Michael Breitkopf, in seinem winzigen Büro im vierten Stock des Abgeordnetenhauses, um seine Einschätzung zu den Entwicklungsgebieten zu erfahren. Es war Anfang Sommer 2004. Das Gespräch drehte sich um die finanzielle Zukunft oder, besser gesagt, die Hypotheken der Stadt. Die größte Gefahr drohe, laut Breitkopf, von »BISI« – und ich kannte es nicht einmal.

Breitkopf lächelte kurz, dann erklärte er: »BISI – Das ›Berliner Immobilien Schrott Imperium‹! Berlin ist auf dem besten Weg, zu Europas größtem öffentlichen Immobilien-Trust zu werden.« Breitkopf zählte dann die Bestandteile von BISI auf, und die Liste ist zweifellos beeindruckend: Die landeseigenen Wohnungsbaugesellschaften mit rund 300 Tausend Wohnungen und 6400 Gewerbe-Objekten; die Investitionsbank Berlin mit Immobilien-Aktiva von rund 19 Milliarden Euro; der Liegenschaftsfonds Berlin, der versucht, rund 5000 Landesimmobilien mit einem Buchwert von 2,5 Milliarden Euro zu veräußern; die Facility-Management-Gesellschaft (BIM), die neunzig angemietete und landeseigene Bürogebäude – viele in mäßigem Zustand – mit 900 Tausend Quadratmeter Fläche verwaltet; und dann gibt es die immer noch brachliegenden Flächen in den Entwicklungsgebieten, die das Land besitzt – und aller Voraussicht nach noch lange besitzen wird.

Dazu kommen demnächst die Immobiliendienstleistungsunternehmen, die das Land im Jahr 2005 von der Bankgesellschaft übernehmen wird. Dazu zählt die IBAG (Immobilien mit einem

Buchwert von einer Milliarde Euro), die IBG (mit Appartements und Hotels) und die »Arwobau« (mit rund achttausend möblierten Appartements) und wahrscheinlich eines Tages noch die völlig marode »Berlin-Braunschweiger Hypothekenbank« (Berlin Hyp), die das Land wegen fehlender Kaufinteressenten vielleicht selber wird erwerben müssen.

In der Tat, in diesem Riesenhaufen von zweifelhaften Immobilien und Anlagen steckt Berlins finanzielle Zukunft. Und die sieht noch bedrohlicher aus, wenn man sich die geballte Unfähigkeit in den Leitungspositionen dieser Gesellschaften vor Augen führt – eine Situation, die sich durch massive Gehaltserhöhungen für Vorstände und Geschäftsführer übrigens nicht verbessert.

»Jedes dieser BISI-Teile ist laut Eigendarstellung der jeweiligen Geschäftsführung natürlich eine Erfolgsstory«, betont Breitkopf, »doch fast jedem dieser angeblichen Erfolge kann die problematische Lage und noch problematischere mittelfristige Entwicklung gegenübergestellt werden«. Ausschlaggebend dafür ist die Entwicklung des Immobilienmarktes in Berlin und Brandenburg – und die zeigt seit Jahren nur nach unten. Gegenteilige Behauptungen könne man, so Breitkopf, nur auf Lobby-Propaganda oder staatlichen Zweckoptimismus zurückführen.

Das ist, gemessen an der Diskrepanz zwischen Erfolgsmeldungen und tatsächlichen Verlusten bei anderen landeseigenen Unternehmen, nichts Neues. Worin aber liegt die besondere Brisanz von »BISI«? Ich ging Breitkopfs These nach.

Eine der größten und akutesten finanziellen Gefahren des Landes stellen zweifelsohne Berlins städtische Wohnungsbaugesellschaften dar – und wie immer scheint niemand davon zu wissen. Sie sind zur Zeit mit 8,3 Milliarden Euro verschuldet. Immer wieder bekommt man zu hören, daß die Lage zwar angespannt sei, doch den Schulden stünden ja wertvolle Immobilien gegenüber. Dies ist tatsächlich die Frage: Wieviel sind die Immobilien der städtischen Wohnungsbaugesellschaften wert, und wie sieht die Geschäftslage und Zukunft dieser Gesellschaften tatsächlich aus?

Daß Berlins kommunale Wohnungsbaugesellschaften Probleme haben, ist kein Wunder. Bei ihnen entdeckt man sämtliche Berliner Krankheiten: Filz, Inkompetenz, fragwürdige Geschäftspraktiken, Ausplünderung durch die Politik, falsche Sachverhalts-Darstellungen und Substanzverbrauch. Es scheint, daß Berlins politische Klasse sich hier völlig ungeniert ausgetobt hat. Und jetzt, ausgerechnet mitten in der allgemeinen Finanzkrise, spitzt sich die Lage zu. Das nächste Milliarden-Desaster bahnt sich an.

Etwas, das über Jahre konstant blieb bei diesen öffentlichen Unternehmen, ist die Tatsache, daß fast immer einer der beiden Geschäftsführer – es gab einen technischen und einen kaufmännischen – SPD-Mitglied (oder parteinah) war, der andere ein gleiches Verhältnis zur CDU hatte. Man wundert sich vielleicht über diesen Zufall. Es war jedoch keiner.

Es handelt sich um nichts anderes als um jahrzehntelange erfolgreiche Beute-Teilung. Ehemalige Funktionäre und abgehalfterte Politiker wurden oft auf Posten in den Wohnungsbaugesellschaften gehievt. Fachliche Kompetenz war dabei nicht unbedingt eine Voraussetzung.

Im Sommer 2003 wurde eine regelrechte Farce durch den SPD/PDS-Senat aufgeführt. Der langjährige SPD-Staatssekretär, Vorsitzender der mächtigen SPD-Neukölln und ehemaliger Aufsichtsratsvorsitzende bei dem Entwicklungsträger Wasserstadt GmbH Frank Bielka, wurde, wie so viele Genossen vor ihm, zum Geschäftsführer einer städtischen Wohnungsbaugesellschaft – in diesem Fall der »DeGeWo« – gekürt. Noch schöner: Vor seiner Ernennung hatte der »DeGeWo«-Aufsichtsrat, in dem Bielka damals Vorsitzender war, die Entscheidung getroffen, die Geschäftsführergehälter deutlich auf fast 200 Tausend Euro zu erhöhen. Bielka erklärte, er hätte zum Zeitpunkt dieser Entscheidung nicht ahnen können, daß er später in den Genuß dieses Gehalts kommen würde.

Bei Bielkas komfortable Wechsel gab es diesmal ausnahmsweise einen Aufschrei der Empörung in der Stadt, wobei die SPD so tat, als ob sie nichts gegen Bielkas Ernennung machen könnte. Laut Bielkas SPD-Parteigenossen lag diese Entscheidung allein beim »DeGeWo«-Aufsichtsrat. Dessen Vorsitzender aber ist kein anderer als SPD-Fund-Raiser Karl Kauermann. Irgendwie schien man bei der angeblichen Machtlosigkeit der SPD vergessen zu haben, daß das Land Berlin zu hundert Prozent Gesellschafter der »DeGeWo« ist. Für den Eigentümer wäre es kein Problem gewesen, Bielkas

Ernennung zu verhindern. Und der Koalitionspartner, die PDS? Die unternahm gar nichts. Wahrscheinlich weil es anti-sozial wäre, durch eine solche Intervention ihren eigenen Genossen später solche Einkommenssprünge zu vermasseln.

Der Fall Bielka ist keinesfalls etwas Neues. Wenn es darum geht, verdiente Genossen in hochdotierten Stellen unterzubringen, kann die SPD erstaunlich phantasievoll sein.

Im Jahr 1998 wurde ein neuer Geschäftsführer für die städtische Wohnungsbaugesellschaft »Stadt und Land« gesucht (damaliges Jahresgehalt: rund 250 Tausend Mark plus Extras und Dienstwagen mit Fahrer). Doch es kam zum Betriebsunfall im Berliner Polit-Räderwerk. Der Favorit, das damalige SPD-Abgeordnetenhausmitglied Rudolf Kujath, bis dahin als Prokurist bei einer anderen Berliner städtischen Wohnungsbaugesellschaft ausreichend versorgt, erhielt den Zuschlag nicht. Wider Erwarten entschied man sich bei »Stadt und Land« für einen anderen Kandidaten.

Doch die Genossen hievten Kujath im Oktober 1998 kurzerhand auf den Chefsessel der kommunalen Wohnungsbaugesellschaft Hellersdorf, die »WoGeHe«. Das Manöver schien simpel – und war doch raffiniert. Knapp sechs Monate später fusionierten auf Senatsbeschluß die städtischen Wohnungsbaugesellschaften »Hellersdorf« und »Stadt und Land« – und Kujath wurde doch noch Geschäftsführer von »Stadt und Land«. Ein Happy End – zumindest für Kujath und Genossen.

Der Landesrechnungshof war außer sich. Denn statt die möglichen Synergieeffekte zu realisieren und zwei der vier teuren Geschäftsführer bei den fusionierten Wohnungsbaugesellschaften einzusparen (Kostenreduzierung von wahrscheinlich einer Million Mark im Jahr), hatte der Aufsichtsrat im April 2000 auf Vorschlag der Geschäftsführer entschieden, alle im Amt zu belassen. Der damalige Aufsichtsratsvorsitzende dieser fusionierten Gesellschaft war Frank Bielka. Der Landesrechnungshof monierte, »daß die Vertreter Berlins diese wirtschaftlich nachteilige und auch unübliche Entscheidung mitgetragen haben und die Beteiligungsverwaltung bisher versäumt hat, dies zu ändern«. Eigentlich hatten die Hüter der Steuergelder »erhebliche Einsparungen u.a. bei der Geschäftsführung« erwartet. Erst Ende März 2002 ging der erste Geschäftsführer von »Stadt und Land«, der zweite folgte Ende 2003. Das sind nur ein paar von vielen Beispielen.

Zur Beutegemeinschaft der städtischen Wohnungsbaugesellschaften gehören auch die Mitglieder der Aufsichtsräte. Die Liste der Namen der Aufsichtsratsvorsitzenden der letzten Jahre der sieben städtischen Wohnungsbaugesellschaften sagt schon alles. Der SPD-Seilschaftführer Karl Kauermann ist Aufsichtsratsvorsitzender der »DeGeWo«. Bei der GSW führt den Aufsichtsrat der Tempodrom-Mäzen und SPD-Förderer Roland Specker – auch nach der Privatisierung im Mai 2004. Der zweimal zurückgetretene SPD-Senator und Mitverantwortliche für Berlins Desaster bei der Sozialen Wohnungsbauförderung, Klaus Riebschläger, war bis vor kurzem Aufsichtsratschef bei der »HoWoGe«. Kürzlich erst zurückgetreten ist der langjährige SPD-Staatssekretär, Werner Heubaum, bei der »Gewobag«. Aufsichtsratschef der »Gesobau« ist der ehemalige Sarrazin-Kollege und BVG-Berater Horst Föhr, wobei das Sitzungsgeld für den Gesamtaufsichtsrat in seinem Ernennungsjahr 2003 von siebentausend Euro auf 36,6 Tausend gesprungen ist. Seit Jahren sitzt Knut Fischer, ehemaliger Vorstand von Berlins »Pleitebanken«, Bankgesellschaft Berlin und Berliner Bank, dem Aufsichtsrat der WBM-Gruppe vor. Bei der »Stadt und Land« war, wie gesagt, der SPD-Parteigenosse und Staatssekretär Bielka – bis zu seinem finanziellen Aufstieg in den Vorstand der »DeGeWo« Aufsichtsratsvorsitzender.

In den damaligen sieben Wohnungsbaugesellschaften gab es, wenn man die Tochtergesellschaften mitrechnet, Anfang 2003 insgesamt 21 Aufsichtsräte mit in der Regel sechs oder neun Mitgliedern. In diesen Gremien fand man viele bekannte Gesichter der ersten, zweiten und dritten Garnitur der Berliner Politik.

Die Frage ist, ob so viele Aufsichtsräte benötigt werden. Bei einer Aktiengesellschaft wohl, aber bei den Gesellschaften mit beschränkter Haftung ist ein Aufsichtsrat erst ab 500 Mitarbeitern erforderlich. Doch wo es keinen Aufsichtsrat gibt, gibt es auch keinen Einfluß, keine Macht, kein Ansehen und keine Insider-Information. Jetzt, wo die Lage der städtischen Wohnungsbaugesellschaften sich schier hoffnungslos entwickelt, sieht es so aus, daß diesem Luxus langsam ein Ende gemacht wird.

Über die Jahre haben es sich die Geschäftsführer und Aufsichtsräte der Berliner kommunalen Wohnungsbaugesellschaften nicht gerade schlecht gehen lassen. In den letzten Jahren gab es eine wahre Orgie der Gehaltserhöhungen für die Geschäftsführer – auch wenn sie seit der Wende Milliardenverluste einfahren. Ursache war die geplante Einführung eines erfolgs- und leistungsorientierten Vergütungssystems, was endlich im Februar 2001 zustande kam. Doch bevor dies in Kraft trat, hatten einige Aufsichtsräte erhebliche Einkommensverbesserungen für ihre Geschäftsführer gebilligt – bis zu sechzig Prozent, wie im Fall »DeGeWo« unter dem Aufsichtsratsvorsitzendem Frank Bielka, der heute selber die Bezüge kassiert. Aber auch in der Wohnungsbaugesellschaftsgruppe WBM liegen die Gehälter überdimensional hoch. Im Geschäftsbericht 2003 hat die WBM-Gruppe, welch Zufall, die Bezüge der Geschäftsführung und des Aufsichtsrates einfach nicht veröffentlicht. So kann man auch öffentliche Kritik umgehen! Die Gesamtbezüge eines Geschäftsführers einer städtischen Wohnungsbaugesellschaft Berlin – Vergütung plus Nebenleistungen – liegen für das Jahr 2003 laut Senatsverwaltung für Stadtentwicklung zwischen 167 und 342 Tausend Euro.

Den Aufsichtsräten geht es dabei auch nicht schlecht. Sie bekommen nicht nur ein angenehmes Sitzungsgeld, sondern auch ab und zu noch angenehmere Aufträge für sich und ihre Firmen. Als die »HoWoGe« 1997 eine andere Wohnungsbaugesellschaft schluckte, wurde der 250-Millionen-Mark-Vertrag in der Kanzlei, wo auch Aufsichtsratschef Klaus Riebschläger tätig ist, beurkundet. Riebschläger beteuert, davon nichts gewußt zu haben. Ein Jahr später verfaßte Rechtsanwalt Riebschläger für die »HoWoGe« ein Gutachten über eine Immobilie. Der Rechtsanwalt forderte von seiner kommunalen Wohnungsbaugesellschaft dafür 23.200 Mark. Hier mußte Riebschläger allerdings einräumen, daß er sehr wohl darüber informiert war.

Doch der Rubel rollte nicht nur bei den Geschäftsführern und Aufsichtsräten der Wohnungsbaugesellschaften. Genau wie bei der Bankgesellschaft hatte die Große Koalition diese Unternehmen gnadenlos ausgeplündert, um ihre Verschuldungs-Politik zu kaschieren.

In den Jahren 1995 bis 1998 sollten die städtischen Wohnungsbaugesellschaften zusätzlich zu ihren jährlichen Ausschüttungen ans Land eine »Sonderdividende« in Höhe von 335 Millionen Mark an die Landeskasse bezahlen. Diese Zahlung sollte mit dem Verkauf von Wohnungen an die Mieter erwirtschaftet werden. Als sich dies nicht annährend realisieren ließ, sollten die Wohnungsbaugesellschaften landeseigene Grundstücke in der Höhe der Sonderdividende erwerben. Auch dies gelang nicht. Am Schluß mußten die Wohnungsbaugesellschaften Vorauszahlungen auf noch nicht bestimmte Grundstücke des Landes leisten.

Der Grünen-Haushaltsexperte Oliver Schruoffeneger erinnert sich gut daran: »Es war absurd. Teilweise konnte der Senat den Wohnungsbaugesellschaften damals nicht sagen, welche Grundstücke dies konkret sein werden. Die Wohnungsbaugesellschaften mußten aber das Geld schon mal bezahlen und haben dann Jahre später erfahren, welche Liegenschaften das sind. Die Grundstücke waren in der Regel wesentlich weniger wert als der Preis, den die Wohnungsbaugesellschaften dafür zahlen mußten. Und dies hat die Bilanzen natürlich belastet.«

Den bei weitem größten Coup landete Berlins damalige Finanzsenatorin Annette Fugmann-Heesing mit der Privatisierung der Wohnungsbaugesellschaften – und das zu beachtlichen Verkaufspreisen. Doch handelt es sich hier nicht um eine Privatisierung im gewöhnlichen Wortsinn, sondern die eine städtische Wohnungsbaugesellschaft mußte die andere erwerben. Der hohe Erlös floß in die Landeskasse. Für diese In-Sich-Geschäfte kassierte Berlin 1,3 Milliarden Mark.

Für die Wohnungsbaugesellschaften hatte diese Aktion verheerende Auswirkungen. Denn diese Käufe mußten sie über Bankkredite in derselben Höhe finanzieren. Dazu kamen hohe Notargebühren. Fernerhin erhielten die Wohnungsbaugesellschaften bei ihren Krediten keinesfalls so gute Kreditkonditionen wie das Land selbst, womit eine erhebliche Steigerung der Zinskosten für das Land als hundertprozentiger Gesellschafter der Wohnungsbaugesellschaften von Fugmann-Heesing im Kauf genommen wurde. Sowas nennt man dann Haushaltskonsolidierung.

Das Ganze sollte nach dem Master-Plan der Koalition der angeschlagenen Bankgesellschaft zugute kommen, die dann die Fusionsgeschäfte finanzierte. Jetzt sitzt die Bankgesellschaft auf diesen wackeligen Krediten, und das Geldinstitut gehört zu rund 81 Prozent dem Land. Bei der Insolvenz einiger der Wohnungsbaugesellschaften – und droht – ist der Steuerzahler also so oder so der Verlierer. Bei solchen Konstruktionen braucht man sich nicht zu wundern, daß sich Berlins Finanzen heute in derart desolatem Zustand befinden.

Dieser Wahnsinn wurde fortgesetzt bis zum Ende des Jahres 2003, als die »DeGeWo« die marode »Wohnungsbaugesellschaft Marzahn« erwerben sollte. Da aber weigerte sich der »DeGeWo«-Geschäftsführer, Thies-Martin Brandt, mehr als den symbolischen Preis von einem Euro zu bezahlen. Weiterhin hat er darauf bestanden, daß im Falle einer Insolvenz der Marzahner Wohnungsbaugesellschaft, das Land die sich daraus ergebenden Verluste übernimmt, wenn die Ursachen aus der Zeit vor dem Erwerb liegen.

Die Ausplünderung der städtischen Wohnungsbaugesellschaften seitens des Senats lief auch noch auf anderen Ebenen: Es gab selbstverständlich Dividenden an den Gesellschafter – das Land Berlin. Insgesamt rund 190 Millionen Mark waren es in dem Jahrzehnt 1991 bis 2001 – auch wenn sich die Wohnungsbaugesellschaften schon in einer schwierigen wirtschaftlichen Lage befanden. In dieser Zeitspanne zog die Berliner Politik insgesamt rund 1,7 Milliarden Euro aus den städtischen Wohnungsbaugesellschaften ab, um Haushaltslöcher zu stopfen. Damit wurde die ohnehin prekäre Lage der Wohnungsbaugesellschaften weiter verschärft.

Die Berliner Politik hatte die städtischen Wohnungsbaugesellschaften so, verbunden mit fragwürdiger Managementpolitik, über die Jahre in die Krise geführt – man kann sagen: fast ruiniert. Es gibt kaum Chancen, dies wieder umzubiegen, da der Berliner Immobilienmarkt zusammengebrochen ist und bei zunehmendem Leerstand (zirka 150 Tausend Wohnungen in Berlin) Mieterhöhungen kaum durchzusetzen sind. Für notwendige Sanierungen fehlt den städtischen Wohnungsbaugesellschaften das Geld. Die meisten sind so verschuldet, daß sie kaum noch als kreditwürdig gelten.

Bisher haben die Wohnungsbaugesellschaften ihre enormen Zinszahlungen und angeblichen Gewinne durch Verkäufe finanziert. Doch die Immobilienpreise befinden sich immer noch im Sinken. Besonders bei den Plattenbauten im Ostteil der Stadt ist diese Problematik verheerend. Nach der Wende wurden sie im Überschwang der Wiedervereinigung und der Euphorie der Wertgutachter, deren Honorar sich nach der Höhe des von ihnen geschätzten Verkehrswerts bestimmte, mit unglaublich hohen Buchwerten in die Bilanzen der Ostberliner-Wohnungsbaugesellschaften eingeführt. In der Zwischenzeit muß man sich die Frage stellen, ob die Plattenbauten damals überhaupt einen Vermögenswert darstellten.

Im Jahr 2000 hat die »Wohnungsbaugesellschaft Marzahn« den ersten Anlauf in Richtung Bewertungskorrektur vorgenommen. Laut Insidern geschah diese Wertberichtigung nicht gegenüber dem gesamten Wohnungsbestand und entsprach nicht annähernd dem gegenwärtigen tatsächlichen Wert. Trotzdem gab es eine Abschreibung von rund 260 Millionen Mark. Die Gesellschaft ging in die Knie und wurde Ende des Jahres 2001 von der damals stärkeren »DeGeWo« geschluckt. Dadurch schwächelt nun die »DeGeWo«, und es gibt deswegen die Überlegung, sie mit der städtischen Wohnungsbaugesellschaft »Gesobau« zu fusionieren. Der Umgang des Senats mit dieser Problematik erinnert weniger an eine Strategie, sondern vielmehr an eine Reihe von schlechten Notlösungen. Diese Bemühungen scheinen auch nicht zu reichen, um die »Wohnungsbaugesellschaft Marzahn« zu retten. Insider gehen davon aus, daß, wenn man Pech hat, die Gesellschaft im Jahr 2007 insolvent ist – mit Glück erst 2008.

Daß Berlin Schwierigkeiten mit seinen Plattenbauten hat, ist nicht zu leugnen. Der Umgang damit seitens der städtischen Wohnungsbaugesellschaften ist jedoch wieder typisch für die Berliner Wirtschaft. Die Wohnungsbaugesellschaft Marzahn hat beschlossen, unsanierte Häuser mit hohen Subventionen vom Staat abzureißen – rund 4100 Wohnungen in den nächsten Jahren. Nicht etwa, weil sie unbedingt unverkäuflich sind. Beim Erwerb dieser Plattenbauten zum Marktpreis hätte der Käufer durch den niedrigen Einstiegspreis (vielleicht 75 Euro pro Quadratmeter) einen enormen wirtschaftlichen Vorteil gegenüber den städtischen Wohnungsbaugesellschaften, die ihre Plattenbauten immer noch zu überhöhten Buchwerten führen. Die Privaten könnten deshalb solche Wohnungen weitaus billiger anbieten, wodurch weitere Leerstände bei den städtischen Gesellschaften entstehen würden. Deswegen reißt man die Häuser lieber mit Steuergeldern ab.

Die andere städtische Wohnungsbaugesellschaft mit beträchtlichem Plattenbaubestand ist die »Wogehe« in Hellersdorf, ein Nachbarbezirk von Marzahn. Um den Wert ihrer Häuser zu steigern hat man im Jahr 2003 die Mieten einfach um elf Prozent erhöht – eine monatliche Mietsteigerung von durchschnittlich vierzig bis sechzig Euro. Daß Mieter deswegen vielleicht wegziehen könnten, scheint keine wesentliche Rolle zu spielen, sondern allein die Berechnung des Immobilienwertes, der anhand der Miethöhe bestimmt wird.

Bei den Wohnungsbaugesellschaften im West-Teil der Stadt droht ein anderes Damokles-Schwert. Viele dieser Gesellschaften hatten mit Sozialen Wohnungsbaufördermitteln Wohnungen gebaut. Jahrelang hatten die Wohnungsbaugesellschaften ebenso wie das Land diese Schulden nicht in voller Höhe in ihren Bilanzen ausgewiesen, sondern versteckt.

Es war wieder Schruoffeneger, der diesen Mißstand ans Licht brachte. »Die Wohnungsbaugesellschaften wären in großen Schwierigkeiten, wenn sie die Schulden beim Land Berlin aus den alten Wohnungsbaudarlehen in ihren Bilanzen seriös ausweisen würden. Sie wurden aber von der Senatsverwaltung aufgefordert, die nicht in die Bilanz aufzunehmen. Dies grenzt letztendlich an Bilanzfälschung. Mindestens drei Wohnungsbaugesellschaften wären bei einer sauberen und ordnungsgemäßen Bilanz schon heute konkursreif«, erklärt er.

In einem Bericht über die städtischen Wohnungsbaugesellschaften für den Berliner Senat vom Dezember 2001 wurde diese Behauptung bestätigt: »Würden die Unternehmen alle zum 31. Dezember 2000 ausgezahlten Aufwendungsdarlehen passivieren, ergäben sich bei der WIR, »Gewobag« sowie der »DeGeWo« ›negative‹ Eigenkapitalbestände.« »Negative Eigenkapitalbestände« – das bedeutet Insolvenz.

Zum Ende des Jahres 2004 soll es eine Entscheidung vom Berliner Oberverwaltungsgericht zu der Frage geben, ob eine Anschlußförderung bei der Berliner Sozialen Wohnungsbauförderung Pflicht sei. Das letzte Wort hat vermutlich das Bundesverfassungsgericht. Sollte das Land obsiegen und also keine Pflicht bestehen, wird die Wohnungsbaugesellschaft WIR (die ehemalige »Neue Heimat« in Berlin), eine Tochter der »Gewobag« – befürchten jedenfalls viele – in die Insolvenz getrieben. Es kann gut sein, daß die Muttergesellschaft das gleiche Schicksal erfährt. Für die schon geschwächte »DeGeWo« wäre der Wegfall der Anschlußfinanzierung ebenso ein schwerer Schlag. Eine Insolvenz bedeutet allerdings kaum eine Entlastung für den Landeshaushalt, da der Hauptkreditgeber von Berlins städtischen Wohnungsbaugesellschaften die Bankgesellschaft ist, und die gehört zum größten Teil dem Land. Außerdem hat das Land Berlin noch 3,2 Milliarden Euro Bürgschaften an die städtischen Wohnungsbaugesellschaften vergeben. Gewinnt das Land Berlin also den Prozeß zur Beendigung der Anschlußförderung beim Sozialen Wohnungsbau, bekommt es trotzdem die Rechnung präsentiert, verliert es, bezahlt es ebenfalls. Das wahre Gegenteil einer »win-win« Situation.

Es kommt dazu, daß die Immobilien-Buchwerte dieser städtischen Wohnungsbaugesellschaften – und auf diesem Betrag beruht ihre Werthaltigkeit – laut einem Experten »sehr hoch bis phantastisch hoch« liegen. Sie könnten sogar um ein Drittel überbewertet sein. Einen Vorgeschmack davon hatte man bei den Abschreibungen der Plattenbauten der »Wohnungsbaugesellschaft Marzahn« erhalten.

Um solche Verluste zu verschleiern, haben die Wohnungsbaugesellschaften über die Jahre viele Tricks benutzt, darunter die Verkäufe ihrer Immobilien zum (zu hohen) Buchwert an eine Tochtergesellschaft. Damit ist der Verlust zunächst verschoben, doch keinesfalls aufgehoben. Zum Teil werden die eigenen Immobilien einfach nicht neu bewertet – und wenn, dann nicht realistisch. So lange die Wirtschaftsprüfungsgesellschaften das mitmachen – und dafür verdienen sie viel Geld –, wird das gutgehen. Das hat man bei der Bankgesellschaft gesehen. Die Krise des Geldinstituts 2001 wurde nicht durch ein plötzlich auftretendes Ereignis ausgelöst. Es gab kein Erdbeben, sondern neue, realistische Bewertungen. Risiken, die die ganze Zeit vorhanden waren, waren zum ersten Mal richtig bewertet worden. So schnell kann das gehen. Dieses Schicksal droht auch den städtischen Wohnungsbaugesellschaften.

Im operativen Bereich leben die meisten Berliner städtischen Wohnungsbaugesellschaften von der Substanz. Um Liquidität, einen Gewinn oder wenigstens einen annehmbaren Jahresverlust zu erzeugen, werden notwendige Sanierungen und Investitionen verschoben oder einfach die Bestände verkauft. Ohne daß es überhaupt jemand gemerkt hat, ist in den letzten Jahren eine städtische Wohnungsbaugesellschaft veräußert worden. Wenn man die Zahlen der WBM-Gruppe (ein Konglomerat bestehend aus den Wohnungsbaugesellschaften Mitte, Friedrichshain, »Bewoge« aus dem West-Teil der Stadt und anderen Unternehmen) aus den Jahren 1999 und 2003 vergleicht, ist zu entdecken, daß im eigenen Bestand über 13 Tausend Wohnungen weniger vorhanden sind. Das ist ungefähr die Größe einer der Berliner städtischen Wohnungsbaugesellschaften vor der großen Fusionswelle. Davon nahm man kaum Notiz. Im Jahr 2004 soll die WBM-Gruppe weitere viertausend Wohnungen abstoßen. Die WBM-Gruppe, vom Bestand her einst eine der größten städtischen Wohnungsbaugesellschaften Berlins, ist heute bei weitem die kleinste Gesellschaft. Trotzdem hat die WBM-Gruppe ihre Schulden gegenüber Kreditinstituten in der Zeit kaum abbauen können. Diese lagen Ende 1999 bei 2,9 Milliarden Mark. Ende 2003 waren es immer noch rund 1,4 Milliarden Euro – trotz der vielen Verkäufe!

In bester Berliner Tradition – wahrscheinlich um Sarrazins Versprechen, alles im Griff zu haben, sowie ihre überhöhten Geschäftsführerbezüge zu rechtfertigen – haben die städtischen Wohnungsbaugesellschaften 2003 ein angeblich »gutes« Jahr gehabt. Der Finanzsenator lancierte eine Presseerklärung im Mai 2004, worin steht: »Die Wohnungsbaugesellschaften konnten in der Summe ihr Ergebnis ins Plus drehen«. Es ging um ein positives Ergebnis von 31 Millionen Euro.

Aber auch hier entdecken wir die alten Verschleierungstaktiken. Eines der erfolgreichsten Jahresergebnisse unter den städtischen Wohnungsbaugesellschaften hatte die WBM-Gruppe mit einem

Jahresüberschuß von 10,5 Millionen Euro. Doch dieses Plus verbuchte die Gruppe nur Dank eines erzielten Gewinns im Wert von 61 Millionen Euro durch den Verkauf von Immobilien (das sechsfache vom Vorjahr). Ohne diese einmaligen Einkünfte – die Immobilien wachsen nicht einfach nach – hätte die WBM-Gruppe statt eines Gewinns von zehn Millionen Euro einen Verlust von über fünfzig Millionen ausgewiesen – und damit wäre das positive Jahresergebnis der WBM-Gruppe und Berlins städtischer Wohnungsbaugesellschaften für das Jahr 2003, das Sarrazin stolz vermeldete, ein negatives worden.

Es ist die gleiche Strategie wie bei der Sanierung der Bankgesellschaft – mit der gleichen Gefahr: Tendenziell werden die wertvollen Immobilien, die jemand erwerben möchte, veräußert. Im eigenen Bestand bleiben die weniger gesuchten Objekte. Diese gefährliche Geschäftspolitik setzt die WBM-Gruppe unbeirrt fort, und laut Plan sollen im Jahr 2004 weiter Wohnungen im großen Stil veräußert werden. Dazu zählen einige der besten Immobilien im Bestand.

Sarrazin konnte in seiner Pressemeldung weiterhin verkünden, daß die Verschuldung der städtischen Wohnungsbaugesellschaften sich im Jahr 2003 »um über 400 Millionen reduziert« hat. Doch ein kurzer Blick in den Jahresbericht 2003 der WBM-Gruppe zeigt wieder, wie solche Erfolge erzielt werden. Man entdeckt darin, daß sie ihre Schulden bei den Banken zwar senken konnten, doch nur durch ein Sale-and-lease-back-Geschäft. Dadurch erhielt die Wohnungsbaugesellschaft Einkünfte von fast 100 Millionen Euro, womit ein entsprechender Kredit abgelöst wurde. Das ist nicht anderes als eine Umschichtung der Schulden, keine Reduzierung. Doch wenn man keine guten Nachrichten bekommt, muß man die eben selber produzieren – und da ist die kreative Buchführung gefragt.

Was die Presseerklärung des Finanzsenators nicht beinhaltet, sind die alltäglichen Malheurs, die wieder Millionen verschlingen werden. Die WBM-Gruppe ist so verschuldet, daß sie kaum noch Kredite erhält. Um an frisches Geld zu kommen, hat sie sich vorgenommen, hinter dem Alexanderplatz den Gewerbeteil der Rathaus-Passagen – ein DDR-typischer Plattenbau-Komplex, bestehend aus Läden und Wohnungen – auszubauen. Hauptmieter sollte der amerikanische Konzern »»Wal-Mart«« sein. Für das ganze Projekt (samt Parkhäusern) gab es frische Kredite angeblich in Höhe von rund siebzig Millionen Euro. Doch als fertiggebaut war, wollte »Wal-Mart« nicht einziehen, womit das Vermietungs- und Finanzierungskonzept des Projekts völlig ins Wanken gekommen ist. Ebenso wirtschaftlich mißlungen ist der Versuch, das ehemalige »Haus des Lehrers« am Alexanderplatz in ein Kongreßzentrum umzuwandeln.

In einem Gutachten der Wirtschaftsprüfungsgesellschaft »Ernst & Young« vom August 2003 zu den städtischen Wohnungsbaugesellschaften wurde die Praxis des Landes und der Wohnungsbaugesellschaften harsch kritisiert. Im Grunde genommen, meinten die Prüfer, steht der Senat mit seinen Ansprüchen an die Gesellschaften »in einem direkten Zielkonflikt«. Auf der einen Seite sollen die Wohnungsbaugesellschaften die Versorgung der Bevölkerung mit preiswertem Wohnraum ermöglichen. Auf der anderen Seite sollen sie jährlich eine Verzinsung an das Eigenkapital des Landes von vier Prozent bezahlen. Eine Priorität existiert nicht.

Mit anderen Worten, der Politik fehlt ein Konzept. Wenn sie Geld braucht, wird eine Wohnungsbaugesellschaft verscherbelt. Zwischendurch wird wieder die Wichtigkeit eines großen Bestandes an städtischen Wohnungen öffentlich betont. Zur Sicherstellung der Versorgung der Bevölkerung mit preiswertem Wohnraum ist laut Senat ein Wohnungsbestand bei den städtischen Wohnungsbaugesellschaften von etwa 300 Tausend Wohnungen erforderlich.

Nach dem Verkauf der GSW im Frühling 2004 ist man bei dieser Zahl angekommen. Es sieht aber nicht so aus, als ob der Verkauf von Wohnungsbaugesellschaften aufhören würde – höchstens bis zu den Wahlen im Jahr 2006. Das hindert die Wohnungsbaugesellschaften selber nicht, weitere Wohnungen zu veräußern. Sie wollen bis zum Jahr 2008 weitere 19 Tausend Wohnungen – davon rund zehntausend in 2004 – losschlagen. Sollten sie Geld brauchen – zum Beispiel, um Berlins Finanzsenator weitere Siegesmeldungen zu ermöglichen –, werden es wohl mehr sein. Auch die von der Politik angegebene Mindestzahl von 300 Tausend Wohnungen scheint aus der Luft gegriffen zu sein.

Nach der Lektüre dieses »Ernst & Young«-Gutachtens kommt man zu dem Schluß, daß der Senat sich nie Gedanken gemacht hat, was er mit den Wohnungsbaugesellschaften machen soll. Er hatte sich selbstständige Fürstentümer für sich, seine Seilschaften, Spender und Sponsoren geschaffen. »Durch die nur ansatzweise vorhandene Strategie, die fehlende Abstimmung der beteiligten Verwaltungen sowie die rechtlich kaum vorhandenen direkten Weisungsmöglichkeiten an die Gesellschaften ist eine einheitliche und zielgerichtete Einflußnahme des Landes auf seine Gesellschaften kaum möglich«, beurteilen die Prüfer. Daß die Wohnungsbaugesellschaften freie Hand haben, wird noch gefördert durch ein nicht adäquates Controlling – mit dementsprechendem Ergebnis. »Die Definition zu verfolgender Tätigkeitsfelder/Sparten«, heißt es im Bericht weiter, »ist schriftlich nicht formuliert«. Dank fehlenden Controllings durften die Wohnungsbaugesellschaften sich in fremden Geschäftsfeldern austoben. Nach vielen Desastern mit Projektentwicklungs- und Bauträgermaßnahmen – wie kürzlich bei der WBM-Gruppe – sollen sich die Wohnungsbaugesellschaften, fordert der Bericht, nun erneut aufs Kerngeschäft konzentrieren.

Die Gutachter plädieren für die »Einrichtung einer kompetenten zentralen Steuerungseinheit für die strategische Führung der Wohnungsbaugesellschaften«. Das muß man sich erst einmal vorstellen. Berlins Wohnungsbaugesellschaften befinden sich in einer schweren Krise. Sie haben Milliarden-Schulden und -Verluste seit der Wiedervereinigung eingefahren. Einige stehen vor der Insolvenz. Und erst im August 2003 erfährt man, daß es hier kein Konzept, keine Führung, kein effektives Controlling, sondern Dilettanten aus der Politik und deren Handlanger gibt, die mit Steuer-Milliarden hantieren. Die Ähnlichkeiten mit der Bankgesellschaft sind verblüffend. Das Endergebnis könnte ebenso aussehen.

Doch die städtischen Wohnungsbaugesellschaften sind nur ein Teil von »BISI«, Berlins Immobilien-Schrott-Imperium. Auch die Investitions Bank Berlin (IBB) zählt dazu, früher bekannt als Wohnungsbau-Kreditanstalt (WBK), wo die jungen Kläuse, Riebschläger und Landowsky, lange Jahre herrschten. Diese Heimat der Sozialen Wohnungsbauförderung steht jetzt vor der großen Abrechnung – und die könnte grausam sein.

Es folgt nämlich, was man als »Dreifach-Effekt« bezeichnen könnte:

- Die ersten Aufwendungsdarlehen von Mitte der siebziger Jahre werden nun fällig. Das sind die Wohnungsbauförderungskredite aus dem ersten Förderweg, die nach 15 Jahren eine Anschlußförderung von weiteren 15 Jahren bekommen hatten. Die also nach dreißig Jahren jetzt fällig werden.
- Dazu kommt ein zweiter Schwung Empfänger von Wohnungsbauförderungen aus dem ersten Förderweg, die, wenn das Land sich gerichtlich durchsetzt, keine Anschlußförderungen erhalten werden. Jetzt, nach den abgelaufenen 15 Jahren des Aufwendungsdarlehens, müssen sie das Aufwendungsdarlehen tilgen.
- Bald kommen dazu die Wohnungsbauförderungen nach der Wiedervereinigung aus dem zweiten Förderweg, die keinen Anspruch auf Anschlußförderung hatten, sondern Laufzeiten von 14 bis 25 Jahren. In den nächsten Jahren müssen also auch sie ihr Darlehen an die IBB zurückzahlen.

Das Problem liegt darin, daß erstens viele Kreditnehmer aus allen drei Bereichen ihre Kapitalmarktkredite nicht wie geplant zurückzahlen können. Zweitens sind sie nicht in der Lage, ihre Förderkredite an die IBB zu begleichen, da sie niemals die vorgesehenen Mieten – bis zu über zwanzig Euro pro Quadratmeter kalt – erzielen können, die sie zur Rückzahlung ihrer Kredite an die IBB benötigen. Dafür ist das Neue Kreuzberger Zentrum ein Parade-Beispiel. Es steht wahrscheinlich eine Insolvenzwelle an. Jedes Jahr, wenn mehr und mehr Kredite fällig werden, wird diese Zahl zunehmen.

Diese Krise betrifft vor allem Berlins städtische Wohnungsbaugesellschaften und die vielen Immobilien-Fonds, die, verbunden mit hohen Steuerersparnissen, aufgelegt wurden. Während die Privatanleger sich »entkapitalisieren« – ihr ganzes Vermögen bei Ehepartnern und Kindern unterbringen – und damit die Rückzahlung ihrer Schulden an die IBB vermeiden können, schauen die Wohnungsbaugesellschaften in die Röhre.

Eindeutig ist nur, daß der Steuerzahler die Rechnung bezahlen wird. Unbekannt ist bloß, aus welcher Kasse. Die IBB hat laut Berlins Wirtschaftsverwaltung gegenwärtig einen Kreditbestand für Wohnungsbau von 14,8 Milliarden Euro. Für rund 3,4 Milliarden bürgen das Land und der Bund, für weitere 4,8 Milliarden haftet die IBB selber und für die restlichen 6,6 Milliarden ist alles unklar.

Die IBB ist der Meinung, daß das Land Berlin für diese 6,6 Milliarden Euro haftet. Für PDS-Assistent Breitkopf ist das eine völlig ungeklärte Frage. Die IBB basiert diesen Anspruch auf den Grundvertrag des Landes mit der früheren WBK aus dem Jahr 1966. Tatsächlich heißt es da in Paragraph 5, Absatz 1: »Wird die WBK wegen der im Namen Berlins übernommenen Bürgschaften in Anspruch genommen, so werden der WBK die verauslagten Beträge von Fall zu Fall von Berlin ersetzt, soweit sie nicht aus zweckgebundenen Rückstellungen gedeckt sind.« Das ist ein sehr dürftiger Satz, der fast vierzig Jahre zurückliegt. Und er beinhaltet viel juristischen Spielraum.

Die IBB ist von ihren Ansprüchen an das Land völlig überzeugt. Wie die Fondsanleger bei den »Sorglos-Fonds« der Bankgesellschaft schon erfahren mußten, ist Garantie aber nicht gleich Garantie, besonders dann, wenn das Land Berlin bezahlen muß. Die IBB könnte eine ebenso große Überraschung erleben.

Und tatsächlich, eine solche Erfahrung hat die IBB schon längst gemacht: Irgendwie stellte sie im Jahr 2003 fest, daß sie 98 Bürgschaften für die Soziale Wohnungsbauförderung auf der Bürgschaftserklärungsliste für Land und Bund einfach vergessen hatte – wie das passieren konnte, weiß die IBB selber nicht. Als sie diese Kredite wiederentdeckten und in ihre Liste aufnehmen wollten, lehnte der Bund die Anerkennung ab. Jetzt kann sich die IBB rechtlich mit der Bundesregierung herumschlagen. Ebenso beunruhigend ist die Tatsache, daß in ihrer Liste zu den Darlehen für Wohnungsbauförderkredite, die unter den Grundvertrag fallen, bei der IBB ganz andere – viel höhere – Zahlen als beim Land auftauchen. Die Wirtschaftsverwaltung redet von einem IBB-Kreditvolumen im Wohnungsbau in Höhe von 14,8 Milliarden Euro, die IBB spricht von 17 oder 18 Milliarden.

Das wäre alles kein Problem für die IBB, hätte sie mit entsprechenden Rücklagen für die sich anbahnende Krise der geförderten Sozialwohnungen vorgesorgt. Aber frür die IBB existieren diese Risiken einfach nicht, sondern liegen beim Land. Sie hat also nie die Notwendigkeit gesehen, solche Rücklagen zu bilden.

Jetzt aber ändert sich die Ausgangssituation der IBB. Sie soll aus der Landesbank herausgelöst werden, um eine selbstständige Wirtschaftsförderbank zu werden. Für die Richtigkeit der Risiken und ihre Vorsorge wird sich dann die Bundesanstalt für Finanzdienstleistungsaufsicht interessieren, spätestens, wenn das endgültige Urteil zur Anschlußförderung fällt. Dann fangen die ersten Fondsinsolvenzen an, und die Berliner städtischen Wohnungsbaugesellschaften wie die WIR kommen ins Schwitzen, was die Rückzahlung von Aufwendungsdarlehen angeht.

Das alles wäre vielleicht immer noch kein Problem, wenn die IBB nicht aufhören würde, eine Immobilienbank zu sein. Als Wirtschaftsförderbank bräuchte sie kaum das Immobilien-Personal – wenn man es so nennen kann – der IBB. Dieses Personal wird ja auch gerade abgebaut. Doch ein richtiges Krisenszenario im Immobilienbereich steht der Bank noch bevor. Es wird dabei um die Übernahme von insolventen Immobilien und ihre Sanierung gehen. Die IBB würde so erst richtig zu einer Immobilien-Bank werden. Ob aber dann die früheren Förderungsvergabe-Beamten Herr dieser Situation werden können, ist eine spannende Frage. Im Fall des Neuen Kreuzberger Zentrums und der Immobilie aus dem berüchtigten »Gehag«-Fonds, worüber der Kreuzberger Architekt und Sachverständige Jürgen Thielemann sich so ärgert, haben die Mitarbeiter der IBB ihre völlige Unfähigkeit, Immobilienkredite zu verwalten, bewiesen.

Im Fall Tempodrom wird dieser Eindruck eher noch verstärkt. In einem schier unglaublichen Brief vom Dezember 2003 aus der Berliner Senatsverwaltung für Stadtentwicklung beschwert sich die Verwaltung, daß die IBB ständig andere Zahlen liefert, was die Abrechnung der Baukosten angeht. In dem Brief schreibt der Mitarbeiter der Verwaltung an die IBB wortwörtlich: »Die Baukosten belaufen sich per 31.12.2003 auf einen Betrag zwischen 49,137 Mio. DM und 48,837 Mio. DM, während die Einnahmen zur Finanzierung der Baukosten zwischen 49,915 Mio. DM und 57,875 Mio. DM liegen könnten. Sie werden verstehen, daß ich ein solches Ergebnis für inakzeptabel halte.« Außerdem gebe die IBB

Sponsoring-Einnahmen, so der Mitarbeiter der Verwaltung, von rund 5,6 Millionen Mark an, obwohl die IBB selber sechs Millionen beigetragen habe. Bei dem Beitrag von zehn Millionen aus Mitteln der Klassenlotterie rechne die IBB nur sechs Millionen ab.

Daß die alte West-Berliner Institution IBB andere Prioritäten als genaue Zahlen oder effektive Immobilienfinanzierung hatte, ist ein offenes Geheimnis. Doch 2005 soll der IBB-Apparat anfangen, als Wirtschaftsförderbank zu agieren. Ohne jegliche Erfahrung in diesem Bereich gibt es schon Pläne, daß das Institut eventuell Kredite in Höhe von jährlich 500 Millionen Euro bewegen soll. Wieder werden große Pläne an der Realität vorbei geschmiedet. Das Ergebnis ist schon vorhersehbar. Manager oder Angestellte, die keine Ahnung von diesem Geschäft haben (können) und die mit Zahlen anscheinend überfordert sind, werden unter Druck geraten, ihr Kreditvergabe-Soll zu erfüllen. Abenteurer aus der ganzen Bundesrepublik, besonders die mit guten Beziehungen zur Politik, werden nach Berlin pilgern, um mit Geldern der IBB ein großes Rad zu drehen.

Mit ähnlichen Geschäften hat Berlin schon seine Erfahrung. In der Bankgesellschaft Berlin gibt es eine Gesellschaft »Berlin Capital Fund«, die mit »Venture Capital« junge Unternehmer mit »brillanten Ideen« unterstützen sollte. Sie hatte ein gezeichnetes Kapital von 38 Millionen Euro – heute einen Buchwert von einem Euro. Die IBB wird sicherlich teure und kompetente Manager für diesen neuen Bereich der Wirtschaftsförderung einkaufen. Es stellt sich trotzdem die Frage, ob das Land Berlin, jetzt unter dem PDS-Wirtschaftssenator Harald Wolf, sein nächstes Bankabenteuer vom Stapel läßt?

Teil von Breitkopfs BISI ist der »Liegenschaftsfonds Berlin«. Auf Initiative des damaligen Finanzsenators Peter Kurth wurde der Jurist Holger Lippmann Anfang 2001 zu dessen Geschäftsführer ernannt. Natürlich ist Lippmann weder Immobilienexperte noch aus der Branche. Seit seinem Studium arbeitet er in der Berliner Verwaltung – ein Karrierebürokrat. Der Liegenschaftsfonds, orakelte im Jahr 1998 die damalige Finanz-Senatorin Annette Fugmann-Heesing, könnte dem Land etwa 24 Millionen Mark Einnahmen generieren. Lippmann und seine rund einhundert Mitarbeiter haben die Erwartungen jedoch nicht erfüllt, nicht einmal annähernd. In den ersten drei Jahren hat der Fonds Immobilien im Wert von 650 Millionen Euro veräußern können, wobei nur knapp über zweihundert Millionen Euro beim Land angekommen sind. Doch, wie immer, sobald die attraktiven Immobilien weg sind, bleibt hauptsächlich der Schrott. Für das Jahr 2004 hat Lippmann schon einen drastischen Verkaufseinbruch angemeldet. Man befürchtet, daß, sollte es so weiter gehen, der Liegenschaftsfonds sogar ein Minus erwirtschaften könnte.

Im Jahr 2005 schließen die Immobiliendienstleistungsunternehmen der Bankgesellschaft sich dem »BISI« an, weil niemand anders sie kaufen möchte. Die Bank muß dem Land sogar für die Übernahme ihrer Tochterfirmen Geld geben – einen sogenannten »negativen Kaufpreis«. Darunter befinden sich die IBAG, die vor ein paar Jahren für über eine Milliarde an die Börse sollte. Heute ist die IBAG beladen nicht nur mit lauter Schrottfirmen, sondern im Jahr 2004 mit Immobilien im Wert von rund einer Milliarde Euro, die man bisher nicht losschlagen konnte. Dazu gehört auch die »Arwobau«, die Berlin Mitte der neunziger Jahre überteuert an die Bankgesellschaft »zwangsveräußern« konnte. Jetzt, nach Jahren des Substanzverzehrs, kommt die »Arwobau« zurück.

Teil der IBAG ist auch die IBV, der Fondsverwalter der unseligen Immobilienfonds der Bankgesellschaft. Sie hat ihre Klienten so verärgert, daß sie bald vielleicht keine Fonds mehr zu verwalten hat. Dann steht eine teure Abwicklung an. Ansonsten gibt es da noch die IBG samt vierhundert Appartements auf Rügen und drei Hotels. Was solche Gesellschaften und Immobilien bei einem Land zu suchen haben, ist nicht nur mir völlig unklar. Die Bankgesellschaft war offensichtlich nicht in der Lage, sie abzuwickeln. Nun soll das Land Berlin das erfolgreich tun. Dies wird nach allen Erfahrungen sicherlich mit einem maximalen Verlust enden.

Die krönende Abrundung des »BISI-Komplexes« wäre die Übernahme der Berlin Hyp. So aus der Luft gegriffen ist das leider nicht. In dem Fall, daß sie nur mit einem massiven Verlust loszuschlagen ist, wofür dann die Landeskasse als Hauptaktionär zum größten Teil aufkommen müßte, könnte auch dieses Institut dem Land übertragen werden. Damit wäre das Problem zugegebenermaßen nur um einige Zeit verschoben, doch – und das ist entscheidend – muß das Land zunächst kein Geld aufbringen. Dadurch wäre Berlin wieder stolzer hundertprozentiger Eigentümer einer Bank, einer der schlechtesten – wenn nicht die schlechteste – der Bundesrepublik.

Berlin hat noch weitere bedrohliche Hürden zu nehmen. Die wesentlichste ist der landeseigene Klinikkonzern »Vivantes«. Angefangen hatte diese Saga Ende des Jahres 2000. Senat und Abgeordnetenhaus beschlossen, neun (später zehn) defizitäre städtische Kliniken mit 17 Tausend Mitarbeitern und 6300 Betten – sowie Schulden von rund 220 Millionen Mark – zusammenzuschließen. Dadurch entstand eine der größten Klinikgruppen in Deutschland. Doch in diesen Krankenhäusern gab es schwerwiegende strukturelle Probleme. Die Kosten der Patientenbehandlungen, die Dauer der Krankenhausaufenthalte und der Personalstand lagen über dem Bundesdurchschnitt.

Der Großen Koalition schwebte eine »Sanierung light« vor. Das Konzept war einfach gestrickt. Die Krankenhäuser wurden in einer GmbH zusammengeführt und verschwanden so samt Schulden aus dem Landeshaushalt. Damit sollte erneut ein Schattenhaushalt geschaffen werden. Statt diesem neuen Krankenhaus-Verband ausreichendes Kapital zu geben, um notwendige Sanierungsmaßnahmen umzusetzen, bekam er sein Krankenhausgelände vom Lande übertragen. Die abenteuerliche Grundidee dahinter war, daß die Altschulden der Krankenhäuser durch die Veräußerung von nicht mehr betriebsnotwendigen Immobilien zu tilgen seien – und das angesichts der Berliner Immobilien-Krise.

Martin Matz, gesundheitspolitischer Sprecher der FDP im Abgeordnetenhaus, gilt als der schärfste Kritiker von »Vivantes«. Für ihn war die »Vivantes« von Anfang an eine Fehlkonstruktion: »Die Gründung der »Vivantes« war von mehreren Berlin-typischen Konstruktionsfehlern begleitet. Einer davon war, daß man kein Geld hatte, um die Gesellschaft mit einem ausreichenden, liquiden Eigenkapital auszustatten. Also gab die Große Koalition ihr die Krankenhausgrundstücke und weitere nicht betriebsnotwendige Grundstücke mit, die auch von einer Wirtschaftsprüfungsgesellschaft relativ großzügig bewertet wurden. Über entsprechende liquide Reserven zur Abfederung weiterer Verluste und für Investitionen verfügte sie damit aber nicht und war daher von Beginn an durch einen ›Geburtsfehler‹ gezeichnet.«

Der Start von »Vivantes« war außerdem schlecht vorbereitet. Es gab zu Beginn am 1. Januar 2001 keine Geschäftsführer und auch keinen Aufsichtsrat, um welche zu ernennen. Das einzige, was gesichert war, war ein Rahmenkredit vom Land in Höhe von vierhundert Millionen Mark und der schrumpfte ziemlich rapide zusammen.

Am 1. April 2001 kam der neue Chef, Wolfgang Schäfer, der bisher als Geschäftsführer am Klinikum Kassel tätig war. Der Sprung von Kassel zur Metropole Berlin, mit all den Tücken der Hauptstadt, war vielleicht eine Nummer zu groß für Schäfer. Eine entscheidende Qualität hatte er jedoch – ein SPD-Parteibuch. Man hätte schon wissen müssen, nach den Sprüchen, die er in der Berliner Presse klopfte, daß er wohl doch überfordert war.

Weitere Personal-Fehlentscheidungen wurden im Bereich der Geschäftsführer getroffen, beispielsweise im Fall Jörg-Olaf Liebetrau. Er war von 1991 bis 1995 beim Berliner Baulöwen Klaus Groth tätig. Danach ging er als Geschäftsführer zur »Berliner Gaswerke AG« (»Gasag«), damals noch im Mehrheitsbesitz des Landes Berlin. Mit der Vollprivatisierung der »Gasag« im Jahr 1998 waren seine Dienste nicht mehr gefragt. Er fand jedoch einen sicheren Zwischenhafen bei Nikolaus Fuchs und der »Lexington Consulting Group«. Im Jahr 2001 wurde er mit einer Stelle als Geschäftsführer für Finanzmanagement bei »Vivantes« bedacht.

Außerdem zählte zur Riege der obligatorische Gewerkschaftsfunktionär als Geschäftsführer für Personalmanagement Ernst-Otto Kock, damals stellvertretender Vorsitzender der Gewerkschaft ÖTV in Berlin und langjähriges Mitglied im Aufsichtsrat der bekanntlich »gut« beaufsichtigten Bankgesellschaft Berlin.

Mit diesem typischen Berliner Dream-Team – stark in politischen Beziehungen, schwach in Kompetenzen, jedoch mit gutem Gehalt versorgt – war die Katastrophe vorprogrammiert. Man spielte den Sanierer offensichtlich unter dem Motto: »Das kann doch jeder«. Man brauchte nur das Personal und die Kosten zu reduzieren und den Einkauf und die Verwaltung zu zentralisieren. – Wenn es nur so einfach wäre.

Daß das Projekt eigentlich nur schiefgehen konnte, wurde durch einen kurzen Blick auf die Aufsichtsratsliste wahrscheinlicher. Vorsitzender war – und ist immer noch – Hartmann Kleiner, Hauptgeschäftsführer der Vereinigung der Unternehmensverbände in Berlin und Brandenburg. Kleiner saß außerdem im Aufsichtsrat von zwei weiteren Unternehmen des Landes: der Landesbank Berlin und der BVG – deren Ruf in der Zwischenzeit völlig ramponiert ist. Und natürlich saß er als Vorsitzender des Verwaltungsrats im damaligen SFB- und heutigen RBB-Rundfunkrat. Mit ihm im »Vivantes«-Aufsichtsrat zusammen waren der SPD-Fund-Raiser Karl Kauermann und SPD-Senator Klaus Riebschläger. Man hatte einfach die tollsten »Macher« der Stadt zusammen.

Der erst vor gut zwei Jahren gewählte FDP-Parlamentarier Martin Matz gibt einen Einblick, was die Ernennung von Aufsichtsratsmitgliedern angeht. Als es zum Jahresende 2001 um die Koalitionsverhandlungen zwischen SPD, FDP und den Grünen ging, war er schon vehementer Kritiker des »Vivantes«-Konzeptes. Er ist keinesfalls überzeugt, daß der Betrieb von Krankenhäusern unbedingt zu den Aufgaben der Kommune gehört, und noch weniger überzeugt vom Konzept von »Vivantes«. Während der Koalitions-Verhandlungen bat ihn ein Mitglied der SPD-Senatoren-Riege in ein anderes Zimmer und bot ihm einen Sitz im »Vivantes«-Aufsichtsrat an, wenn er alles weiterlaufen ließe. Matz lehnte ab. Erstens, weil er grundsätzlich gegen Abgeordnete in Aufsichtsräten von städtischen Unternehmen, die sie kontrollieren sollen, ist. Zweitens, weil es ein zu plumper Versuch war, ihn einzubinden; denn ein Mitglied des Kontrollgremiums kann später nicht mehr öffentlich die Unternehmensstrategie kritisieren. Es wäre spannend zu wissen, wie manch andere Aufsichtsratsmitglieder in städtischen Unternehmen zu ihren Posten kamen.

Das erste Geschäftsjahr, 2001, schloß »Vivantes« mit einem Minus von 153 Millionen Euro ab, auch für das Jahr 2002 bahnte sich wieder ein Defizit an. »Vivantes« befand sich bereits in einem Liquiditätsengpaß. Mitten in der Krise tat der »Vivantes«-Chef Schäfer das, was alle Manager von öffentlichen Unternehmen in einer solchen Situation tun: Er kündigte schwarze Zahlen für das darauf folgende Jahr 2003 an.

Die »Vivantes«-Sanierer schienen konzeptionslos, die Krankenkassen hingegen nicht. Nachdem sie sich seit Jahren über Berlins überteuertes Krankhaussystem beschwert hatten, legten sie im Sommer 2002 ein eigenes Konzept für einen radikalen Abbau von Krankenhaus-Betten – auch die von »Vivantes« – vor. Diese Reduzierung war vor allem in den reichen, überversorgten südwestlichen Berliner Bezirken vorgesehen. Das war ein Angriff mitten ins Herz der West-Berliner politischen Klasse. Die »Vivantes«-Manager sollten also schnellstens ihr Gegen-Sanierungskonzept vorlegen.

Dieses Konzept kam schließlich im Dezember 2002. Schwarze Zahlen waren nun im Jahr 2003 nicht mehr zu erwarten, sondern erst ab 2004. Zu den Versprechen gehörte ein langfristiger Abbau der derzeitigen Schulden von »Vivantes« von 190 Millionen Euro. Dafür signalisierte Berlins Finanzsenator Thilo Sarrazin, das Land würde die Bürgschaft auf rund 230 Millionen Euro erhöhen. Außer Sarrazin und Gesundheits-Staatssekretär Hermann Schulte-Sasse (sein Kommentar: »Sehr anspruchsvoll und überzeugend«) schien niemand an Schäfer oder an sein Konzept zu glauben.

Viele Sparmaßnahmen griffen nicht. »Vivantes« hatte immer noch kein ausreichendes Kapital, um eine Sanierung zu realisieren. Es konnte keines seiner nicht betriebsnotwendigen Grundstücke verkaufen, und bekam vom Land nur das notwendige Geld zum Überleben. Trotzdem gaben Schäfer und Liebetrau Mitte 2003 erneut Siegesparolen aus und suggerierten blühende Krankenhaus-Landschaften. Wenige Monate später waren die Hiobsbotschaften jedoch wieder da – und die Liquiditätsprobleme ebenso.

Anfang 2004 stand »Vivantes« vor der Insolvenz. Die Gesellschaft hatte im Jahr 2003 erneut Verluste, dieses Mal in Höhe von rund 29 Millionen Euro, eingefahren. Die Gehälter waren nicht mehr sicher. Schäfer & Co. mußten ein neues Sanierungskonzept erarbeiten. Doch es war offensichtlich so dürftig, daß es gleich abgelehnt wurde. Teure Unternehmensberater der Firma »McKinsey« (200 Tausend Euro für zwei Monate – ohne Ausschreibung) wurden beauftragt, um überhaupt die Möglichkeit einer Sanierung zu prüfen. Das Ergebnis war typisch für »McKinsey«: eine Sanierung sei möglich, wenn man dazu der Geschäftsführung Unternehmensberater an die Seite stellt (Kostenfaktor 2,7 Millionen Euro zuzüglich Mehrwertsteuer für drei Monate – auch ohne Ausschreibung). Diesen Auftrag erhielt – glücklicher Berliner Zufall – »McKinsey«. Dieser Tage gibt es eine europaweite Ausschreibung für die begleitende Beratung von »Vivantes« in den kommenden Jahren für vermutlich einen zweistelligen Millionenbetrag. Wenn »McKinsey« gewinnt, würde das kaum jemanden überraschen.

Das Land mußte frisches Geld geben und seine Bürgschaft in Höhe von 230 Millionen Euro in Eigenkapital umwandeln – also die Schulden übernehmen. Die Mitarbeiter mußten auf ihr Weihnachts- und Urlaubsgeld verzichten.

Der FDP-Abgeordnete Matz war verblüfft, wie leichtfertig das Abgeordnetenhaus wieder Geld ausgab: »Grundlage für einen Verzicht des Landes Berlin auf Rückzahlung von 230 Millionen Euro, die das Land für die »Vivantes« aufgenommen hatte, hätte nur ein tragfähiges Sanierungskonzept sein können. Ein paar bunte Folien einer Unternehmensberatung, die das Sanierungspotential beziffert, ist kein solches Konzept. Vor der Sommerpause 2004 hat das Berliner Abgeordnetenhaus aber ohne ein Konzept auf diese 230 Millionen Steuergeld verzichtet. Das geht nicht. Das Abgeordnetenhaus muß damit aufhören, es gibt einfach keine Kohle ohne Konzept!‹«

Man fragt sich, wofür man drei gescheiterte, jedoch teure Manager für »Vivantes« braucht, wenn noch teurere Unternehmensberater ihre Arbeit erledigen müssen? Ihre Kündigungen wären eine wirkungsvolle Einsparung. Doch sie sind die Männer mit den Partei-Beziehungen. Ihre gutdotierten Verträge laufen noch bis 2006. Es kostet ja nur Steuergelder und die bekommt man bald in Hülle und Fülle von den reichen Bundesländern …

Im Sommer 2004 konnte »Vivantes« endlich einen Gewinn melden. Kein Wunder nach den drastischen Opfern seitens des Landes und der Mitarbeiter. Martin Matz ist immer noch nicht vom Neu-Konzept von »Vivantes« überzeugt. »Eine Verbesserung des Jahresergebnisses um fast 200 Millionen Euro in einem Krankenhausunternehmen mit rund 800 Millionen Euro Jahresumsatz ist ohne Investitionen in effizientere Strukturen undenkbar. Das Land Berlin hat die dafür erforderlichen Mittel nicht. In anderen Städten hat ein Trägerwechsel stets zu massiven Investitionen des neuen, kapitalkräftigen Trägers geführt – und diese wiederum zu Senkungen der laufenden Kosten. Diese Investitionsmittel bekommt ›Vivantes‹ von der leeren Landeskasse keinesfalls.«

Berlin hat noch viele andere Sünden, die nach und nach ans Licht kommen. Ein Beispiel ist die »Feuersozietät Berlin-Brandenburg«: Als am 11. September zwei Flugzeuge in die beiden Türme des World Trade Center in New York City flogen, war den Berlinern kaum bewußt, daß diese Katastrophe für sie sehr teuer werden würde. Rund ein Jahr später erfuhr Berlins Hauptausschuß, das Finanzkontroll-Organ des Berliner Parlaments, daß die Feuersozietät Berlin-Brandenburg und ihre Schwestergesellschaft »Öffentliche Lebensversicherung Berlin Brandenburg«, beide Länder waren deren gemeinsame Träger, beträchtliche Verluste im Geschäftsjahr 2002 eingefahren hatten. Ursachen dafür waren der schwache Aktienmarkt im Jahr 2002, die Orkanschäden vom Frühjahr und Juli 2002 in Deutschland und »Rückversicherungsgeschäfte im Zusammenhang mit dem Ereignis vom September 2001 in New York«. Die Feuersozietät war als Rückversicherer an der Feuerdeckung des World Trade Center in New York beteiligt.

Wer sich mit kommunalen Versicherungen wie der Feuersozietät nicht auskennt, soll wissen, daß sie in der Versicherungsbranche das sind, was die Sparkasse im Bankwesen darstellt: konservative, regionale, öffentliche Versicherungsunternehmen mit langer Tradition.

Berlins Feuersozietät ist das älteste Staatsunternehmen Berlins, gegründet von Friedrich Wilhelm I. im Jahr 1718. Damit sollten die Bürger Berlins bei einem Brand vor dem finanziellen Ruin bewahrt werden. Solche kommunalen Versicherungen gab es in ganz Deutschland. Es kam in Berlin nach dem Zweiten Weltkrieg eine Lebensversicherungssparte, die »Öffentliche Leben«, dazu. Im Jahr 1993 wurden durch einen Staatsvertrag die Berliner und Brandenburger kommunalen Versicherungen fusioniert.

Diese beiden angeblich biederen, jedoch soliden Unternehmen standen auf der Verkaufsliste, um die Landeshaushalte zu sanieren. Es wurde mit einem beträchtlichen Kaufpreis gerechnet. Im Haushaltsplan 2002/2003 rechnete das Land Brandenburg durch die Veräußerung Einnahmen in Höhe von 137 Millionen Euro ein. Berlin hätte eine ähnliche Summe erwarten können.

Dann kam der 11. September. Das Rückversicherungsgeschäft gehört keinesfalls zum Kerngeschäft der Feuersozietät, geschweige Rückversicherungsgeschäfte auf dem internationalen Markt. Dieses Geschäft ist zwar sehr lukrativ, aber auch äußerst riskant. Doch die Feuersozietät Berlin-Brandenburg hat sich genau in dieses spekulative Geschäftsfeld gewagt und sich sogar an der Rückversicherung des World Trade Centers beteiligt. Später wurde dies mit dem Standortvorteil begründet. Durch die hohen Gewinne beim Rückversicherungsgeschäft konnten die Policepreise der Feuersozietät in Berlin und Brandenburg niedrig gehalten werden. Also doch eine politische Entscheidung?

Die Feuersozietät ist zwar im Bereich der Erstversicherung – Verkauf von Policen – auf die Region Berlin und Brandenburg begrenzt, doch es ist ihr gestattet, Rück- und Mitversicherungen ohne regionale Begrenzung einzugehen. Dazu gehörte das World Trade Center. Nun muß man dazu sagen, daß ein solcher Versicherungsfall wie beim World Trade Center undenkbar schien. Trotzdem ist es fraglich, ob eine kleine kommunale Versicherung, mit geringen Reserven, in solchen Geschäften überhaupt etwas zu suchen hat. Oder ließ man sich von traumhaften Gewinnen verleiten?

Nicht, daß diese Entscheidung allein vom Management gefällt wurde. Das Management wurde von einem 18 Mitglieder zählenden Verwaltungsrat (jeweils sechs von Berlin und Brandenburg sowie sechs Arbeitnehmervertreter) kontrolliert. Aus Berlin waren es die Senatoren für Wirtschaft und Finanzen, drei Mitglieder des Abgeordnetenhauses und ein Mitarbeiter aus den Senatverwaltungen. Unter den Senatoren befanden sich in der Zeit von 1999 bis 2001 Wolfgang Branoner und Peter Kurth für die CDU und Annette Fugmann-Heesing und Christiane Krajewski seitens der SPD (beide durch Vertretung). Zu den Abgeordneten zählten Frank Steffel (CDU) und der jetzige SPD-Schulsenator Klaus Böger. Und dieser Verwaltungsrat war angeblich bestens über das Rückversicherungsgeschäft informiert. Offensichtlich so gut informiert, daß eines der bestgehüteten Staatsgeheimnisse beider Länder die Namen der Verwaltungsratsmitglieder sind, die dafür stimmten. Es ist eindeutig, daß die Verantwortung im Fall von Berlin jedenfalls bei der damaligen Großen Koalition liegt.

Eigentlich sollten die Finanzprobleme der beiden Versicherungs-Gesellschaften gar nicht auffallen. Entdeckt wurden sie im September 2002 von einer Wirtschaftsprüfungsgesellschaft, die mit der Bewertung der beiden beauftragt worden war. Bei der Feuersozietät waren die Ursachen der Krise das World Trade Center und Sturmschäden, bei der Lebensversicherung der Kursabsturz auf dem Aktienmarkt. Oktober 2002 mußten die beiden Versicherungen die Bundesanstalt für Finanzdienstleistungsaufsicht über ihre prekäre Lage informieren. Am 31. Oktober 2002 drohte die Behörde beiden Unternehmen mit schwerwiegenden Maßnahmen – im Grunde genommen damit, die Insitutionen zuzumachen. Es blieb offensichtlich nichts anderes übrig, als die finanzielle Rettung beider Gesellschaften durch die beteiligten Länder als Gewährungsträger (Garanten). Das hieß frisches Geld nachschießen: rund 33 Millionen Euro für die Feuersozietät und 13,6 Millionen für die Öffentliche Lebensversicherung. Aufgeteilt zwischen den beiden Bundesländern waren es jeweils fast 23 Millionen Euro, denen im November 2002 von den jeweiligen Parlamenten zugestimmt wurde.

Doch Rückversicherungsansprüche werden selten sofort ausgezahlt, sondern ziehen sich über Jahre, manchmal sogar ein Jahrzehnt hin, bis sämtliche Schäden festgestellt und juristisch ausgefochten sind. Dazu kommt, wie im Fall Feuersozietät und World Trade Center, daß Rückversicherer sich selber rückversichern lassen. Diese »Retrozessionäre« sind nicht immer solvent, wie auch in diesem Fall. Damit blieben zusätzliche Kosten, die die Feuersozietät glaubte, bei einem anderen Versicherungs-Unternehmen abgedeckt zu haben, bei der Feuersozietät hängen. Man wird noch lange nicht wissen, wie hoch der Schaden aus diesem einen Fall endgültig sein wird.

Im April 2003 stand erneut die Feuersozietät auf der Tagesordnung des Hauptausschusses. Bei der Erstellung des Jahresabschlusses 2002 wurden von den Wirtschaftsprüfern weitere 25 Millionen Euro »negative Abweichungen« entdeckt; 17 Millionen beim Rückversicherungsgeschäft und rund acht Millionen wegen eines Buchungsfehlers. Durch Gespräche – so heißt zumindest die Erklärung – mit den Wirtschaftsprüfern und der Bundesaufsicht konnten diese Risiken ohne zusätzliches Geld von den Gesellschaftern – die Länder Berlin und Brandenburg – zunächst in Luft aufgelöst werden. Es wurde allen klar, daß es im Laden nicht rund lief. Ein schneller Verkauf sei die einzige Lösung.

Anfang 2004 wurden die Feuersozietät und Öffentliche Lebensversicherung veräußert. Doch das »Tafelsilber«, wie so vieles andere im Eigentum des Landes Berlin, war völlig heruntergewirtschaftet. Beide Versicherungen waren mittlerweile Sanierungsfälle, wobei die Feuersozietät ein Rückversicherungsportfolio mit nicht abschließend bewertbaren Risiken aufwies – trotz Schadensreserven in Höhe von sechzig Millionen Euro. Es war eine ähnliche Situation wie bei dem fehlgeschlagenen Verkauf der Bankgesellschaft Berlin. Um sie loszuschlagen, mußten die Träger, Berlin und Brandenburg, weitreichende Gewährleistungs- und Haftungszusagen abgeben. Bei der Bankgesellschaft hatte das Land wegen der viel größeren Dimensionen dagegen entschieden, bei den Versicherungen sagte man zu.

Trotzdem gab es am Schluß nur einen Bieter. Der Käufer ist ein Konsortium von Sparkassenversicherungen, das rund vierzig Millionen Euro aufbrachte. Doch so erfreulich war dieser Abschluß dann doch nicht. Nur rund 3,9 Millionen kamen beim Berliner Landeshaushalt an. Das meiste Geld ist gar nicht an die Länder geflossen, sondern bei der Feuersozietät geblieben, um ihre Sanierung und Abwicklung zu bewerkstelligen. Und dazu kommt eine weitere schlechte Nachricht: Berlin und Brandenburg haften immer noch für zukünftige Verluste aus dem Rückversicherungsgeschäft. Es kann also sein, daß das Land irgendwann wieder Verluste der Feuersozietät ausgleichen muß.

Wenn man bedenkt, daß Berlin im November 23 Millionen Euro zur Rettung der Feuersozietät und Öffentliche Lebensversicherung aufbringen mußte, wofür es dann am Schluß einen Kaufpreis von 3,5 Millionen Euro erhielt, bedeutet dies letztendlich, daß kein Cent Gewinn aus diesen Landesunternehmungen erzielt wurde und sie stattdessen einen Verlust von rund zwanzig Millionen Euro einbrachten. Irgendwelche Konsequenzen aus diesem Debakel gab es nicht. Das Motto heißt: Weg mit Schaden. Es sagt schon viel über die Zerstörungskraft der politischen Klasse in Berlin aus, daß sie zwei Traditionsunternehmen wie die Feuersozietät und die Königliche Porzellan Manufaktur, die die Napoleonischen und zwei Welt-Kriege sowie mehrere Wirtschaftskrisen überlebten, ruiniert hat.

Feuersozietät und Öffentliche Lebensversicherung sind natürlich keine Einzelfälle. Einen ähnlichen Fall findet man bei der »Märkischen Entsorgungsanlagenbetriebsgesellschaft mbH« (MEAB). Die MEAB, die ebenso zur Hälfte den Ländern Berlin und Brandenburg gehört, war ursprünglich zur Sanierung der mit West-Berliner Müll verseuchten Deponien in der ehemaligen DDR konzipiert. Beide Länder statteten die MEAB mit jeweils 25 Millionen Mark Stammkapital aus. Seitdem haben sich die Vertreter der Besitzer hauptsächlich bekämpft, wobei die MEAB irgendwie überlebte. Das führte sogar soweit, daß in den Jahren 1999 bis 2001 keine Gesellschafterversammlungen stattfanden.

Eine der Aufgaben der MEAB war die Entwicklung von Rückstellungen, um ihre zukünftige Arbeit abzusichern. Dieses Geld sollte die MEAB in sichere Geldanlagen investieren. Der Landesrechnungshof – von Natur aus auf Nummer »sicher« gehend, wies 1996 das Ministerium für Finanzen in Potsdam darauf hin, daß öffentliche Gesellschaften wie die MEAB »auf Spekulationsgeschäfte verzichten müßten.« Bei einer MEAB-Gesellschafterversammlung im August 1997 wurde die Geschäftsführung vom Finanzministerium darüber informiert, und es wurde ausdrücklich erklärt, »daß bei den Geldanlagen ein hohes Maß an Sicherheit zugrunde gelegt werden müsse und die MEAB keine Spekulationsgeschäfte (z.B. Aktienanlagen) tätigen werde«, so der brandenburgische Rechnungshof.

Doch am 13. Dezember 2000 faßte der MEAB-Aufsichtsrat, der aus jeweils zwei Vertretern der Verwaltungen Berlins und Brandenburgs und einem fünften, unabhängigen Mitglied bestand, den einstimmigen Beschluß, daß die Kapitalanlagen doch »eine Beimischung vom maximal zwanzig Prozent Aktien aus dem DAX-Stoxx-Bereich« enthalten dürften.

Eine solche Entscheidung bedurfte einer Zustimmung der Gesellschafter, der Länder Berlin und Brandenburg. In einem Brief wurden sie vom Beschluß des Aufsichtsrates informiert und sollten bis Mitte Januar 2001 mitteilen, ob sie dagegen waren.

Es kam keine Antwort. Gar keine. Die Idee eines Negativvotums war ohnehin schon zweifelhaft. Man hätte eher umgekehrt vorgehen und ein positives Votum als Ausgangsbedingung voraussetzen müssen. Doch es kribbelte den Jungs wahrscheinlich schon in den Fingern, mal richtig mit Millionen auf dem Aktienmarkt zu spielen – mit dem Geld von anderen Leuten. Nun durften die Manager von Mülldeponien und die Amtsschimmel aus den Landesverwaltungen – nicht immer die qualifiziertesten Börsenkenner – mit öffentlichen Millionen zocken gehen.

Am 22. März 2001 beschloß der Aufsichtsrat, zwei Aktienfonds mit jeweils sechzig Millionen Mark aufzulegen. Am 20. Juli 2001 war die Tat vollbracht. Es wurde in den Fonds »Universal-Investment« und am 21. Juli 2001 in den Fonds »Warburg-Invest« angelegt. Der Kursverlust aus diesen Fonds betrug am 20. September 2002 rund 23, 5 Millionen Euro.

In der privaten Wirtschaft wären der Geschäftsführer und der Aufsichtsrat vielleicht ins Gefängnis gekommen und außerdem wahrscheinlich auf Regreß verklagt worden. Nicht so bei der Öffentlichen Hand. Beide Gesellschafter – Berlin und Brandenburg –, die im Jahr 2002 plötzlich wieder eine Gesellschafterversammlung abhielten, haben bezüglich des verlustreichen Zockens mit öffentlichen Geldern »übereinstimmend festgestellt, daß dieses Ergebnis nicht zu beanstanden ist.«

Das ist passiert im Jahre des Herrn 2002 – nicht in der Ukraine, nicht in Nigeria oder Panama, sondern in der Bundesrepublik Deutschland.

Nachwort

Während ich dieses Buch schrieb, wurde mir klar, daß die warnenden Stimmen vieler Medien-Wissenschaftler, Soziologen und Politikwissenschaftler zutreffen: Niemals hatte der Mensch Zugang zu solchen Informationsmengen wie heute – und gleichzeitig war er selten so schlecht informiert.

In der Tat fehlt es in Berlin keinesfalls an Medien. Die Stadt mit ihren dreieinhalb Millionen Einwohnern bietet vier größere Tageszeitungen, zwei Boulevardzeitungen, eine Reihe von Radiowellen, eine öffentlich-rechtliche Rundfunkanstalt, und zwei Stadtillustrierte. Doch keine von denen hat ein klares politisches Profil – mit Ausnahme von »Bild«, »BZ«, die ihren Kampagnen-Journalismus auf Kosten der Seriosität betreiben. Die Berichterstattung über Berlins Politik ist oberflächlich oft sogar anbiedernd. Selbstverständlich kommt hin und wieder ein Skandal ans Licht, aber ein Versuch, politische Zusammenhänge herauszufinden oder eine Analyse anzubieten, findet man selten. Die Menschen werden mit »News« bombardiert, Hintergrundinformation bekommen sie wenig.

Dazu gibt es eine weitere Besonderheit, die die Berichterstattung nicht nur in Berlin beeinflußt. Immer mehr Journalisten findet man als Pressesprecher bei Senatoren oder Unternehmen. Das bedeutet für die früheren Journalisten immense Gehaltssprünge und andere finanzielle Vorteile. Bloß, bei jedem Bericht oder Artikel müssen die Berliner sich jetzt die Frage stellen: War das nun eine objektive Darstellung oder bewirbt sich ein Journalist gerade um eine Position auf der anderen Seite der Barrikade?

Bei meinen Recherchen war ich erstaunt, wie schlecht der Informationsstand zum Thema Berliner-Schulden in den Medien – vor allem in den Berliner Medien – ist. Es ist kein Wunder, daß die Bürger Berlins das Thema nicht annähernd begreifen. Wie denn auch? Die Regierung betreibt eine systematische Desinformations-Kampagne, und die Medien benutzt sie dafür als Transmissionsriemen.

Berlins politische Klasse hat vor allem Angst vor der Demokratie. Anfang 2004 hatten 37 Tausend Berliner (zwölf Tausend mehr als notwendig) ein Volksbegehren zur sofortigen Auflösung der Bankgesellschaft Berlin unterschrieben, um die Verschwendung von weiteren Steuermilliarden zu verhindern. Als nächster Schritt wären 250 Tausend Unterschriften nötig gewesen. Doch so weit kam es nicht. Der Berliner Senat lehnte das Begehren mit fadenscheinigen Argumenten ab. Nun geht der Fall vor Gericht. Ebenso vergeblich war der Versuch der Volksbegehren-Initiative, eine Anzeige (inhaltlich völlig harmlos) in den Berliner Tageszeitungen »Der Tagesspiegel« und »Berliner Zeitung« zu plazieren. Die Anzeige wurde aus ebenso fadenscheinigen Gründen abgelehnt. Beide Zeitungen haben zwar Umsatz-Probleme, aber hier waren sie bereit, auf die Einnahmen zu verzichten.

Ich staune ebenfalls, daß den Berlinern immer noch nicht bewußt ist, daß fast alles, was das Land besitzt, verkauft wird. Die SPD und PDS versuchen zwar, keine weiteren Wohnungsbaugesellschaften bis nach den Wahlen im Jahr 2006 zu veräußern, sollte es jedoch nötig sein, werden sie es auch tun. Nach den Wahlen werden in jedem Fall die Wohnungsbaugesellschaften, die überhaupt noch etwas wert sind, veräußert. Das gilt ebenso für weitere Landes-Unternehmen wie »Vivantes« oder BSR. Das ist nur eine Zeitfrage.

Auch die Diskussionen um den Flughafen Schönefeld zeugen von einer gewissen Realitätsferne. Das Land ist finanziell hoffnungslos verschuldet, will trotzdem einen neuen, teuren Flughafen bauen, wofür es aus gutem Grund keinen Privatinvestor gibt. Berlin teilt zwar die Kosten mit dem Bund und dem Land Brandenburg, Milliarden wird es trotzdem aufbringen müssen. Dafür wird im Herbst der Flughafen Tempelhof, angeblich wegen hoher Verluste – was umstritten ist –, geschlossen, verbunden mit dem Verlust von weiteren Arbeitsplätzen. Mit intelligenter Planung hat das wenig zu tun. Bei dem Bau eines solchen Flughafens geht es auch um Millionen für Beraterverträge und hochdotierte Posten, die Berlins politischer Klasse zufallen werden. Das wird voraussichtlich für sie auf lange Zeit die letzte große Einnahmequelle sein.

Es gibt eine seltsame Frage, die mir bei fast jeder Veranstaltung gestellt wird: »Haben Sie keine Angst, daß Ihnen was passieren könnte?« Nun, ich schreibe weder über die russische, italienische oder albanische Mafia, sondern über deutsche Politiker. In einer Demokratie, mindestens habe ich es so gelernt, braucht man keine Angst zu haben, wenn man die Wahrheit schreibt. Warum sind so viele Deutsche offensichtlich nicht dieser Meinung?

Bedroht wurde ich nie. Ich habe nicht einmal einen bösen Telefon-Anruf bekommen. Ich kann nur immer wiederholen: Man braucht in Deutschland Journalisten auf diese Weise nicht einzuschüchtern. Dafür gibt es im Zweifelsfall die deutsche Justiz. Bei unserem letzten Buch, »Die Ehrenwerte Gesellschaft«, mußten der Transit Verlag und ich eine ganze Reihe von unsinnigen Prozessen durchstehen – zwei stehen noch an. Das Ergebnis: Zuerst wurde das Buch verboten, dann mußten einige wenige Wörter geschwärzt werden, am Ende wurde wieder alles ungeschwärzt zugelassen.

Dieses Buch wurde nur dank der Hilfe vieler Menschen ermöglicht – vielen, die namentlich nicht genannt werden können. Bei ihnen möchte ich mich besonders herzlich bedanken.

Michael Sontheimer hat auf vielfältige Art und Weise dieses Buch unterstützt. Der Kollege Christoph Villinger war bereit, mich anhand seiner weitverzweigten Recherchen durch die Tükken des Neuen Kreuzberger Zentrums zu führen. In der Schlußphase dieses Buchs, als es so aussah, daß es nicht rechtzeitig fertig würde, griff mir Olaf Jahn unter die Arme. Er hat einige Themen für mich anrecherchiert und alles wieder auf die Zeitschiene gebracht.

Ich möchte mich auch bei einer Reihe von Wegbegleitern bedanken: Jonas Hetzer vom »manager magazin« – die Ergebnisse unserer gemeinsamen Recherchen für Artikel, die im »manager magazin« erschienen, finden sich in diesem Buch wieder. Auch Dietmar Palan vom »manager magazin«, der in der Lage war, aus einer Ansammlung von Details einen spannenden, umfassenden Artikel im »manager magazin« zum Thema Bankgesellschaft- und Sozial-Wohnungsbaufonds zu formulieren – ohne die Qualität der Information zu opfern. Lutz Wilde vom »Finanztest« hatte mir während unserer Zusammenarbeit eine wichtige Einführung in die juristischen Tücken des Anlegerschutzes gegeben und die Recherchen ein großes Stück weitergebracht. Dank auch an Wolfgang

Reuter vom »Spiegel«, der als erster die Krise der Bankgesellschaft-Immobilienfonds – in einer Zeit als die Anleger noch nicht begriffen, was ihnen passierte – erkannt hat. Joachim Berger hat mit seinem profunden Wissen zum Sozialen Wohnungsbau und zur Wasserstadt Spandau beiden Kapiteln eine besondere Tiefe verliehen. Rainer Heinrich hat mir trotz eigener Arbeitsbelastung ständig bei meinen Recherchen zu den Berliner Wasserbetrieben mit wertvollem Rat und Hinweisen beigestanden.

Dann gibt es da noch die verschiedenen Dokumentationsabteilungen und Archive, ohne die man entweder weniger erfahren oder einige schwerwiegende Fehler machen würde. Zunächst Danke an Rainer Staudthammer und Bernd Musa vom »Spiegel« in Berlin, deren Untersuchungen zu den Immobilienfonds wichtige Ergänzungen zu meinen bisherigen Recherchen leisteten. Ich möchte mich auch bei Heinz Johann Brakenhoff vom »Finanztest« bedanken. Bei einem Artikel-Entwurf hat er einen wichtigen Fehler gefunden, jedoch nicht im Artikel selber, sondern im Inhalt eines Dokuments des Bankgesellschafts-Tochter-Unternehmens IBV, worauf wir uns bezogen. Solche Gründlichkeit erlebt man selten. Danke auch an Heidi Knoll in der Dokumentation der Abgeordnetenhaus-Bibliothek, die immer wieder, trotz meiner obskuren Stichwörter, die entsprechenden Dokumente gefunden hat. Ebenso Danke an die Mitarbeiter des Berliner Handelsregisters, die trotz großer Belastung bereitwillig die notwendigen Akten gesucht und gefunden haben. Ein besonderer Dank geht an Frau Michalski und Herrn Kästner. Ich möchte mich an dieser Stelle auch bei den Mitarbeitern des Pressearchivs des RBB bedanken, die seit Jahren jeder meiner Fragen hartnäckig nachgegangen sind. Niko Fröba hat Stunden im Internet, Databanken und Bibliotheken verbracht, um Material für dieses Buch zu sammeln. Zuletzt möchte ich Gudrun Fröba und Rainer Nitsche vom Transit Verlag danken. Nach den unsinnigen Prozessen zum Buch »Die Ehrenwerte Gesellschaft« hätten sie sich für ein ruhigeres Leben entscheiden können. Stattdessen haben sie weiter die aktuelle Politik Berlins und den investigativen Journalismus auf ihre Fahne geschrieben. Kurz nach der »Ehrenwerten Gesellschaft« erschien »Tod im Milliardenspiel« von Olaf Jahn und Susanne Opalka über das merkwürdige Versagen der Berliner Staatsanwaltschaft im Fall Aubis und jetzt folgt dieses Buch. Demokratie ist zwar eine schöne Sache, doch weitaus schöner, wenn man ihre Freiheiten auch nutzt.

Erneut muß ich berichten, daß ich bei meiner Arbeit immer wieder von einigen Landesverwaltungen und -unternehmen, die sich weigerten meine Fragen zu beantworten, behindert wurde. Es ist schade um das Steuergeld, mit dem diese Menschen bezahlt werden, wenn sie der Öffentlichkeit gegenüber eine Politik der Desinformation betreiben.

Mathew D. Rose,
Berlin im August 2004

»Was Rose in seinem sehr lesenswerten Buch zusammengetragen hat, läßt selbst den Kundigen erschaudern.«
Georg Jakobs, Manager-Magazin

»Rose gelingt hier etwas Neues, er fügt die Episoden, die allein allenfalls für Insider verständlich wären, chronologisch zusammen und erzählt sie wie einen Roman.«
Lorenz Maroldt, Der Tagesspiegel

232 Seiten, gebunden. ISBN 3-88747-179-2

Olaf Jahn + Susanne Opalka
Der Bankenskandal und das
Ende eines Kronzeugen
TOD
im
Milliardenspiel
TRANSIT